Kursbuch Religion

Sekundarstufe II

Basiswissen

Diesterweg
westermann

calwer

Kursbuch Religion
Sekundarstufe II
Basiswissen

Herausgegeben von Hartmut Rupp und Veit-Jakobus Dieterich

Erarbeitet von Veit-Jakobus Dieterich, Beate Großklaus, Uta Martina Hauf, Henning Hupe, Matthias Imkampe, Dirk Kutting, Ulrich Löffler, Hartmut Rupp und Frank Simon

© 2014 Calwer Verlag GmbH Bücher und Medien, Stuttgart und Bildungshaus Schulbuchverlage Westermann Schroedel Diesterweg Schöningh Winklers GmbH, Braunschweig
www.calwer.com / www.westermann.de

Das Werk und seine Teile sind urheberrechtlich geschützt. Jede Nutzung in anderen als den gesetzlich zugelassenen bzw. vertraglich zugestandenen Fällen bedarf der vorherigen schriftlichen Einwilligung eines der Verlage. Nähere Informationen zur vertraglich gestatteten Anzahl von Kopien finden Sie auf www.schulbuchkopie.de.
Für Verweise (Links) auf Internet-Adressen gilt folgender Haftungshinweis: Trotz sorgfältiger inhaltlicher Kontrolle wird die Haftung für die Inhalte der externen Seiten ausgeschlossen. Für den Inhalt dieser externen Seiten sind ausschließlich deren Betreiber verantwortlich. Sollten Sie daher auf kostenpflichtige, illegale oder anstößige Inhalte treffen, so bedauern wir dies ausdrücklich und bitten Sie, uns umgehend per E-Mail davon in Kenntnis zu setzen, damit beim Nachdruck der Verweis gelöscht wird.

Druck A^5 / Jahr 2020
Alle Drucke der Serie A sind im Unterricht parallel verwendbar.

Redaktion: Dr. Holger Höcke
Herstellung: Corinna Herrmann, Frankfurt am Main
Layout und Umschlaggestaltung: thom bahr GRAFIK, Mainz
Satz: fotosatz griesheim GmbH, Griesheim
Druck und Bindung: Westermann Druck Zwickau GmbH

ISBN 978-3-7668-**4297**-8 (Calwer)
ISBN 978-3-425-**07949**-3 (Diesterweg)

Inhaltsverzeichnis

Vorwort 5

WIRKLICHKEIT 6

Überblick 6
Weltbilder im Wandel 7
Wirklichkeit in Naturwissenschaften und Philosophie 11
Die Wahrnehmung der Wirklichkeit in der Theologie 14
Möglichkeiten der Kooperation 19

MENSCH 21

Überblick 21
Menschenbilder im Alltag 22
Die Sicht des Menschen in der Philosophie 23
Die Sicht des Menschen in Bibel und Theologie 24
Die Sicht des Menschen in anderen Religionen 31
Die Sicht des Menschen in den Humanwissenschaften 31
Theologie im Dialog 33

GOTT 36

Überblick 36
Gott in Beziehung 37
Der Gott der Bibel 43
Streit um die Wirklichkeit Gottes 44
Gott ist einer 47

JESUS CHRISTUS 50

Überblick 50
Der historische Jesus und der geglaubte Christus 51
Der historische Jesus 52
Jesu Kreuzigung 56
Was fordert Jesus von uns? 58
Der geglaubte Christus 60
Bringt Jesus neues Leben? 62

Inhaltsverzeichnis

Bibel ... 65

Überblick ... 65
Die Bibel als Buch und Text ... 66
Sprachformen der Bibel ... 69
Bibel lesen und auslegen ... 74
Offene Exegese ... 78

Kirche ... 80

Überblick ... 80
Glaubenserfahrung und Kirche gestalten ... 82
Biblische Verankerungen der Kirche ... 84
Zwischen Pluralismus und Wahrheitsfrage ... 86
Das Verhältnis zu Staat und Gesellschaft ... 90

Ethik ... 95

Überblick ... 95
Philosophische Ethik ... 97
Christliche Ethik ... 100
Angewandte Ethik – ethische Problemfelder ... 105

Religionen ... 109

Überblick ... 109
Das Judentum ... 110
Der Islam ... 113
Der Hinduismus ... 116
Der Buddhismus ... 118
Religionen und Religion ... 120

Zukunft ... 123

Überblick ... 123
Persönliche Zukunft ... 125
Gesellschaftliche Zukunft ... 128
Zukunft in Bibel und Christentum ... 129
Zukunft in anderen Religionen ... 134

Text- und Bildquellen ... 138
Register ... 139
Abkürzungen der biblischen Bücher ... 144

Vorwort

Im Religionsunterricht geht es um die großen Fragen des Lebens und die damit verbundenen Deutungen des Menschen, der Welt, des Lebens und des Handelns. Eine wichtige Rolle spielen dabei die Auffassungen des christlichen Glaubens, aber auch die Sichtweisen anderer Religionen, philosophische Entwürfe, wissenschaftliche Erklärungsmodelle und vor allem die Überzeugungen, Vermutungen und Fragen der Lernenden.

Im Zentrum des Evangelischen Religionsunterrichts steht deshalb die diskursive Auseinandersetzung, in der unterschiedliche Sichtweisen wahrgenommen, gedeutet, besprochen und beurteilt werden. Ziel ist es, vor allem in der Begegnung mit dem christlichen Glauben eigene Fragen zu klären, eigene Sichtweisen zu entwickeln sowie diese im Dialog argumentativ zu vertreten. Dabei spielt das eigene Wissen eine entscheidende Rolle.

Das vorliegende Buch *Kursbuch Religion Sekundarstufe II – Basiswissen* ist als **Grundwissenbuch** für den evangelischen Religionsunterricht in der gymnasialen Oberstufe konzipiert. Es will die eigene Meinungsbildung und den kritischen Dialog unterstützen, indem es zentrale Inhalte verständlich darstellt und exemplarisch Argumentationen vorführt. Es stellt damit entscheidende Grundlagen für die mündliche und schriftliche Abiturprüfung bereit und dient als **Vorbereitungsbuch für das Abitur**.

Kursbuch Religion Sekundarstufe II – Basiswissen bearbeitet in den Kapiteln Wirklichkeit, Mensch, Gott, Jesus Christus, Bibel, Kirche, Ethik, Religionen und Zukunft grundlegende Themen des christlichen Glaubens. Es bietet damit als **Grundlagenbuch** auch eine Einführung in den christlichen Glauben.

Das Buch orientiert sich am Arbeitsbuch *Kursbuch Religion Sekundarstufe II* und folgt dessen Aufbau. Es fasst die dort angebotenen Themen zusammen und begründet ihre Bedeutung für das eigene und gemeinsame Leben. Mit dem Basiswissen-Buch kann man wiederholen und erworbenes Wissen festigen. Aspekte, die im Arbeitsbuch ausgeblendet bleiben mussten oder nur knapp behandelt werden konnten, können hier nachgearbeitet werden. Im Blick auf den Kursunterricht dient *Kursbuch Religion Sekundarstufe II – Basiswissen* als **Wiederholungs- und Ergänzungsbuch**. Das Arbeitsbuch und das Basiswissenbuch beziehen sich aufeinander.

Die einzelnen Kapitel beginnen jeweils mit einer **Überblicksseite**, die den Inhalt des ganzen Kapitels grafisch darstellt und die innere Logik sichtbar macht. Dieser Überblick ermöglicht am Anfang den Aufbau einer Vorstellung von dem, was kommt und was dazugehört. Er lässt bei der Erarbeitung erkennen, wo man sich gerade befindet, und regt am Ende an, das Ganze zu rekapitulieren. Die Überblicksseite unterstützt nachhaltiges Lernen.

Auf die Überblicksseite folgt jedes Mal eine **Begründung**, warum man sich mit diesem Thema überhaupt beschäftigen sollte. Aufgezeigt wird, welche Lebensrelevanz das Thema besitzt und was es als Teil der Allgemeinbildung rechtfertigt.

Die einzelnen Abschnitte werden stets durch Fragen eröffnet. Diese sollen eigenes Nachdenken anregen, aber auch Interesse für die einzelnen Teilthemen wecken. So erweist sich *Kursbuch Religion Sekundarstufe II – Basiswissen* schließlich als **Buch der großen Fragen**.

WIRKLICHKEIT

Die Wirklichkeit und ihre Wahrnehmung

Was ist ein Weltbild?
Weltbilder bezeichnen sinnstiftende, umfassende Wirklichkeitsauffassungen

Der Wandel der Weltbilder:	Die biblischen Schöpfungstexte:
• Altorientalisches, Babylonisches Weltbild • Geozentrisches Weltbild (Ptolemäus) • Heliozentrisches Weltbild (Kopernikus) • Heute: evolutionäres Weltbild bzw. Verrätselung der Welt im subatomaren Bereich	• Äußere Bestandteile stammen aus dem altorientalischen Weltbild • Bekenntnis zu dem einen Schöpfergott, der dem Leben Raum schafft und seine Schöpfung bis an das Ende der Zeit begleitet

Die Erkenntnis der Wirklichkeit ...

... in Naturwissenschaften (und Philosophie)	... in der Theologie
• Am Anfang stehen Descartes und Galilei • **Ziel**: Natur in ihren Erscheinungen und Abläufen systematisch erfassen und mithilfe von Gedankenmodellen und mathematisch formulierbaren Gesetzen beschreiben	• **Ziel**: eine für alle Menschen nachvollziehbare Auskunft über den biblischen Glauben geben • Glaube ist Vertrauen auf ein personales Gegenüber
• Naturwissenschaft ist eine **empirische Wissenschaft**. Methoden: Induktion, Deduktion, Verifikation, Falsifikation	• Theologie ist eine **hermeneutische Wissenschaft**. Ihr geht es um das Verstehen dessen, was gemeint ist. • Historisch-kritische Methode als wichtiger Weg, um biblische Texte zu verstehen • Die Sprache biblischer Schöpfungstexte ist weitgehend mythologisch
• **Ziel naturwissenschaftlicher Erkenntnis**: belegbare Wenn-dann-Aussagen; Konzentration auf die Fragen nach dem Wie und Was	• **Ziel theologischer Erkenntnis**: Aussagen über den Sinn und die Bedeutung der Welt, des Lebens und des Menschen; Konzentration auf die Fragen nach dem Wer, Warum und zu welchem Zweck
• **Grenzen**: keine sinnstiftenden Aussagen möglich	• **Grenzen**: keine naturwissenschaftlichen Ableitungen möglich
• **Grenzüberschreitung**: Anspruch, die ganze Wirklichkeit erkennen zu können	• **Grenzüberschreitung**: Anspruch, auch naturwissenschaftliche Fragen beantworten zu können

Möglichkeiten der Kooperation

Komplementarität von Naturwissenschaft und Theologie: die Wirklichkeitszugänge bzw. Erkenntnisse ergänzen und begrenzen sich wechselseitig.
Aufgaben eines dialogischen Miteinanders:
• Herangehens- und Denkweise des anderen kennenlernen, respektieren und berücksichtigen
• Eigene Herangehens- und Denkweise kritisch reflektieren und hinterfragen, auch auf dem Hintergrund der jeweils anderen Sichtweise
• Eigene und fremde Grenzen und Grenzüberschreitungen wahrnehmen und beachten
• Gemeinsam die drängenden Fragen der Menschheit bearbeiten

Warum soll man sich überhaupt mit dem Thema „Wirklichkeit" beschäftigen?
In der Regel stellen Menschen die Wirklichkeit an sich nicht infrage. Vermutlich könnte auch kein Mensch vernünftig und sinnvoll leben, wenn er permanent alles hinterfragt, was ihm begegnet, ob es denn nun „wirklich und real" sei. Bis zum Mond – wie es Apollo 11 am 20. Juli 1969 mit Neil Armstrong als erstem Menschen geschafft hat – kommt man so jedenfalls nicht, um beispielhaft eine der herausragenden wissenschaftlichen Leistungen des Menschen zu nennen.

Spannend ist aber die Frage, wie denn der Mensch zu gesichertem Wissen kommt und wie oft er sich auch über vermeintlich so sicheres Wissen täuscht. Warum erkennen wir etwa ein Bild als Mona Lisa, das „nur" aus schwarzen Linien besteht? Das funktioniert offenbar nur deshalb, weil wir das Original von Leonardo da Vinci kennen und unser Gehirn die Linien-Mona-Lisa damit in Verbindung bringt. Auch an vielen Bildern von optischen Täuschungen lässt sich zeigen, dass unsere Sinnesorgane die Welt auf eine ganz bestimmte Weise widerspiegeln und dass alle Wahrnehmungen vom Gehirn interpretiert werden.

Für Menschen stellt sich immer wieder die Frage, warum die Welt so ist, wie sie ist, bzw. inwiefern die Wahrnehmung der Welt durch den Menschen so ist, wie sie ist.

Man kann beispielsweise fragen, warum Jugendliche in der Pubertät die Wirklichkeit so anders wahrnehmen als ihre Eltern bzw. Erwachsene allgemein? Die Biologie sagt, dass das gesamte Gehirn umgebaut wird, alle alten Verbindungen werden auf den Prüfstand gestellt, um für die Herausforderungen des Erwachsenwerdens gerüstet zu sein. Aber vielleicht sollte man auch als Erwachsener scheinbar sicheres Wissen immer wieder hinterfragen bzw. auf den Prüfstand stellen.

Der antike Philosoph Sokrates (469–399 v. Chr.) hat das zum Prinzip erhoben. Er steht mit seiner mäeutischen Frageweise (griech. Mäeutik = Hebammenkunst) dafür, dass er seine Gesprächspartner dazu gebracht hat, zu hinterfragen, was sie bislang für selbstverständlich gehalten haben, hernach aber erkennen mussten, dass sie etwas nur vermeintlich für wahr gehalten haben und der Sachverhalt sich bei genauer Prüfung ganz anders darstellt.

Aber auch die Naturwissenschaften sind immer wieder entscheidend weitergekommen, weil traditionelles Wissen infrage gestellt wurde. Albert Einstein (1879–1955) wurde mit seiner radikal neuen Relativitätstheorie anfangs nicht ernst genommen, er war ja zu Beginn seiner Karriere auch „nur" ein einfacher Mitarbeiter des Patentamtes in Bern.

Weltbilder im Wandel

Wozu dienen Weltbilder?
Jeder Mensch hat ein bestimmtes Bild von der Welt, das ihm hilft, sich in ihr zurechtzufinden. „Weltbilder" bezeichnen also *sinnstiftende Wirklichkeitsauffassungen*, die Menschen aufgrund ihrer Erziehung und Sozialisation eigenständig „konstruie-

ren". Manche sagen vielleicht: „Ich glaube nur, was ich sehe, oder was sich (natur-) wissenschaftlich beweisen lässt." Die Mehrheit der Menschheit glaubt jedoch, dass es ein Darüberhinaus gibt, eine umfassendere Wirklichkeit, als wir sie gemeinhin mit unseren menschlichen Möglichkeiten wahrnehmen können. Christen nennen diese Wirklichkeit Gott, aber auch andere Religionen sind sich gemeinhin einig, dass die alleinige Wahrnehmung der Wirklichkeit über naturwissenschaftliche Beweisbarkeit zumindest unvollständig ist.

Wer eine naturalistische Wirklichkeitsauffassung vertritt, gelangt rasch zu dem Schluss, dass die Wahrnehmung, Erfahrung und Erforschung der Wirklichkeit aus naturwissenschaftlicher und aus religiöser Perspektive unversöhnliche Gegensätze darstellen. Der Biologe Richard Dawkins (*1941) ist deshalb der Ansicht, dass Religion ein Auslaufmodell darstellt, das bei genauerer Betrachtung sich nicht mit dem heutigen Weltbild vereinen lässt. Schon der Philosoph Ludwig Feuerbach (1804–1872) meinte ja, dass der Mensch im Gottesbegriff nur seine eigenen Wünsche und Vorstellungen nach außen projiziert (→ S. 45).

Aber auch diese Ansicht ist bei genauerer Betrachtung ein bestimmtes Weltbild unter vielen anderen. Der Mensch bzw. die Menschheit als Ganzes konstruiert sich ein bestimmtes Bild von der Welt, in der er bzw. sie sich verortet, also einen bestimmten Ort und ein bestimmtes Verhältnis zu ihr einnimmt. Einerseits ist dieses Verhältnis von den jeweiligen Erkenntnissen und dem Wissen über den Aufbau und die Zusammenhänge der Welt bestimmt, andererseits enthält dieses Weltbild immer auch *deutende Elemente*, die über die reine Zustandsbeschreibung der Welt und des Kosmos weit hinausgreifen. Beispielsweise definierte das geozentrische Weltbild den Menschen und seine Erde als Mittelpunkt der Welt und gab damit einem bestimmten Lebensgefühl Ausdruck.

Wer also wissen will, wo er steht, sollte sich daher mit der geschichtlichen Bedingtheit aller Weltbilder auseinandersetzen. Wer erkennt, wie sehr sie von den jeweiligen Denkvoraussetzungen in Kultur, Wissenschaft, Religion und den Zeitumständen geprägt sind, der sieht auch, wie wandelbar Weltbilder sind und wie untrennbar sie mit der Geschichte der Menschen und ihrem je eigenen Selbstverständnis verbunden sind. Menschenbild (vgl. Kapitel MENSCH → S. 21ff.) und Weltbild hängen demnach aufs engste miteinander zusammen.

Was haben alte Kulturen, die Bibel und ihre Sicht der Welt mit mir zu tun?
Natürlich muss man nicht immer ganz von vorn anfangen, wenn man etwas über die Welt wissen will. Wer aber die heute weithin verbreitete naive Wissenschaftsgläubigkeit hinterfragen und vielleicht auch überwinden will, sollte sich in groben Zügen den Wandel der kosmologischen Weltbilder vor Augen führen, weil sie ja immer auch deutende und sinnstiftende Elemente enthalten. Ähnlich einem Kind, das sich seine Welt *begreifend* zu eigen macht, orientiert sich der Mensch am Beginn seiner Kulturgeschichte in je seiner Welt. Höhlenzeichnungen wie z. B. in Lascaux mögen als Beispiel dafür dienen, wie der Mensch anfängt, über sich selbst hinauszudenken.

Oder man stelle sich Abraham vor, wie er noch kinderlos in 1. Mose 15,5 unter dem Sternenhimmel steht und die Zusage Gottes hört, so zahlreich wie die Sterne werde seine Nachkommenschaft sein. Wer immer sich in einer klaren Nacht unter das Sternenzelt stellt, wird sich seiner eigenen Kleinheit angesichts dieser unvorstellbaren Zahl an Lichtern bewusst, ganz gleich, ob er sie nur als Lichtquellen im All oder wie in alten Zeiten als Götter ansieht.

So lässt sich beispielsweise das Bemühen der Babylonier, Regel- und Gesetzmäßigkeiten zu finden, als Versuch deuten, sich diese fremde Welt zu eigen zu machen. Trotz fehlender räumlicher Vorstellungen waren sie, was wiederkehrende Himmelsereignisse betrifft, sehr genau und konnten so die Jahreszeiten und den Kalender relativ exakt berechnen.

Auch die Bibel spiegelt etwas vom Prozess wider, sich die Welt denkend zu eigen zu machen. Wer sich mit dem 1. Schöpfungsbericht beschäftigt, merkt recht schnell, dass die äußeren Bestandteile dem damaligem Weltbild entnommen sind. Die Bibelwissenschaft verortet die äußere Gestaltung dieses großartigen Hymnus über die Weltentstehung in der Zeit des babylonischen Exils der Israeliten im 6. Jahrhundert v. Chr. Ganz unbefangen wird da von einem Himmelsgewölbe gesprochen, das die Wasser der Tiefe von den Wassern über der Feste trennt (1. Mose 1,6f.). Auf der anderen Seite ist aber nicht von einer die Welt durchdringenden Götter- und Dämonenwelt die Rede, wie es das Schöpfungsepos der Babylonier (Enuma Elisch) tut, sondern von dem *einen Gott Israels*. Er hat alles erschaffen durch sein bloßes wirkmächtiges Wort. Die äußeren Bestandteile des in 1. Mose 1 repräsentierten Weltbildes sind dem damaligen Denken entnommen, die Deutung bzw. Einordnung in das Wissen über die Welt unterscheiden sich jedoch grundlegend. Und so ist 1. Mose 1 keine wissenschaftliche Beschreibung, wie die Welt entstanden ist, sondern vielmehr ein Bekenntnis zu dem einen Schöpfergott, der alles erschaffen hat, der dem Leben allgemein und den Menschen fortwährend den Raum zur Entfaltung schafft und erhält und der schließlich seine Schöpfung bis an das Ende der Zeit begleitet.

Dass die vielfältigen Schöpfungsaussagen der Bibel keine wissenschaftlichen Beschreibungen in heutigem Sinne sind, zeigt sich auch daran, dass in 1. Mose 2,4b die Schöpfung noch einmal von vorn zu beginnen scheint. Jetzt wird der erste Mensch (hebr. *Adam*) in einen Garten gesetzt, die Tiere werden erschaffen und erst am Ende, als der Mensch keine Gefährtin findet, kommt aus der Seite des Mannes – als Zeichen der Zusammengehörigkeit von Mann und Frau – Eva (hebr. für Leben) hinzu (→ S. 26). Diese Erzählung ist älter; mit ihrem weisheitlich geprägten Denken fragt sie hier vor allem nach der Rolle des Menschen in der von Gott geschaffenen Welt.

Auch wenn die Beschreibungen der Weltentstehung, also die Weltbilder, in beiden Erzählungen durchaus unterschiedlich ausfallen, bleibt doch die deutende Aussage gleich: Der Gott Israels hat die Welt erschaffen, sie ist nicht aus dem Nichts entstanden und sie verdankt sich nicht dem Zufall.

In der Bibel finden sich viele weitere Aussagen zum Thema „Schöpfung", die weit über die Frage, wie die Welt entstanden ist, hinausgehen. So ist mehrfach die Rede davon, wie der eine Gott seine Schöpfung in Gegenwart und Zukunft begleitet, schützt und sich ihr liebend zuwendet (Ps 8, 19 und 104). Und im Alten wie im Neuen Testament finden sich Aussagen von der Neuschöpfung aller Dinge am Ende aller Tage (Jes 65,17-25; Offb 21,1-8).

Wer also die Bibel reduziert auf ein Gegenüber zu heutigen naturwissenschaftlichen Aussagen, verkennt ihre wahre Aussageabsicht. Die entscheidende Frage lautet vielmehr: Ist diese Welt von Gott her zu verstehen oder nicht?

Warum ist die griechische Philosophie auch für unser Denken heute von Belang?

Über weite Strecken des abendländischen Denkens ist nun aber der Vorstellungsgehalt der biblischen Schöpfungsgeschichten und vor allem 1. Mose 1 eine enge Verbindung mit griechischen Vorstellungen eingegangen.

Der Philosoph Aristoteles (384 – 322 v. Chr.) übernahm von älteren griechischen Philosophen und Naturbeobachtern die Vier-Elemente-Lehre. Alles Sein lässt sich auf die vier Elemente Feuer, Wasser, Luft und Erde zurückführen, die je ihrem natürlichen Ort zustreben. Aristoteles erweiterte sie um den Äther als fünftes Element, aus dem die anderen entstanden sind (lat. quinta essentia, Quintessenz = fünfte Substanz, heute als Kern einer Sache verstanden). So gelangte Aristoteles zu einer zweigeteilten Physik, die zwischen himmlischer und irdischer Mechanik mit jeweils anderen Gesetzmäßigkeiten unterscheiden konnte.

Im 2. Jahrhundert n. Chr. fügte der griechische Mathematiker und Astronom Claudius Ptolemäus (*um 100, † 160 n. Chr.) diese Vorstellungen zum sogenannten ptolemäischen Weltbild, das die sublunaren, also irdischen Sphären bzw. Bereiche Erde, Luft, Wasser und Feuer mit der Mondsphäre abschließen ließ. Anschließend folgten die Sphären (Bereiche) der Himmelswelt mit eben anderen Gesetzmäßigkeiten, mit den Planeten Merkur und Venus, der Sonne und weiter Mars, Jupiter, Saturn. Der Fixsternhimmel bildete die äußerste Sphäre und den Abschluss dieses konkret räumlich gedachten *geozentrischen Weltbildes*.

Dieses Weltbild war nahezu 1500 Jahre unverändert gültig und ließ sich in vollkommener Weise mit den biblischen Vorstellungen zu einem einheitlichen Weltbild verbinden. Alles hatte seinen rechten Platz: der Mensch mit seiner „Sphäre", der Erde. Zugleich hatte aber auch Gott einen realen Wohnort, unsichtbar hinter der letzten Sphäre, dem Fixsternhimmel.

Gleichzeitig wird so auch verständlich, warum es der mittelalterlichen Kirche und den Menschen allgemein nicht leicht gefallen ist, sich auf die mit Kopernikus und Kepler verbundene Umwälzung durch das *heliozentrische Weltbild* einzulassen, das die Sonne in den Mittelpunkt rückte und die Erde und die anderen Planeten in deren Umlaufbahn. Dabei war und ist es doch eigentlich bis heute unsere Alltagserfahrung, dass die Sonne sich vom Aufgang bis zum Untergang um eine fest stehende Erde bewegt. Versuchen Sie beispielsweise einmal einem Kind zu erklären, dass sich nicht die Sonne, sondern die Erde bewegt.

Aristarch von Samos dachte übrigens schon im 3. Jahrhundert v. Chr. ein heliozentrisches Weltbild, konnte sich jedoch mit seiner Vorstellung nicht durchsetzen.

Wo stehen wir heute mit unserem Denken über die Welt?
Das kopernikanische Weltbild mit der Sonne im Zentrum und den neun Planeten (oder neuerdings auch acht, da der Status von Pluto ja umstritten ist) wird als Allgemeinwissen vorausgesetzt und daher hier nicht näher beschrieben.

Bedeutend für den Durchbruch dieser von den Naturwissenschaften bestimmten Sicht auf die Welt war Isaac Newtons (1642–1727) Entdeckung der Fallgesetze. Nun gab es eine einheitliche Mechanik, die nicht mehr zwischen einem irdischen und einem himmlischen Bereich unterschied, sondern alles durch Gravitation (Anziehungskraft verschiedener Massen) erklären konnte.

Zusammen mit der durch Immanuel Kant (1724–1804) wesentlich beeinflussten Aufklärung als „Ausgang des Menschen aus seiner selbst verschuldeten Unmündigkeit" begann nun der Siegeszug einer allein an den Maßstäben von Vernunft und genauer Untersuchung ausgerichteten Erforschung der Welt, die zunehmend keine Rücksichten auf die Befindlichkeiten und Vorbehalte der christlichen Kirchen mehr nahm.

So hat die Physik im 20. Jahrhundert einen Weg genommen, bei dem manche Physiker und Philosophen von einer „Verrätselung der Wirklichkeit" sprechen: Quantenmechanik, Stringtheorie, Elementarteilchen wie das Higgs-Boson haben das Wissen über die physikalischen Zusammenhänge aller Dinge schier unfassbar erweitert.

Zwar ist das Weltbild prinzipiell hochkomplex und unanschaulich geworden, dennoch verzweifelt im Alltag kaum jemand daran, und vor allem ist die heutige Welt von den vielfältigen Errungenschaften von Naturwissenschaft und Technik geprägt. Wer nur 25 Jahre zurückblickt: kein Smartphone, kein Internet und keine sozialen Netzwerke! Vorstellbar?

Wirklichkeit in Naturwissenschaften und Philosophie

Wie kommen Naturwissenschaften zu ihren Erkenntnissen?
Zunächst ist festzuhalten, dass der Begriff „Naturwissenschaften" sich erst ab dem 18. Jahrhundert nachweisen lässt. Mit der Aufklärung lösen sich viele von Dogmen und Lehrsätzen bestimmte Denkvorbehalte und der Mensch beginnt, unbefangen die Natur zu beobachten. In einem etwa 200 Jahre währenden Prozess bildet sich der moderne Wissenschaftsbegriff heraus. Galileo Galilei (1564–1642) widerrief zunächst in Anbetracht drohender Verfolgung 1616 noch seine astronomischen Erkenntnisse, vermutlich nicht zuletzt deshalb, weil am 17. Februar 1600 der Astronom Giordano Bruno (*1548) in Rom auf dem Scheiterhaufen starb. Bruno vermutete die Unend-

lichkeit des Raumes, was jedoch der endlichen Sphärenlehre des ptolemäischen Weltbildes widersprach. Mit seinen Versuchen an der schiefen Ebene scheint Galilei sich nun auf vergleichsweise harmlosem Gebiet zu bewegen, und dennoch hat diese Art der Vorgehensweise, nämlich kleine Teilaspekte eines Problems zu untersuchen, das menschliche Denken revolutioniert. Der Mathematiker und Philosoph René Descartes (1596–1650) lieferte in seinem Werk „Abhandlung über die Methode …" von 1637 dafür das vier einfache Schritte umfassende Denkmodell:

1. Unter Vermeidung aller Vorurteile solle nur das als wahr anerkannt werden, was sich klar und deutlich erkennen lässt (clare et distincte percipere); 2. sollen komplexe Probleme in einfache Teilprobleme zerlegt werden; 3. solle man vom einfachen Gedanken stufenweise zu komplexerem Denken aufsteigen und schließlich solle 4. durch Aufzählung die Vollständigkeit eines Systems sichergestellt werden.

Was kennzeichnet empirische Wissenschaften?
Gerade weil ein empirisches Wissenschaftsverständnis nicht auf die ganz großen Fragen abhebt und einfach die Bereiche Glauben und Wissen in unterschiedliche Bereiche auftrennt, die sich gegenseitig nicht zu stören scheinen, konnte sich nun eine systematische Beobachtung und Erforschung der Natur ungestört entfalten.

Im 19. Jahrhundert formten sich an den Universitäten die klassischen naturwissenschaftlichen Fächer wie Physik, Biologie und Chemie und andere Fakultäten. Hier bildete sich eine empirische Methode heraus, die unter Rückgriff auf philosophische Vorstellungen begründete Vermutungen (Hypothesen) aufstellte und diese mittels Induktion (vom Besonderen zum Allgemeinen) und Deduktion (vom Allgemeinen zum Besonderen – also dem Einzelfall) entweder zu verifizieren (also zu bewahrheiten) oder zu falsifizieren (also zu widerlegen) suchte, um zu überall gültigem, reproduzierbarem und verfügbarem Wissen und vor allem zur Beherrschung der Welt zu gelangen.

Dabei sind *Experimente* das Handwerkszeug eines Naturwissenschaftlers, der Neues herausfinden oder vorhandenes Wissen ergänzen und fortführen will. Das Bestechende an dieser Vorgehensweise ist, dass sich vermeintlich sicher Gewusstes, das sich im Nachhinein als falsch herausstellt, einfach und undogmatisch durch neue und bessere Erkenntnisse ersetzen lässt.

Gleichzeitig oder auch als Folge dieses Forscherdrangs ergaben sich auch eine ganze Reihe technischer Fortschritte. So erfand Thomas Newcomen 1712 die Dampfmaschine, James Watt verbesserte sie 1769, und so ergab sich im wahrsten Sinne des Wortes eine enorme Beschleunigung des technischen Wissens der Menschheit, deren Ende bei allen damit verbundenen Risiken nicht absehbar ist. Zum Vergleich: Ein gut ausgestatteter PC Ende der 80er Jahre hatte etwa 4 MB Arbeitsspeicher und eine Festplatte mit 40 MB. Heute ist in jedem Smartphone ein Vielhundertfaches an Rechenleistung und Speicher eingebaut.

Wie weit kommen wir mit den Naturwissenschaften?

Fast alle Lebensbereiche unserer heutigen Welt sind von den Erkenntnissen der Naturwissenschaften und der Technik durchdrungen. Der Mensch hat seinen Fuß auf den Mond gesetzt und forscht bis an die Grenzen unseres Universums. Auch auf die Behandlungsmöglichkeiten der modernen Medizin wird sicher niemand ernsthaft verzichten wollen. Jeder hofft, im Falle einer ernsthaften Erkrankung bestmöglich versorgt und geheilt zu werden. Gleichzeitig wird an vielen Stellen auch deutlich, dass es Grenzen des Wachstums und des Fortschrittes geben muss, wenn wir mit unseren natürlichen Ressourcen nachhaltig umgehen wollen.

Unbeschadet der Tatsache, dass es eine ganze Reihe von Axiomen gibt, die nicht bei jedem Forschungsvorhaben hinterfragt werden, sonst müsste man ja in der Tat jedes Mal ganz von vorn beginnen, hat alles naturwissenschaftliche Forschen jedoch auch Grenzen. Streng genommen lässt sich nach Karl Popper (1902-1994) eine Hypothese niemals endgültig verifizieren, sondern allenfalls bewähren. Popper verweist auf die lange gültige Vorstellung, es gäbe nur weiße Schwäne, bis diese Hypothese durch die Entdeckung von schwarzen Schwänen falsifiziert wurde.

Immer wieder muss sich auch die Naturwissenschaft eingestehen, dass sie sich geirrt hat und dass es auch nicht immer ganz leicht fällt, sich von eingefahrenen und vermeintlich bewiesenen Tatsachen wieder zu verabschieden. Der Physiker und Wissenschaftsjournalist Harald Lesch (*1960) relativiert deshalb naturwissenschaftliche Aussagen mit den Worten „Wir irren uns empor".

Der Philosoph Friedrich Nietzsche (1844–1900), ein scharfer Beobachter und in klassischem griechischen Denken geschulter Geist, formuliert es radikaler: In allem unserem Denken kommen wir von dem, was vorher gedacht, gelehrt und geglaubt wurde, nicht so einfach los, es gibt einfach keine voraussetzungslose Wissenschaft, irgendwo muss das Denken anknüpfen. Auf der einen Seite ist das gut, weil es viel Bewährtes gibt, auf der anderen Seite führt es gelegentlich in die Irre. Man denke beispielsweise an die Vorstellung, Atomenergie sei beherrschbar: Auch wenn in Fukushima 2011 viele grundlegende Sicherheitsregeln missachtet wurden, bleibt immer noch die Frage, was mit jahrtausendelang strahlendem Atommüll geschehen soll, wo der Mensch doch Mühe hat, seine „nur" gut 10.000 Jahre währende Kulturgeschichte zu überblicken.

Der Kern aller empirischen Erkenntnis in den Naturwissenschaften ist also das Entdecken kausaler Gesetzmäßigkeiten, die Wenn-dann-Aussagen erlauben. *Wenn* diese Ursache gegeben ist, *dann* kommt es zu bestimmten Wirkungen, und man gelangt zu Aussagen über die erwartbare Zukunft – aber nur über diese. Das gilt auch umgekehrt: *Wenn* diese Wirkung vorliegt, *dann* muss (oder kann) diese Ursache gegeben sein. Ein Beispiel aus der Medizin: Anhand der Folgen, z. B. Atembeschwerden, geringe Belastbarkeit, kommt man zur Krankheitsursache, hier z. B. Herzinsuffizienz, und kann diese behandeln.

Wirklichkeit ist jedoch vielschichtiger. Was Krankheit ist, was sie für einen Menschen bedeutet und wie dieser damit umgehen kann, sodass er getrost leben kann, bekommt man damit nicht in den Blick. Das ist das Feld von sinndeutenden Formen menschlicher Erkenntnis, zu der Theologie und Philosophie gehören. Der Satz „Wir irren uns empor" ist demnach also keine empirische Aussage, sondern eine Deutung der Geschichte der Naturwissenschaft.

Wie steht es um den Alleinvertretungsanspruch der Naturwissenschaften?
Es lässt sich nicht in Abrede stellen, dass es Naturwissenschaftler gibt, die ihre Grenzen überschreiten. Der Evolutions-Biologe Richard Dawkins greift über den Bereich seiner Wissenschaft hinaus, wenn er alle Religion (obschon selbst Engländer, ist sein Gegner vor allem die amerikanisch-fundamentalistische Version des Christentums) als überholt und sogar als gefährlich bezeichnet (zu Dawkins → S. 44f.).

Auch Stephen Hawking (*1942) verlässt mit seinen Vorstellungen, dass die Physik die Rolle der Philosophie und der Geisteswissenschaften mit der Supertheorie übernehmen werde, den Bereich seiner Wissenschaft und deutet die Wirklichkeit aus seiner ausschließlich physikalischen Perspektive. Das darf er selbstverständlich, doch indem er bestimmte Bereiche der Wirklichkeit für sich in Abrede stellt, heißt das noch nicht, dass ihm nun kraft seiner Autorität als Naturwissenschaftler alle Menschen folgen müssten.

Die Wahrnehmung der Wirklichkeit in der Theologie

Was ist das überhaupt: Theologie?
Der Begriff „Theologie" stammt aus der griechischen Antike und meinte ursprünglich „Rechenschaft oder Lehre von Gott bzw. von den Göttern oder den auf das Göttliche bezogenen Dingen" (HWPh Bd. 10, S. 1080). Für das Neue Testament könnte man Paulus als den ersten Theologen im christlichen Sinne bezeichnen. In der Alten Kirche wurde der Begriff dann vollends christlich besetzt und so hat sich die Theologie über das Mittelalter bei den in vielen europäischen Städten ab dem 13. Jahrhundert gegründeten Universitäten als Leit- oder Königsdisziplin des christlichen Abendlandes etabliert.

Christlicher Theologie geht es im Kern darum, Rechenschaft über den biblischen Glauben zu geben (vgl. 1. Petr 3,15). Dazu legt sie die in den biblischen Schriften niedergeschriebenen Erfahrungen mit Gott methodisch bedacht aus. Ihr Ziel ist es, Deutungen der Welt und des Leben sowie Lebensorientierungen begründet zu entwickeln und diese Christinnen und Christen, aber auch anderen Zeitgenossen anzubieten.

Heute hat sich in der Theologie ein Fächerkanon von fünf theologischen Hauptdisziplinen Altes und Neues Testament, Kirchengeschichte, Systematische Theologie (oder auch Dogmatik und Ethik) und Praktische Theologie herausgebildet, die durch weitere Forschungs-Schwerpunkte wie beispielsweise Diakoniewissenschaft oder Judaistik (Wissenschaft vom Judentum) ergänzt werden.

Worin unterscheidet sich Glaube von Wissen?

Glaube ist zunächst einmal das Vertrauen auf ein personales Gegenüber. Wie jedes Vertrauen ist Glaube immer Nicht-Wissen (Hebr 11,1). Für Christen ist das personale Gegenüber der Gott, wie er in den biblischen Schriften bezeugt ist. Das 1. Mosebuch entfaltet ab Kapitel 12 – gegen die in den Kapiteln 3 bis 11 dargestellte Abwendung des Menschen von Gott – in Abraham den Prototyp eines Glaubenden.

Aus diesem Vertrauen ergibt sich eine Lebenshaltung, die ihrerseits zu durchaus unterschiedlichen Lebensformen führen kann. Ein Mönch führt ein anderes Leben als die gläubige Mitschülerin. Die Lebenshaltung ist aber dieselbe. Sie ist gekennzeichnet durch *Glaube, Hoffnung und Liebe* (1. Kor 13,13).

Wissen im naturwissenschaftlichen Sinne besteht demgegenüber in der Kenntnis von Naturprozessen, die durch menschliches Handeln (durch Veränderung einzelner Faktoren) verändert und kontrolliert werden können (s. o. → S. 11f.).

Wissen Theologinnen und Theologen alles besser?

Einen Alleinvertretungsanspruch der christlichen Wirklichkeitserklärung gibt es heute Gott sei Dank nicht mehr. Aber die christliche Deutung der Wirklichkeit ganz aus unserem gesellschaftlichen und öffentlichen Denken hinauszudrängen – wie es z. B. Dawkins und Hawking beredt einfordern – schießt auch weit über das Ziel hinaus. Mit einem vergleichsweise freien und breit orientierten Studium bereiten Theologiestudierende sich auf den Pfarr- oder mit einem weiteren Fach auf den Lehrberuf vor. Neben der Verkündigung des Evangeliums als der befreienden Botschaft von Jesus Christus und dem in ihm begründeten Heil sollten Theologen heute vor allem über den Bereich von Kirche und Glauben hinaus kommunikationsfähig sein. Im Gespräch mit anderen Wissenschaften und einer breiten Öffentlichkeit, wie es ja beispielsweise auch die Schule darstellt, geht es darum, Menschen sprachfähig und empfindsam für eine größere Wirklichkeit zu machen, die über das hinausreicht, was sich mit unseren fünf Sinnen erfassen und beweisen lässt.

Was also kann die Theologie?

Immer wieder wird heute christlicher Theologie jedweder Konfession abgesprochen, überhaupt eine „richtige" Wissenschaft zu sein. Dazu wird beispielsweise ins Feld geführt, dass das „Axiom" Gott nicht offen verhandelt werden könne.

Natürlich lässt sich aus der Geschichte der Theologie anführen, dass sämtliche Versuche, Gott zu beweisen, gescheitert sind (→ S. 45). Doch der Beweis des Gegenteils ist ebenso unmöglich. Das heißt aber nun nicht, dass Glaubende und Nicht-Glaubende gar nicht mehr miteinander sprechen könnten. Die Theologie kann sehr wohl über ihre Voraussetzungen und ihre Methoden auf vernünftige und für alle Menschen nachvollziehbare Weise Auskunft geben.

So hat sich beispielsweise was Bibelauslegung betrifft, in einem langen Prozess die so genannte historisch-kritische Methode gebildet, die Bibeltexte auf ihre historisch nachvollziehbaren Hintergründe und Entstehungsbedingungen befragt (→ S. 75f.).

Auch in den anderen theologischen Fachbereichen wird mit allgemein wissenschaftlich anerkannten Methoden gearbeitet, z. B. gelten in Kirchengeschichte dieselben Standards wie für andere Historiker. Somit ist es eine Engführung, wenn man nur naturwissenschaftliches Arbeiten als Wissenschaft bezeichnen würde.

Wie können wir die Bibel verstehen?
Die wissenschaftlich begründete Lehre vom Verstehen heißt *Hermeneutik*. Das aus dem Altgriechischen stammende Verb hermeneuein bedeutet auslegen, erklären. Ausgehend von der Frage, wie sich Menschen überhaupt verstehen können, meint die hermeneutische Methode bezüglich der Bibel, dass unser heutiger Lebens- und Verstehenshorizont sich dem Denken der Menschen zu biblischer Zeit vorsichtig annähern muss. Immer wieder gilt es, das eigene Vorverständnis, das sich ja niemals voraussetzungslos einem Text aus längst vergangenen Zeiten nähern kann, im Blick zu behalten und die biblischen Texte daraufhin zu befragen, wie das Menschen vor gut 2000 Jahren wohl verstanden haben. D. h., wenn ich den Text mit dem mir eigenen Vorverständnis befrage, mich jedoch der längst vergangenen Welt öffne, findet eine sogenannte Horizontverschmelzung statt, die dann mein Vorverständnis verändert und zu besserem Textverständnis führt. Dieser Vorgang wird *hermeutischer Zirkel* genannt. Insofern stellt die Verschmelzung des eigenen und des längst vergangenen fremden Verstehenshorizontes eigentlich eine Spirale dar. Wer sich eingehend mit biblischen Texten beschäftigt, versteht bei jedem Durchgang mehr und tiefer, was ursprünglich gemeint war. Dass das nicht von vornherein unmöglich ist, lässt sich beispielsweise an den Psalmen zeigen, die in einer unerhörten Unmittelbarkeit menschliche Erfahrungen im Blick auf Gottes Wirklichkeit und Realität thematisieren (Ps 130,1: „Aus der Tiefe rufe ich, Herr, zu dir").

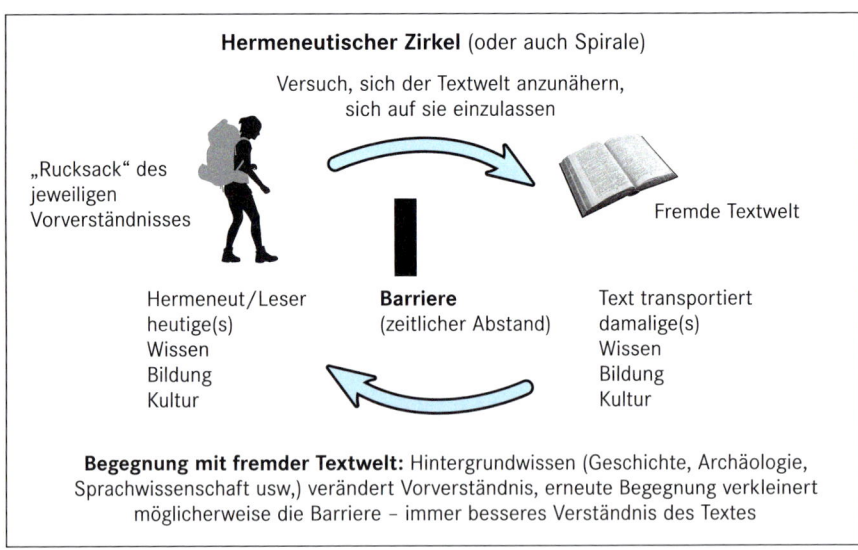

Wie verhalten sich Glaube und Theologie zueinander?

Ausgangspunkt aller christlichen Theologie ist die Erfahrung der Jüngerinnen und Jünger um Jesus von Nazareth, dass ihr gekreuzigter, gestorbener und begrabener Meister nicht im Tod geblieben ist, sondern ihnen in einer Weise als Lebendiger begegnet ist, die die zuvor aller Hoffnungen Beraubten zu Verkündigern der frohen Botschaft werden ließ. Kernpunkt dieser Botschaft ist, dass Gott uns Menschen nicht dem Tod überlässt, sondern in Jesus Christus für uns den Tod überwunden hat.

Alle Hoheitstitel, die Jesus von Nazareth zugeschrieben wurden, sind dieser Urerfahrung des Glaubens zuzuschreiben (→ S. 60f.). Von Anfang an war diese Botschaft aber immer auch dem Zweifel an der Wirklichkeit und Wahrheit dieser Erfahrung ausgesetzt (vgl. Mt 28,17). Es gehört jedoch zu den großen Geheimnissen des christlichen Glaubens, dass diese Glaubensunmittelbarkeit quer durch alle Zeiten immer wieder Menschen bewegt und überzeugt hat, so sehr, dass sie sogar ihr Leben dafür gaben, wie zum Beispiel der evangelische Theologe Dietrich Bonhoeffer (1906–1945) in der Zeit des Nationalsozialismus.

Nichtsdestotrotz muss sich christlicher Glaube auch kritischem Fragen und Hinterfragen stellen. Daher reflektiert Theologie Glaubenserfahrungen mit den ihr zur Verfügung stehenden Methoden (→ S. 24).

Wie lassen sich Schöpfung und Urknall bzw. Evolution verbinden?

Was die Theologie leisten kann, lässt sich gut an den Schöpfungsgeschichten der Bibel zeigen. Menschen früherer Generationen haben geglaubt, dass es sich dabei um ein Geschehen handelt, das tatsächliche Ereignisse abbilde. Selbstverständlich ergibt sich dann daraus ein Konflikt mit den Naturwissenschaften, die im Bereich der Physik den Urknall als Anfangspunkt des Kosmos und im Bereich der Biologie die Evolution als derzeit anerkanntes Modell für die Entstehung allen Lebens auf der Erde ansehen.

Die Theologie – hier die Bibelwissenschaft – verweist aber darauf, dass es sich bei allem Reden von Schöpfung in der Bibel um Aussagen handelt, die Gott als den Urheber und Schöpfer aller Dinge glaubend bekennen. Wie bereits gezeigt wurde, beschränken sich die biblischen Aussagen nicht nur auf vergangenes Handeln Gottes, sondern bekennen auch gegenwärtiges und zukünftiges Schöpferhandeln Gottes. Man kann also sowohl den Urknall als auch die Evolution für die derzeit wissenschaftlich gut belegten physikalischen und biologischen Entstehungsmodelle halten, ohne deshalb die Schöpfungsaussagen der Bibel zu verwerfen: Erstere stellen vorrangig die Fragen *Wie* und *Was*, die Bibel eher die Fragen *Wer, Warum und zu welchem Zweck*. So sind beide Denkweisen weder ausschließlich getrennte Bereiche, noch schließen sie sich gegenseitig im Sinne von „entweder – oder" aus, sondern sie ergänzen *komplementär verschiedene Sichtweisen auf die eine Wirklichkeit der Welt*. Die Naturwissenschaften fragen nach den belegbaren Fakten; die Theologie fragt, wie diese Erkenntnisse unter der Bedingung der Existenz Gottes zu deuten sind. Stark vereinfacht könnte man also modern und etwas augenzwinkernd so formulieren: „Am Anfang ließ es Gott ziemlich krachen."

Inwieweit lässt sich Wahrheit auch im Mythos zur Sprache bringen?

Natürlich müssen wir nun keine neuen Erzählungen, wie die Welt aus theologischer Sicht entstanden ist, erfinden, denn in den biblischen Aussagen ist alles Notwendige bereits enthalten: Gott will eine Welt, sie verdankt sich nicht dem Zufall, und er will den Menschen als Gegenüber, das gilt in Vergangenheit, Gegenwart und bis in die fernste Zukunft.

Es geht also nicht um quantitative Wahrheit der zahlreicheren bzw. besseren und besser begründeten Argumente, sondern um eine qualitative Wahrheit, dass alles, die sichtbare und die unsichtbare Welt – wie es das Bekenntnis von Nicäa 325 n. Chr. formuliert – sich dem liebenden Schöpferhandeln Gottes verdankt, der sich in seinem Sohn Jesus Christus uns Menschen heilsam zuwendet.

So dauert im vermeintlichen Streit zwischen Naturwissenschaft und Theologie die alte Auseinandersetzung zwischen Logos und Mythos immer noch an. Wir Menschen sind es gewohnt, nur logisch nachvollziehbare Erklärungen zuzulassen, wenn es um die Frage geht, „was die Welt im Innersten zusammenhält" (Faust I), dabei kommt man an dieser Stelle mit mythologischen Sprachformen weiter. Diese können den Gesamtzusammenhang der Welt sinnstiftend zusammendenken, ohne jedes einzelne Detail widerspruchsfrei einfügen zu müssen. Als Mythos wird hier eine Aussageform verstanden, die überzeitliche, d.h. außerhalb unseres Zeitverständnisses liegende Wahrheiten in ein zeitliches Nacheinander einer Geschichte übersetzt. Weil die Welt Gottes außerhalb unserer Zeitvorstellung liegt, wird in Schöpfungsmythen das Anfangsgeschehen in ein zeitliches Nacheinander gebracht.

Und was ist dann mit der Wahrheit der Bibel?

Erstaunlicherweise verengen zunehmend mehr Christen ihren Blick, indem sie die unbedingte Wahrheit der Bibel nur dann eingelöst sehen, wenn wortwörtlich wahr ist, was da geschrieben steht. Meist wird dabei die Vielfalt der Schöpfungsaussagen ausgeblendet und nur 1. Mose 1 „bewiesen". Die verschiedenen Spielarten dieses sogenannten Kreationismus versuchen mithilfe naturwissenschaftlicher Methoden der Geologie und der Biologie nachzuweisen, dass die Erde jüngeren Datums sei und eine Makro-Evolution nicht stattgefunden habe. Der sogenannte Kurzzeit-Kreationismus beruft sich dabei auf 1. Mose 1 mit seinen sieben Tagen; der Langzeit-Kreationismus geht unter Berufung auf Ps 90,4 („tausend Tage sind vor dir wie der Tag, der gestern vergangen ist") von einem längeren Zeitraum aus.

Einerseits halten solche Theorien fachwissenschaftlichen Auseinandersetzungen nicht stand und andererseits liegt der grundlegende Denkfehler darin, dass die Bibel nicht naturwissenschaftlich, sondern theologisch aus der Perspektive glaubender Menschen interpretiert werden will. Man nimmt sie nur dann beim Wort, wenn man erkennt, dass vergangene Zeiten versucht haben, ihr Verhältnis zu Gott im Gesamtzusammenhang der Welt gemäß den Vorstellungen ihres jeweiligen Weltbildes darzustellen.

Möglichkeiten der Kooperation

Kann man von der Wissens-Geschichte lernen?
In der Geschichte des Christentums gab es verschiedene Modelle, die das Verhältnis von Wissen und Glauben bestimmt haben:
1. Tertullian (2. Jh. n. Chr.): credo quia absurdum est = ich glaube, weil es widersinnig / absurd ist. Der christliche Glaube mit der Botschaft vom gekreuzigten Gott widerspricht allem, was mit griechisch-philosophischem Denken und damit der Vernunft vereinbar wäre. Schon Paulus verdeutlicht das in 1. Kor 1,23: „Wir aber predigen den gekreuzigten Christus, den Juden ein Ärgernis, den Griechen aber eine Torheit."
2. Augustinus (4. Jh. n. Chr.): credo ut intelligam = ich glaube, um zu erkennen. Der christliche Glaube ist allem wissenschaftlichen Erkennen vorgeordnet, ja überhaupt erst durch Glauben kommt es zu voller Erkenntnis. Die Vernunft braucht also den Glauben.
3. Anselm von Canterbury (11. Jh. n. Chr.): fides quarens intellectum = der christliche Glaube sucht nach beweisbarer Erkenntnis. Jeder Mensch soll begreifen können, warum Glaube vernünftig ist.

Naturwissenschaft und Theologie – zwei verschiedene Paar Stiefel?
Seit der kopernikanischen Wende gehen Glauben und Wissen aber zunehmend getrennte Wege als zwei Bereiche, deren Erkenntnisse sich nicht in Einklang bringen lassen. Dabei gibt es grundsätzlich die Möglichkeit der Konfrontation und der gegenseitigen Beendigung jedes Gespräches, wie sie von naturwissenschaftlicher Seite von Dawkins und Hawking und von christlicher Seite vom Kreationismus in seinen verschiedenen Spielarten vertreten werden.

Was heißt komplementäres Denken?
Dann aber gibt es Möglichkeiten der Kooperation, wo in Anerkennung der unterschiedlichen Zugänge zum Verstehen einer komplexen Wirklichkeit komplementär, also einerseits vollkommen unterschiedlich, unter einem bestimmten Blickwinkel sogar widersprüchlich, andererseits zugleich aber auch ergänzend gedacht wird. So gibt es Naturwissenschafter wie den Physiker Hans-Peter Dürr (*1929), die ganz eindeutig die Grenzen der Naturwissenschaften benennen und über den jeweils eigenen Tellerrand hinausdenken. Dürr kritisiert den engen Materie- und Energiebegriff und spricht lieber von einem Beziehungsgefüge und von Information. Statt von physikalischen Teilchen spricht er von „Wirks", die etwas *bewirken*. Eine ungewöhnliche Vorstellung, resultierend aus der Quantenphysik, nach der je nach Beobachtung Welle oder Teilchen wahrnehmbar ist. So kommt Dürr zur erstaunlichen Aussage: „Solange Sie es sich vorstellen können, liegen Sie falsch." (PM-Magazin 05/2007). Und hier stellt sich die Frage, ob das von der Theologie wirklich so weit entfernt ist. Im Blick auf die unvorstellbare Größe Gottes äußert sich der Kirchenvater Augustinus

(354–430) wie folgt: „Wenn du ihn verstehst, dann ist es nicht Gott!" Die Naturwissenschaften und die Theologie sprechen verschiedene Sprachen, bei genauem Hinsehen gibt es aber doch Verständigungsmöglichkeiten, die den jeweils eigenen verengten Denkhorizont aufbrechen.

Was heißt das konkret für die Zusammenarbeit?
Soll ein sinnvoller Dialog stattfinden, so müssen sowohl Theologen als auch Naturwissenschaftler zunächst die Bereitschaft mitbringen, sich auf die jeweils andere Herangehens- und Denkweise des Gesprächspartners einzulassen. So können sie ihre je eigene Perspektive durch die Perspektive des anderen ergänzen, um zu einer vollständigeren Sicht der Dinge zu gelangen.

Kein Naturwissenschaftler wird bei seinen Forschungen von vornherein theologische Fragestellungen miteinbeziehen können. Hier gilt zunächst methodischer Atheismus, der nur das in naturwissenschaftliches Denken einbeziehen kann, was sich messen, darstellen, wiederholen und gegebenenfalls auch revidieren lässt.

Doch mit der Steigerung des technischen Verfügungswissens stellt sich die Frage nach einer Begrenzung der durch Naturwissenschaften und Technik ermöglichten Ausbeutung der natürlichen Ressourcen der Erde. So bringen Theologen im Dialog mit Naturwissenschaftlern zur Sprache, dass es nicht ausschließlich um quantitative Steigerung der Möglichkeiten des Menschen geht, sondern auch um die Frage nach der Lebensqualität.

Das lässt sich vor allem im Blick auf drängende Fragen der Menschheit insgesamt diskutieren. Wie viel globale Erderwärmung verträgt unser Globus? Wie sieht es mit Gerechtigkeit zwischen Nord- und Südhalbkugel in einer global agierenden Weltwirtschaft aus? Sowohl im Blick auf den einzelnen Menschen als auch im Blick auf gesamtgesellschaftliche Zusammenhänge gibt es eine Reihe medizin-ethischer Fragestellungen wie etwa: Wie viel Hightech-Medizin braucht jeder Einzelne oder gibt es auch eine Grenze (→ S. 106f.)? Gibt es für einen schwerkranken Menschen ein Recht auf Organe eines Sterbenden, der sie nicht mehr so dringend braucht? Stimmt das Argument vom Tod auf der Warteliste?

Der Theologe Heinz-Eduard Tödt (1918–1991) hat dazu Schritte der ethischen Urteilsfindung entwickelt, die für beide Bereiche hilfreich sein können, unterschiedliche Interessenlagen festzustellen, einen Ausgleich in den Blick zu nehmen und gegebenenfalls eine Entscheidung herbeizuführen (→ S. 105).

So bleibt am Ende festzuhalten: Aus Praktikabilitätsgründen werden heute meist nur Teilbereiche der Wirklichkeit in den Blick genommen, und es steht außer Frage, dass die Menschheit es damit weit gebracht hat. Sobald aber ein Zugang für sich eine Alleinvertretung für die Deutung der Wirklichkeit beansprucht, wird die Wahrnehmung der komplexen Welt verzerrt. Theologie und Naturwissenschaften tun gut daran, andere Zugänge zur Wirklichkeit in ihrem je eigenen Denken angemessen wahrzunehmen und zu berücksichtigen.

Mensch

Philosophie fragt nach dem Wesen des Menschen

- **Plato:** Die Seele besteht aus Vernunft, Wille und Affekten
- **Pico della Mirandola:** Der Mensch kann sein Leben frei bestimmen
- **Hobbes:** Menschen streben nach Reichtum, Ehre und Macht
- **Pascal:** Der Mensch ist ein denkendes Schilfrohr
- **Rousseau:** Menschen sind von Natur aus gut
- **Sartre:** Der Mensch ist zur Freiheit verdammt
- **Plessner:** Der Mensch kann zu sich selbst Ich sagen
- **Honneth:** Autonomie entsteht aus Anerkennung

Das Menschbild in der evangelischen **Theologie**

1. Der Mensch ist ein endliches Geschöpf Gottes
2. Als Mann und Frau ist der Mensch Ebenbild Gottes
3. Er ist beauftragt zum Herrschen und Bewahren
4. Menschen verfehlen sich selbst,
5. doch sie sind von Gott bedingungslos anerkannt
6. Deshalb sind sie *frei von* Zwang, sich selbst Anerkennung verschaffen zu müssen, und *frei zur* Nächstenliebe
7. Sie können über ihre Grundeinstellungen nicht verfügen (Unfreiheit des Willens)
8. Der Mensch ist ein relationales Wesen. Es steht in Beziehung zu Gott, zu anderen sowie zur Umwelt und zu sich selbst

Menschenbilder im Alltag

Menschenbilder in **anderen Religionen**

Judentum: Mensch ist Ebenbild und Geliebter Gottes

Islam: Mensch ist Statthalter (Kalif) Gottes

Hinduismus: Alle Menschen haben durch das Atman Anteil am Brahman

Buddhismus: Der Mensch ist aus vergänglichen Teilen zusammengesetzt

Das Menschbild in den **Humanwissenschaften**

- **Biologie:** Der Mensch ist Produkt der Evolution und mit den Menschenaffen verwandt
- **Neurologie:** Ist der Mensch durch das Gehirn determiniert?

Theologie im Dialog

1. **Assistierter Suizid:**
   Soll man einem todkranken und lebensmüden Menschen helfen, sich selbst zu töten?
2. **Biologie und Theologie:**
   Ist der Mensch Geschöpf Gottes oder Produkt der Evolution?
3. **Menschenwürde:**
   Sind alle Menschen gleich?
4. **Neurologie und Theologie:**
   Wird der Mensch durch das Gehirn determiniert?

Warum soll man sich überhaupt mit dem Thema „Mensch" beschäftigen?

Menschen sehnen sich nach Liebe und Menschen müssen sterben. Menschen tun sich gegenseitig Gewalt an, Menschen morden. Menschen können großartige Maschinen und Gebäude herstellen sowie Kunstwerke gestalten. Menschen können gedankenlos die Umwelt zerstören. Menschen feiern Feste, begehen religiöse Zeremonien und gebrauchen symbolische Zeichen. Sie können sich ganz unterschiedlichen Lebensverhältnissen anpassen und enorm dazulernen. Menschen fragen nach sich selbst.

Diese Beschreibung lässt sich problemlos fortsetzen. Doch die entscheidenden Fragen sind: Wie passt das alles zusammen? Warum ist der Mensch so, wie er ist? Und was bedeutet dies für den Umgang miteinander?

Diese Fragen begleiten den Menschen durch seine Geschichte. Sie sind Ausgangspunkt für die immer neue Beschäftigung mit dem Thema, sei es in Kunst und Literatur, in Philosophie und Humanwissenschaften, in Religion und Theologie. Dabei gerät der Mensch in eine eigentümliche Position: Er entwirft ja jedes Mal eine Art Selbstporträt. Damit bricht eine noch tiefere Frage auf: Warum will oder muss der Mensch wissen, wer er ist? Warum entwerfen Menschen also „Selbstporträts" in Form von Anthropologien (Lehre vom Menschen von griech. anthropos = Mensch und logos = Lehre)?

Betrachtet man das Erleben, Urteilen und Handeln von Menschen, dann zeigt sich, dass dieses immer auch von grundlegenden Vorstellungen von dem Menschen – also von Menschenbildern – bestimmt ist. Die Frage, wer der Mensch ist, ist demnach immer auch die Frage nach den Grundlagen menschlichen Lebens und Handelns sowie die Frage, wie das Leben gelingen kann.

Menschenbilder im Alltag

Wo zeigen sich Menschenbilder im Alltag?

Menschenbilder werden immer wieder in Zeitungen oder Magazinen diskutiert oder in öffentlichen Diskursen reflektiert. Dazu gehören z.B. die Fragen, ob das Menschsein schon mit der Verbindung von Ei- und Samenzelle beginnt, ob die Situation in Pflegeheimen noch der Menschenwürde entspricht, ob sich die Finanzkrise einer Gier von Bankern verdankt, ob Straftäter letztlich für ihr Vergehen selber verantwortlich sind oder ob sie aufgrund von Anlagen und Umwelt gar nicht anders können.

Diesen Formen einer *expliziten Anthropologie* steht eine Fülle *impliziter Anthropologien* gegenüber. Menschenbilder stehen im Hintergrund von Unterhaltungssendungen wie z.B. Germany's Next Top Model, den Grundrissen von Wohnungen oder dem Angebot von Therapien wie z.B. einer Reinkarnationstherapie.

Die Sicht des Menschen in der Philosophie

Was kennzeichnet die Sicht des Menschen in der Philosophie?
Die Philosophie fragt nach dem *Wesen des Menschen*, das sein Leben und Handeln verständlich macht, die verschiedenen Aspekte menschlichen Lebens in einen Zusammenhang bringt und sich überall als konstitutiv aufzeigen lässt. Dabei geht Philosophie von bestimmten, durchaus auch zeitgebundenen Wahrnehmungen aus und deutet diese auf der Grundlage von Vorannahmen, aber auch im Blick auf aktuelle Herausforderungen. Letztlich geht es jeder Philosophie darum, Menschen zu helfen, menschlich zu leben.

Die verschiedenen Wesensbestimmungen des Menschen lassen sich auf unterschiedliche Weise strukturieren. Ein Modell ist:

Ablehnende Theorien	Objektivistische Theorien	Subjektivistische Theorien
Menschen haben kein unveränderliches Wesen.	Menschen haben ein unveränderliches Wesen oder eine festgelegte Natur.	Das Besondere des Menschen zeigt sich in der Fähigkeit, über sich selbst nachzudenken.
Sartre	Plato, Pico della Mirandola Hobbes, Rousseau	Plessner

Was steckt hinter dem Seelenbild von Plato?
Unterschiedliche Bilder des Menschen in der Philosophie sind immer wieder daraufhin zu befragen, welche Einsichten in die Wirklichkeit des Menschen sie zum Vorschein bringen. Sie müssen aber immer auch daraufhin untersucht werden, von welchen Vorannahmen sie ausgehen, welches Interesse sie bewegt und was sie bewirken wollen.

Plato z. B. unterteilt die an den Leib gebundene Seele auf in Vernunft, Wille (das Drangartige, der Mut) und Triebe (Begierde). Er schreibt dabei der Vernunft den höchsten Rang zu, denn sie entspricht nach seiner Annahme der natürlichen Ordnung des Kosmos, wonach das Vernünftige das vollkommene Seiende ist, während das Vernunftwidrige ein Mangel an Sein kennzeichnet. Er kommt so zu einer *Hierarchie der Seelenteile*. Ziel des menschlichen Lebens ist es, diese in eine harmonische Ordnung zu bringen, sodass sie gemäß ihren Aufgaben handeln: Die Vernunft ist weise, der Mut ist standhaft/tapfer, die Begierden sind maßvoll. Ziel ist aber zugleich, eine *ideale staatliche Ordnung* zu entwerfen, in der die Philosophen (die Vernunft) das Sagen haben, die Wächter (der Wille) ihnen folgen und die Bauern, Handwerker, Händler (die Triebe) von jenen geschützt werden.

Wie steht es um die Freiheit des Menschen?
Ein wesentliches Thema der philosophischen Anthropologie ist die Freiheit. Der Renaissance-Denker Pico della Mirandola (1463–1494) betrachtet den Menschen als vollkommen unabhängigen Bildner seines Lebens. Den Ursprung dieser Freiheit

sieht er in der Erschaffung durch Gott. Der Mensch ist dazu bestimmt, zu tun und zu lassen, was er will.

Der französisches Philosoph Jean Paul Sartre (1905-1980) kann eine solche Erschaffung durch Gott nicht akzeptieren: Der Mensch ist durch nichts vorherbestimmt. Es gibt keine „Essenz", die seine „Existenz" bestimmt. Der Mensch ist vielmehr das, was er aus sich macht. Was er ist, ist sein Werk. Sogar sein Wille ist seine Entscheidung.

Der deutsche Philosoph Axel Honneth (*1949) kann die Auffassung einer radikalen Unabhängigkeit nicht teilen. Der Mensch lebt in und aus Beziehungen. Autonomie, d.h. die Fähigkeit zur Selbstbestimmung, ist für ihn Ergebnis vorausgehender sozialer Anerkennung. Das gilt auch für die eigenen Bedürfnisse und Überzeugungen. Autonomie gründet in Selbstachtung und diese wiederum in der Anerkennung durch andere.

Diese unterschiedlichen philosophischen Sichtweisen stoßen auf Widerspruch. Die Neurologie kann dem Menschen Freiheit vollkommen absprechen (s.u. → S. 33f.). Evangelische Theologie vertritt die Auffassung, dass es einen freien Willen nicht geben kann, wie ihn die philosophischen Konzepte voraussetzen (s.u. → S. 29).

Die Sicht des Menschen in Bibel und Theologie

Wie kommen Glaube und Theologie zu ihren Erkenntnissen?

Ausgangspunkt christlichen Glaubens ist die Annahme, dass in der Geschichte Gottes mit den Menschen, wie sie in der Bibel beschrieben ist, hilfreiche Perspektiven auf den Menschen zu entdecken sind. Diese Perspektiven wollen eine Selbstsicht der Menschen eröffnen, die zu einem Leben in Freiheit von der Angst um sich selbst und in liebender Zuwendung zu anderen führt.

Christliche Theologie will den Wahrheitsanspruch dieser Perspektiven argumentativ entfalten, indem sie die biblischen Grundlagen überprüft und erläutert, auf Lebenserfahrungen eingeht, Missverständnisse klärt und Gegenargumente prüft (→ S. 14f.). Wie der Philosophie geht es um eine Wesensbestimmung des Menschen auf der Grundlage bestimmter Voraussetzungen sowie um Hinweise für ein wahrhaft menschliches Leben.

Welche Bibeltexte sind wichtig für das Verständnis des Menschen im christlichen Glauben?

Die der Bibel zu entnehmenden Perspektiven auf den Menschen lassen sich mit den Begriffen *Geschöpf und Ebenbild Gottes* sowie *gerechtfertigter Sünder* bündeln.

Zentrale Texte sind vor allem die biblische Urgeschichte (1. Mose 1-11), die Psalmen (bes. Psalm 8), Gleichnisse Jesu (hier bes. Lk 15,11-32: Gleichnis vom verlorenen Sohn; Mt 18,21-35: Gleichnis vom Schalksknecht) sowie Briefe des Apostels Paulus (dort vor allem Röm 7,14-25; Röm 3,21-31 und Gal 5,13-15). Hinzu kommen dann noch die Auslegungen in der theologischen Tradition, insbesondere bei Martin Luther (1483-1546) und Philipp Melanchthon (1497-1560).

Die biblische Urgeschichte (1. Mose 1-11) behandelt auf erzählende Weise Grundstrukturen der Wirklichkeit. Es geht also nicht einfach um ein Anfangsgeschehen, sondern um ein *Grundgeschehen*, das immer mitläuft und deshalb zu allen Zeiten bedeutsam ist. Es geht stets um *Grundfragen des Lebens*. Die biblischen Schöpfungsgeschichten (erster Text 1. Mose 1,1-2,4a; zweiter Text 1. Mose 2,4b-25) bilden den Beginn der aus verschiedenen Erzählsträngen zusammengesetzten Urgeschichte und müssen in diesem Zusammenhang verstanden werden. Dabei stammt die erste Schöpfungsgeschichte in Strophen- bzw. Liedform aus dem babylonischen Exil und verdankt sich der Auseinandersetzung mit dem herrschenden Schöpfungsmythos der Babylonier. Sie betont: Nicht der babylonische König ist Ebenbild Gottes – und alle andere seine Diener –, sondern alle Menschen. „Alle Menschen sind Könige" (Jürgen Moltmann). Die beiden Schöpfungsberichte zeigen Gemeinsamkeiten, aber auch Unterschiede (Urzustand, Bedeutung des Wassers, Erschaffung des Menschen, Auftrag des Menschen, Verhältnis Mann und Frau).

Was ist der Mensch?
Beide Schöpfungsgeschichten betonen zunächst einmal: *Der Mensch ist Geschöpf Gottes.* Damit ist ausgesagt: Der Mensch verdankt sich Gott und steht in Beziehung zu Gott. Er ist wie Pflanzen, Tiere, Luft, Wasser, Raum und Zeit Teil der Schöpfung und mit allem Geschaffenen verwandt. Und: *Der Mensch ist nicht Gott*. Er ist endlich und damit sowohl in seinem Leben, aber auch seinem Wissen begrenzt. In der symbolischen Sprache des zweiten Schöpfungstexts klingt das so: „Da machte Gott der Herr den Menschen aus Erde vom Acker und blies ihm den Odem des Lebens in seine Nase" (1. Mose 2,7). Mit dem Tod wird der Mensch wieder zu Erde. Der „Odem" ist als Lebenskraft oder Vitalität zu verstehen.

Was ist das Besondere des Menschen?
Beide Schöpfungsgeschichten heben hervor, dass der Mensch in der Schöpfung Gottes eine besondere Position innehat. Dies zeigt sich einmal in dem feierlichen Entschluss, am sechsten Schöpfungstag den Menschen zu schaffen („Lasset uns Menschen machen", 1. Mose 1,26), zum anderen an der Erschaffung des Menschen noch vor dem Paradiesgarten (1. Mose 2,7f.). Das Besondere des Menschen ist nicht an äußerlich feststellbaren Merkmalen, sondern an seiner Bestimmung zu erkennen. Der Mensch ist zum Ebenbild Gottes und zugleich zu dessen Mitarbeiter (1. Mose 2,19f.) bestimmt. Er ist zum Gegenüber und Beauftragten Gottes in der Welt berufen. Diese Bestimmung schließt einmal ein, dass der Mensch ein *dialogisches und gemeinschaftsbezogenes Wesen* ist. Dies gilt selbstverständlich auch für Menschen, die schwerstbehindert sind. Zugleich schließt dies ein, dass der Mensch die Fähigkeit hat, in seinem Leben und Handeln Gott auf menschliche Weise zu entsprechen. Der Mensch soll Gott in der Schöpfung repräsentieren – wie dies Jesus Christus auf vorbildliche Weise getan hat. Dieser wird deshalb als „das wahre Ebenbild Gottes" bezeichnet (Kol 1,15; 2. Kor 4,4).

Kann der Mensch tun und lassen, was er will?

In beiden Schöpfungsgeschichten bekommt der Mensch einen Auftrag. Er wird dabei in einen ausdrücklichen Bezug zu seiner Umwelt gesetzt. Der Mensch soll über Tiere „herrschen" (1. Mose 1,26) und den Garten mit seinen Pflanzen „bebauen und bewahren" (1. Mose 2,15). Beide Aufträge entsprechen dem Gottesbild der jeweiligen Schöpfungsgeschichten. Einmal agiert Gott wie ein König, der befiehlt, zum anderen wie ein Gärtner, der pflanzt. Aus dieser Analogie von Menschen und Gott ergeben sich Leitlinien menschlichen Handelns. Die Herrschaft Gottes zeigt sich in der ersten Schöpfungsgeschichte in einem Handeln, das Lebewesen Raum gibt. Die Gestirne (sie sind hier als Lebewesen gesehen) erhalten den Himmel, die Vögel den Luftraum, die Fische das Meer, die Landtiere und Menschen die Erde als Lebensraum. Gott sorgt für eine friedliche Verteilung der Nahrung von Landtieren und Menschen (1. Mose 1,29f.).

Wie eine königliche Herrschaft im Namen Gottes aussieht, zeigt sich in Psalm 72: Kennzeichnend ist eine *Gerechtigkeit, die den Schwachen aufhilft*. Der Schöpfungsauftrag muss allerdings nach dem Einbruch der Gewalt in der Schöpfung neu formuliert werden (1. Mose 9,1-7). Das Töten von Tieren wird jetzt eingeräumt, doch das Töten soll möglichst schmerzfrei geschehen. Auf keinen Fall dürfen Menschen getötet werden. Die offenkundig unvermeidliche Gewalt ist auf ein Minimum zu reduzieren.

Warum gibt es Mann und Frau?

Beide Schöpfungsgeschichten betonen: Den Menschen gibt es nur als Mann und Frau. Dies bekräftigt, dass der Mensch im Prinzip ein Beziehungswesen ist, das auf den Beistand anderer angewiesen und selber zum Beistand für andere bestimmt ist. Der zweite Schöpfungstext beschreibt dies in mythologisch-symbolischer Sprache (1. Mose 2,21f.). Gott nimmt von Adam (dem „Erdling") eine Rippe und baut daraus Eva (die „Gebärende"). Mann und Frau sind aufeinander bezogen. Wenn die partnerschaftliche Beziehung von Mann und Frau hervorgehoben wird, dann deswegen, weil sie für den Segen eine entscheidende Bedeutung hat: „Seid fruchtbar und mehret euch" (1. Mose 1,28).

Sind alle Menschen Sünder?

Die Urgeschichte erzählt in Form eines Mythos, dass die ursprüngliche Beziehung zwischen Gott und den Menschen grundlegend gestört ist und dass sich dies in den Beziehungen zu anderen Menschen, zur außermenschlichen Natur sowie in der Beziehung zu sich selbst auswirkt. Menschen töten Menschen. Menschen töten Tiere. Menschen schieben sich gegenseitig die Schuld zu und sind nicht bereit, für sich selbst Verantwortung zu übernehmen. Menschen werden letztlich ihrer Bestimmung zum Ebenbild Gottes nicht gerecht. Sie sind damit „nicht ganz bei sich selbst", d. h. von sich selbst entfremdet. Sie verfehlen sich selbst – meist ohne es eigentlich zu wollen.

Der Kern dieser Störung zeigt sich symbolisch in dem Griff nach den verbotenen Früchten vom Baum in der Mitte des Gartens (1. Mose 3,6f.). Was dieser Griff über den Menschen besagt, wurde verschieden gedeutet. Die einen sehen darin das Übertreten eines göttlichen Gebotes, andere Gier und Habsucht, andere Misstrauen gegen Gott, wieder andere den Drang, geschöpfliche Grenzen zu überschreiten und ein „Übermensch" zu werden. Die Aufklärung sah darin den Entschluss, seine Freiheit aktiv zu gebrauchen.

Evangelische Theologie deutet den Griff nach der Frucht als Drang, ohne Gott leben und sein Leben in allen Belangen selbst in die Hand nehmen zu wollen. Es ist letztlich der Versuch, ohne Gnade leben zu wollen und sich die grundlegende Anerkennung selbst besorgen zu müssen. Wohin dies führt, zeigt sich in der Erzählung von Kain und Abel (1. Mose 4): Kain räumt mit Abel die sichtbare Infragestellung seines Selbstwertes aus dem Weg.

Dieser Drang zeigt sich ferner im Gleichnis vom verlorenen Sohn (Lk 15,11-32) in dem Bemühen des jüngeren Sohnes, sich durch eigene Leistung Anerkennung zu verschaffen (was allerdings auch für den älteren gilt). Er zeigt sich sogar noch in dem heroischen Versuch, bei dem Vater als Tagelöhner unterzukommen. Der jüngere Sohn will auch das Scheitern noch selber tragen. Doch wahre Anerkennung erfährt der verlorene Sohn in den Armen des barmherzigen Vaters, der ihn gerade nicht nach dem beurteilt, was er geleistet hat. Er schenkt ihm seine Anerkennung ohne jede Bedingungen – aus lauter Gnade!

Menschen wollen Sünde offenbar nicht wahrhaben. Adam und Eva schieben sich die Schuld zunächst wechselseitig zu und letztlich ganz von sich weg. Im Grunde sei die Schlange daran schuld (1. Mose 2,13). Paulus betrachtet diesen Drang, sich Anerkennung verschaffen zu wollen, als eine fremde Macht, die den Menschen Dinge tun lässt, die er objektiv gar nicht will, subjektiv aber als gut beurteilt – sonst würde er es ja nicht tun (Röm 7,15.19). Menschen sind davon überzeugt, dass sie sich *Anerkennung verdienen* müssen – gerade das setzt sie jedoch unter Druck und zerstört langfristig sowohl das eigene Leben als auch das Leben anderer. Sünde kann mit einer Suchtkrankheit verglichen werden. Die meisten Alkoholiker sind davon überzeugt, dass sie den Alkohol doch noch irgendwie im Griff haben. Er schade ihnen letztlich nicht, er tue vielmehr gut. Die Folgen für die Person und die Angehörigen sind zerstörend.

Die Erzählung vom Sündenfall zeigt aber auch, dass die Folgen geringer ausfallen, als sie eigentlich sein müssten: Adam und Eva müssen nicht sterben (1. Mose 3,3). Sie bleiben nicht nackt (1. Mose 3,21). Sie müssen sich nicht andauernd schämen. Darin kündigt sich an, was im Neuen Testament ganz deutlich hervortritt: Der Sünder, der sich von Gott abgewandt und sich ganz verrannt hat, bekommt wie der verlorene Sohn die *Anerkennung Gottes geschenkt* (Röm 3,21-31). Darin liegt die frohe Botschaft (das „eu-angelion") der Bibel und der Kern der Verkündigung und des Lebens Jesu. Für die Bibel ist der Mensch ein gerechtfertigter Sünder, nämlich der Sünder, dem Gottes bedingungslose Anerkennung gilt. Es liegt an dem Menschen, dieses Geschenk anzunehmen.

Gibt es eine Erbsünde?

Sünde hat verschiedene Gestalten. Neben dem „Hochmut" (ich will mein Leben vollständig im Griff haben) gibt es auch Sünde als „Trägheit". Sie besteht darin, seiner Bestimmung als Ebenbild Gottes nicht nachkommen zu wollen. Von „struktureller Sünde" kann man sprechen, wenn in einer Gesellschaft bzw. einer globalen Welt Lasten und Vorteile ungerecht verteilt sind oder Gesetze gelten, die die Menschenwürde und die Menschenrechte verletzen.

Von „Erbsünde" kann einmal gesprochen werden, wenn Menschen in einen Schuldzusammenhang hineingeboren werden (z. B. den Ausstoß von CO_2 seit vielen Jahrzehnten) und darin unwillentlich verstrickt sind. Erbsünde lässt sich aber auch als Hinweis verstehen, dass Sünde im Grunde bei allen Menschen vorkommt.

Was ist Schuld?

Schuld kann als emotional tief verankertes Bewusstsein verstanden werden, jemand anderem etwas schuldig geblieben zu sein, was man eigentlich hätte tun sollen, und diesem Schaden zugefügt zu haben. Schuld ist mit dem Bedürfnis verbunden, Wiedergutmachung leisten zu wollen, Entlastung zu erfahren und so von Schuld befreit zu werden. Eine solche Befreiung setzt ihr Aussprechen, ein Bedauern sowie Wiedergutmachung voraus. Da Schuld in der Regel nicht einfach wiedergutzumachen ist, ist die Befreiung von Schuld auf *Vergebung und Versöhnung* angewiesen. Man kann sich nicht selbst entschuldigen. Wenn auch Sünde als Schuld bezeichnet wird, so hebt dies die Mitwirkung und Mitverantwortung der eigenen Person hervor.

Was ist das Böse?

Der Mensch verdankt sich Beziehungen und er lebt in Beziehungen. Christliche Theologie spricht von vier Grundbeziehungen des Menschen: die Beziehung zu Gott, zu anderen Menschen, zur Umwelt und zu sich selbst. Von „böse" kann man sprechen, wenn diese Beziehungen zerstört werden. Bei einem Mord zerstört ein Mensch die Beziehung zu einem anderen Menschen, zugleich aber auch zu sich selbst und zu Gott.

Was ist Freiheit in evangelischer Sicht?

Freiheit kann als äußere und als innere Freiheit bestimmt werden. Äußere Freiheit zeigt sich in der Möglichkeit zu wählen (Wahlfreiheit) und aufgrund eigener Wünsche zu handeln (Handlungsfreiheit). Frei bin ich also, wenn meiner Selbstbestimmung (fast) nichts im Wege steht. Innere Freiheit zeigt sich als Freiheit von inneren Zwängen und Ängsten. Luther geht es in seiner Schrift „Von der Freiheit eines Christenmenschen" aus dem Jahr 1520 zunächst einmal um die innere Freiheit. Ausgangspunkt seines Nachdenkens ist die theologische Erkenntnis der Sünde. Solange Menschen von dem inneren Drang beherrscht werden, sich ihre Anerkennung ohne das Vertrauen auf Gottes Gnade selbst verschaffen zu wollen, sind sie unfrei. Sie sind nämlich nicht frei von diesem Zwang und tun Dinge, die sie subjektiv als gut befinden, die aber objektiv lebenszerstörend sind. Christliche Freiheit zeigt sich in der Freiheit von diesem Drang. Da der Mensch sich von diesem Drang nicht selbst befreien kann, gibt es nur einen Weg: Er gewinnt diese Freiheit im Vertrauen auf Gnade. Der jüngere Sohn im Gleichnis lässt sich die Gnade seines Vaters schenken und erfährt in dessen Armen wahre Freiheit (s. o. → S. 27).

Diese Freiheit verschafft sich im Äußeren Ausdruck. Wer frei ist von dem Drang, sich selbst Anerkennung verschaffen zu müssen, und frei von der Angst um sich selbst, der ist frei, um auf andere eingehen zu können. Der *Freiheit von* entspricht also eine *Freiheit zu*. Aus der inneren Freiheit folgt die Liebe in ihren verschiedenen Gestalten (partnerschaftliche Liebe, Elternliebe, Verantwortung für andere, Diakonie, Engagement für Frieden, Gerechtigkeit und Bewahrung der Schöpfung). Freiheit christlich verstanden hat also zwei Seiten. Luther formuliert deshalb als Doppelthese: „Der Christenmensch ist ein freier Herr aller Dinge und niemandem untertan. Der Christenmensch ist ein dienstbarer Knecht aller Dinge und jedermann untertan."

Gibt es Willensfreiheit?
Im Unterschied zu Judentum und Islam, aber auch zur katholischen Theologie und zu philosophischen Entwürfen vertritt evangelische Theologie im Gefolge Martin Luthers die Lehre vom *unfreien Willen*. Diese besagt: Alle Menschen haben Wahl- und Entscheidungsfreiheit – sofern sie Alternativen haben und in der Lage sind, selber Entscheidungen zu treffen (sie könnten ja gefangen oder geistig verwirrt sein). Was Menschen aber nicht können, ist, über ihren Willen und damit über ihre eigene Lebenshaltung zu entscheiden. Melanchthon betont: Menschen können sich nicht dazu entscheiden zu vertrauen, zu lieben, zu hoffen und gelassen zu sein oder keine Angst zu haben. Freiheit von der eigenen Sorge um sich selbst findet man erst im Vertrauen auf Gottes Gnade. Um innerlich frei zu werden, kann der Mensch nur eines: *sich diese Freiheit schenken lassen*, indem er Gottes bedingungsloser Anerkennung vertraut.

Sind alle Menschen gleich?
Schaut man Menschen ins Gesicht, so fällt auf: alle Menschen sind verschieden. In einem entscheidenden Punkt sind sie jedoch alle gleich: Sie besitzen eine *unveräußerliche Menschenwürde*. Biblisch formuliert: Sie sind „mit Ehre und Herrlichkeit gekrönt" (Ps 8,6). Diese Würde wird im ersten Artikel der Menschenrechte von 1948 und in Art. 1 Abs. 1 des Grundgesetzes benannt: „Die Würde des Menschen ist unantastbar". Nach Immanuel Kant (1724–1804) bedeutet dies, dass der Mensch niemals zum Mittel für einen Zweck gemacht werden darf. Der Mensch hat seinen Zweck in sich selbst. Daraus ergibt sich als Definition von Menschenwürde: Jeder Mensch hat ein Recht auf Achtung seines Menschseins, wobei dieses Recht seinerseits Achtung verdient.

Die Menschenwürde ist bewusst begründungsoffen formuliert. Sie soll von unterschiedlichen Traditionen her begründet und motiviert werden können. Historisch gesehen ist ihre Entstehung durch die amerikanische Unabhängigkeitserklärung beeinflusst, die ihrerseits Ursprünge im Protestantismus haben dürfte. Dennoch ist die Menschenwürde nicht einfach christlich begründet. Ihre Wurzeln reichen bis zu Cicero (106–43 v. Chr.). Sie hat jedoch Entsprechungen im christlichen Glauben, wonach jeder Mensch zum Gegenüber Gottes bestimmt und ohne Vorbedingung als Gottes Sohn oder Gottes Tochter anerkannt ist. Beides zusammen bildet eine unverbrüchliche Voraussetzung jedes Menschseins. Für Christinnen und Christen gründet die Menschenwürde also in der Beziehung Gottes zu den Menschen. Aus der Anerkennung der Würde eines jeden Menschen ergibt sich für Christinnen und Christen die Verpflichtung zu einem kommunikativen Miteinander.

Haben alle Menschen ein Gewissen?
Sowohl die katholische als auch die evangelische Theologie betonen, dass alle Menschen ein Gewissen haben. Sie haben also ein inneres Organ für Gut und Böse, das vor einem Handeln erinnert und warnt, nach einem Handeln beruhigt (ich habe ein gutes Gewissen) oder anklagt (mein Gewissen lässt mir keine Ruhe). Das Gewissen ist gleichsam eine innere Prüfinstanz, die die Übereinstimmung des Urteilens und Handelns mit den eigenen ethischen Überzeugungen prüft und so auch die Übereinstimmung mit sich selbst klärt.

Katholische Theologie geht davon aus, dass sich im Gewissen Gott selbst mit seinen Geboten meldet (Gewissen als Stimme Gottes). Dies entspricht einer allgemeinen Sicht des Menschen, wonach der Mensch „von Natur aus" um Gut und Böse weiß (z. B. „Du sollst nicht töten"). Evangelische Theologie hingegen geht davon aus, dass ethische Überzeugungen immer auch von sozialen Verhältnissen und Bedingungen des Aufwachsens geprägt sind. Deshalb bedarf das Gewissen immer der Orientierung von außen durch Gottes Wort und Gebot, aber auch des Zuspruchs, dass moralisches Scheitern die Anerkennung Gottes nicht aufhebt.

Was macht einen Menschen zu einer Person?
Seit der Antike wird das Personsein des Menschen an bestimmten Eigenschaften festgemacht. Dazu gehören das Denkvermögen, die Sprache, das Bewusstsein, die Selbstbestimmungsfähigkeit, die Handlungs- und Verantwortungsfähigkeit sowie die Fähigkeit, sich zu sich selbst zu verhalten. Um Kleinkinder und Schlafende nicht auszuschließen, müssen Personen zumindest die Möglichkeit für diese Eigenschaften besitzen.

Offenkundig entwickeln sich aber diese Eigenschaften erst in der Begegnung mit Menschen, die sich gegenseitig achten und einander als „Du" ansprechen. Personalität, also das, was eine Person zu einer Person macht, besteht somit immer auch in der Anerkennung als zu respektierendes Gegenüber, wie es der Beziehung von Gott und Mensch entspricht. In diesem Sinne wird man auch von einem Koma-Patienten als Person sprechen können.

Die Sicht des Menschen in anderen Religionen

Die drei monotheistischen Religionen Judentum, Christentum und Islam zeigen zahlreiche Parallelen. Sie verstehen den Menschen als Ebenbild oder als Kalif, d. h. Statthalter Gottes (vgl. Sure 2,30) und sehen darin seine besondere Würde und Aufgabe. Völlig andere Sichtweisen begegnen hingegen in hinduistischen und buddhistischen Traditionen.

Muss jeder selber auslöffeln, was er sich eingebrockt hat?

Im Zentrum des hinduistischen und auch buddhistischen Menschenbildes steht die Auffassung, dass all das, was Menschen empfinden, erleben und erfahren, Folge ihres eigenen Tuns und Lassens ist – sei es in diesem oder einem früheren Leben. Im Gang des Lebens herrscht eine strenge Kausalität, die als *Karma* bezeichnet wird. Diese bestimmt das Lebensgeschick, vor allem aber die Art der künftigen Wiedergeburt, von der man allerdings durch die Überwindung von Begierde und Selbstsucht erlöst werden kann (→ S. 116, 119).

Auch der christliche Glaube geht davon aus, dass jeder mit den Folgen seines Handelns zu tun bekommt. Der verlorene Sohn gerät durch seine eigene Schuld „unter die Schweine". Allerdings vertraut der christliche Glaube auf Bewahrung und vor allem auf die Gnade Gottes. Diese eröffnet neues Leben und eine Zukunft, die nicht mehr durch die Vergangenheit bestimmt ist.

Die Sicht des Menschen in den Humanwissenschaften

Zu den Humanwissenschaften zählen die Humanbiologie, die Humanmedizin und Pflegewissenschaften, sodann Pädagogik und Psychologie, aber auch so unterschiedliche Disziplinen wie die Soziologie, Geographie, Wirtschaftswissenschaften, Architektur oder Sportwissenschaften – soweit sich diese mit dem Menschen als Forschungsobjekt befassen. Die Erkenntnisse beruhen in der Regel auf empirischen Untersuchungen und darauf bezogenen Theorien. In diese fließen immer Vorannahmen ein. Eine Auseinandersetzung wird deshalb immer wieder fragen müssen, ob die empirischen Ergebnisse plausibel sind, welche Deutungen in die Theorien einfließen, aber auch zu welchen Folgen diese Erkenntnisse führen.

Wie sieht die Evolutionsbiologie den Menschen?

Die Biologie betrachtet spätestens seit Darwin (1809–1882) den Menschen als Teil der Natur. Er gehört zu den Primaten und ist mit anderen Menschenarten (wie z. B. dem Neandertaler) sowie mit den Menschenaffen verwandt. Er hat sich in einem langen Prozess entwickelt. Die gesetzmäßigen Ursachen dieser Entwicklung sind Mutation und Selektion. Menschliche Eigenschaften und Verhaltensweisen lassen sich als Anpassungen an Lebensumstände und damit als Ergebnis des Strebens nach Selbsterhaltung unter den Bedingungen einer selektierenden Umwelt erklären. So erwiesen sich der aufrechte Gang und die Freistellung der Hände als Selektionsvorteil in den trockenen Savannen Ostafrikas. Raubtiere konnten so früher entdeckt werden.

Der Vergleich des Menschen mit seinen nächsten Verwandten zeigt die Besonderheiten des Menschen. Dazu gehören u. a. der aufrechte Gang, die lange Tragezeit und die Verlängerung der Jugend- und Altersphase. Sie zeigt sich vor allem in der Fähigkeit, über sich selbst nachdenken, sich die Zukunft vorstellen, planen, sich erinnern, Probleme gedanklich lösen und anderen mithilfe von Begriffssprache Erfahrungen mitteilen zu können, sowie in der Fähigkeit, sich eine eigene künstliche Umwelt (Kultur) zu schaffen.

Wie bei allen anthropologischen Erkenntnissen muss nach den Grenzen der Aussagen gefragt werden. Biologie will empirisch überprüfbare Tatsachen feststellen und Ursache- und Wirkungszusammenhänge aufzeigen. Sie kann und will keine normative Handlungsanleitung geben (wie dies im Sozialdarwinismus geschehen ist). Die Evolutionsbiologie kann und will auch keine Sinndeutungen an die Hand geben, wenngleich sinndeutende Elemente zu erkennen sind. Die aus der Volkswirtschaft entlehnten sprachlichen Bilder (survival of the fittest) erinnern an frühkapitalistische Verhältnisse und an eine liberale Gesellschaftsordnung, in der der Einzelne seine eigenen individuellen Interessen verfolgt, aber zugleich einem Konkurrenzdruck ausgesetzt ist. Diese Bilder dienen offenkundig als Erklärungsmodelle, um ganz unterschiedliche Erkenntnisinhalte darzustellen. Aus ihnen dürfen jedoch keine Handlungsaufforderungen abgeleitet werden.

Aus theologischer Perspektive bleibt eine ganze Reihe von Fragen offen, die Antworten brauchen, wenn man leben und handeln will: Was ist von dieser Welt zu halten? Verdienen das Leben und die Zukunft Vertrauen oder muss ich in ständiger Angst leben, „ausgelesen" zu werden? Was tröstet mich in Leid und Not? Weitere wichtige Fragen sind aber auch: Können Mutation und Selektion alles erklären? Wie geht es weiter mit dem Menschen? Ist es dem Menschen möglich, durch kulturelle Errungenschaften den Selektionsdruck zu mildern (was ja bei Kranken oder Behinderten geschieht)?

Wie sieht die Gehirnforschung den Menschen?
Das Gehirn ist die oberste Schaltzentrale des Organismus. Hier werden die in den Nervenzellen des Körpers aufgenommenen Sinnesreize interpretiert, bewertet und Entscheidungen getroffen. Es ist der Ort unserer Gedanken, der Ursprung fast aller Taten, der Sitz unseres Bewusstseins und Willens. Von hier aus werden aber auch automatische Reaktionen gesteuert.

Dabei werden sensorische Reize in elektrische Impulse umgewandelt, die wiederum in bestimmten Regionen des Gehirns Nervenzellen „feuern" lassen. Durch das Zusammenwirken verschiedener Regionen kommt es zu komplexeren Informationen, die dann wiederum zur Grundlage des Handelns werden.

Den größten Teil des Gehirns nimmt das Großhirn ein (mit limbischem System, Basalkernen, Neocortex). Hier finden hochkomplexe Verschaltungen statt, die zu bewusstem Erleben und Wahrnehmen, Erinnern, Bewegungssteuerung sowie zu der Verknüpfung gespeicherter Informationen führen. Es ist der Sitz unserer Sprache, Intelligenz und Urteilskraft. Hier zeigt sich auch der Unterschied zu anderen Lebewesen. Während z. B. bei Affen zwei Drittel des Neocortex festgelegt sind, sind beim Menschen 80 % für neu herzustellende Verschaltungen frei.

Theologie im Dialog

Theologie sucht eine argumentative Auseinandersetzung mit anderen Wissenschaften und der Philosophie. Im Dialog sollen Fragen entworfen und geklärt sowie lebensdienliche Antworten gefunden werden.

Ist der Mensch Geschöpf Gottes oder Produkt der Evolution?

Um die Frage zu beantworten, ist eine Vorüberlegung hilfreich: Ein Auto ist ein hoch kompliziertes technisches Gerät. Es hat bestimmte Bestandteile sowie spezifische Funktionen und funktioniert aufgrund physikalischer Prozesse, die berechenbaren Gesetzmäßigkeiten unterliegen. Diese Perspektive ist die eines Ingenieurs oder eines Technikers. Ein Historiker, ein Betriebswirt, ein Politiker oder Künstler wird das Auto jeweils anders wahrnehmen. Eine davon noch einmal zu unterscheidende Perspektive stellt die Frage nach dem Sinn dar. Hier geht es um die Zuschreibung von Bedeutung: Welche Bedeutung hat das Automobil für mich persönlich, für unsere Gesellschaft, für unsere Kultur? Ist das Auto ein Segen oder ein Fluch? Worin liegt eigentlich das „Wesen" des Autos? Repräsentiert es den Wunsch nach individueller Bewegungsfreiheit oder dient es der besseren Vereinbarkeit von Arbeit und Beruf? Ist es eine finanzielle Last oder gibt es dem eigenen Image Ausdruck?

Diese *Mehrperspektivität* gilt nicht nur für einen Gegenstand, sondern auch für den Menschen. Während die Biologie den Menschen unter dem Gesichtspunkt seiner Entstehung, aber auch seiner Bestandteile (wie dem Gehirn) und deren Funktionen betrachtet, beschäftigen sich Glaube und Theologie mit der *Frage nach dem Sinn des menschlichen Lebens*.

Wird der Mensch durch das Gehirn determiniert?

Anthropologisch bedeutsam ist die Frage, wie es zu Selbstreflexion, Selbsterkenntnis, Selbstbewusstsein sowie zu Entscheidungsfreiheit kommt, die jeder Mensch intuitiv für sich in Anspruch nimmt und die zum Wesensmerkmal des Menschen als „Geistwesen" gehören. Alle Neurowissenschaftler geben an, dass solche Bewusstseins- und Reflexionsprozesse mit physikalischen und chemischen Prozessen zusammenhängen. Fraglich ist jedoch, ob jene von diesen determiniert sind.

Für einen Forscher wie Gerhard Roth ist z. B. der Entschluss, „etwas Wasser zu trinken", Ergebnis eines komplexen Zusammenwirkens verschiedener Gehirnregionen. Das Gefühl, eine Handlung zu verursachen, ist nichts anderes als die Rückmeldung auf die Ausführung einer Handlung. Der Entschluss selbst sei im Gehirn vorher schon gefallen.

Als Begründung führt Roth die Experimente von Benjamin Libet (1916–2007) an. Diese gingen zunächst davon aus, dass der Drang oder Wunsch, etwas zu tun (das sog. Bereitschaftspotential), im Gehirn *nach* einer willentlichen Entscheidung auftreten müsse. Er fand jedoch heraus, dass im Gehirn ein solches Potential schon *vor* einer Entscheidung festzustellen ist. In einem Experiment forderte er Versuchspersonen auf zu warten, bis in ihnen der Wunsch zu verspüren war, die Hand zu bewegen. Sie sollten dann auf einer mitlaufenden Uhr den Zeitpunkt ablesen und sich merken. Gleichzeitig wurde in einem EEG die Entstehung des Wunsches gemessen und zeitlich eingeordnet. Zur Versuchsanordnung gehörte, dass die Probanden ein Veto einlegen und die Handbewegung stoppen konnten. Libet stellte fest, dass im Gehirn der Wunsch, die Hand zu bewegen, ca. 0,3 Sekunden vor der Entscheidung zur Handlung auftrat. Er selbst wollte jedoch aufgrund dieses Befundes nicht die Überzeugung aufgeben, der Mensch habe eine gewisse Handlungsfreiheit.

Das Experiment führt aber zu Fragen. Lässt sich daraus ablesen, dass das Bedürfnis, zu handeln durch das Gehirn getroffen wird? Die Teilnehmenden bekamen vorher die Anweisung, auf einen solchen Drang zu warten, bis er sich von selbst meldet. Kann man da von spontanen Gehirnreaktionen sprechen? Wie ist es zu erklären, dass die Versuchspersonen die Möglichkeit hatten, den Drang zu verneinen – und dies auch getan haben? Beinhaltet ein solches Bereitschaftspotential schon den ganzen Handlungsentwurf? Den gemessenen Daten sieht man das jedenfalls nicht an.

Aus diesem vergleichsweise einfachen Experiment kann man auf jeden Fall schließen, dass Willensentscheidungen eine neuronale Grundlage haben, Menschen aber ihrerseits auch die Fähigkeit besitzen, sich zu diesen zu verhalten und sie nicht zur Wirkung kommen zu lassen. In hochkomplexen Systemen sind physiologische Prozesse offenkundig nicht deterministisch. Sie machen Reaktionen wahrscheinlich, aber nicht zwingend.

Eine grundsätzliche Frage betrifft die Annahme Roths, dass *alle* menschliche Wirklichkeit durch natürliche Prozesse determiniert ist. Aus empirischen Untersuchungen kann man eine solche Behauptung nicht ableiten. Eine andere Frage betrifft das Handeln des Forschers Roth. Ist auch dieses ein Produkt des Gehirns? Dann würde das Gehirn sich selbst erkennen. Wie soll das gehen?

Eine weitere Frage betrifft die Konsequenzen von Roths Aussagen für das Strafrecht: Straftäter könnten dann für ihr Tun nicht verantwortlich gemacht werden. Von einer moralischen Schuld ließe sich nicht mehr sprechen. Kriminellen Handlungen lägen Störungen im Gehirn oder psychische Zwangssituationen zugrunde. Allein Erziehung, Therapie und Schutz der Gesellschaft wären dann noch angemessene Reaktionen auf kriminelles Handeln (so Roth). Wie sehen aber dann die Folgenfolgen aus – und wie sind sie zu beurteilen?

Eine letzte Frage betrifft das Verständnis von Freiheit. Nach neurologischen Studien zeigt sich der freie Wille in einer Handlung, die vollkommen unabhängig durch das Subjekt getroffen wird. Indem sie vor einem Entschluss Gehirnaktivitäten feststellen, kommen sie zu dem Schluss, es gebe keine Willensfreiheit. Menschliche Erfahrung zeigt jedoch, dass es keinen Entschluss gibt, der nicht in irgendeiner Weise Voraussetzungen hat. Der Wille ist deshalb dann frei zu nennen, wenn er sich unserem Urteil fügt, was gut und richtig ist.

Hinzu kommt ein Zweites: Freiheit als Fähigkeit, sich zu sich selbst zu verhalten und sich selbst zu bestimmen, ist nicht als bloße Eigenschaft einer Gehirnregion zu verstehen, sondern eher als Ergebnis lebensgeschichtlicher Erfahrung und kulturellen Lernens. In theologischer Perspektive wurzelt die Fähigkeit, die eigenen Wünsche zu bewerten und als wünschenswert oder als nicht wünschenswert zu beurteilen, in der Erfahrung einer grundlegenden Anerkennung und in der Gewissheit, keine allzu große Angst um sich selbst haben zu müssen.

Soll man einem lebensmüden Menschen helfen, sich selbst zu töten?
Mit der zunehmenden Zahl pflegebedürftiger, aber auch schwerstkranker Menschen steigt die Zahl von Menschen, die den Eindruck haben, Abhängigkeit und Ohnmacht, Demenz und Schmerzen nicht mehr ertragen zu können, und darüber hinaus den Wunsch haben, anderen nicht zur Last zu fallen. Etliche Menschen fragen nach der Möglichkeit, sich selbst töten zu können, und bitten dafür um Hilfe.

Die Befürworter eines solchen assistierten Suizids argumentieren mit dem Selbstbestimmungsrecht eines Menschen und sehen in diesem Recht einen Ausdruck der Menschenwürde. Leitend ist das Bild des autonomen Menschen, der bis zuletzt das Recht hat, über sich selbst zu verfügen. Sichtbar wird dieses Recht z. B. bei der Patientenverfügung.

Von theologischer Seite wird dieses Menschenbild in Frage gestellt und demgegenüber ein *personal-relationales Menschenbild* formuliert. Dieses versteht den Menschen nicht einfach als unabhängiges Subjekt, sondern als Wesen, das sich Beziehungen verdankt, auf Beziehungen angewiesen ist und selber bis zuletzt Beziehung leben kann. Diese Relationalität ist nach Auffassung des christlichen Glaubens in der *Gottebenbildlichkeit des Menschen* begründet. Die Konsequenz einer solchen Sicht besteht deshalb nicht darin, vorschnell einem oft verzweifelten Wunsch nach Selbstbestimmung nachzugeben, sondern Beistand zu leisten bis zuletzt. Dabei wird es auch darauf ankommen, dazu beizutragen, dass lebensmüde Menschen eine innere Freiheit von der Angst vor Abhängigkeit und Ohnmacht gewinnen. Diese Position darf jedoch nicht übersehen, dass Menschen an einem solchen Vorhaben scheitern können.

Die Grafik soll den Zusammenhang von Menschenbild und ethischem Urteil verdeutlichen:

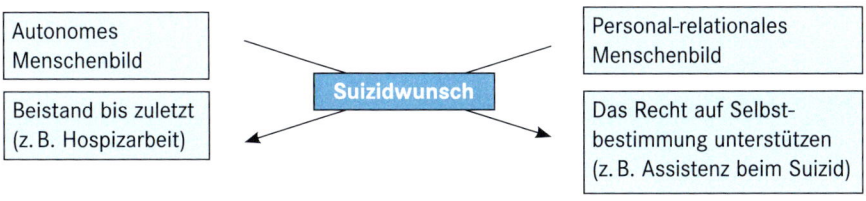

GOTT

Gott vertrauen?
Gott ist meine Kraft
Aufschrift Trikot Lucio

„Einen Gott haben" heißt, ihm von Herzen vertrauen und glauben
Martin Luther

Ich glaube an Gott, selbst wenn es ihn nicht gibt
Lisa, 17 Jahre

Gott anklagen?
Warum?
Grabaufschrift

Mein Gott, mein Gott, warum hast du mich verlassen?
Mk 15,34

Nur der leidende Gott kann helfen
Dietrich Bonhoeffer

Wer ist Gott?
Ich glaube an eine höhere Kraft
Jeder vierte Deutsche

Ich werde sein, der ich sein werde
2. Mose 3,14

Gott ist die Liebe
1. Joh 4,16

Ist Gott eine Person?
Unser Vater im Himmel!
Mt 6,9

Ich will euch trösten, wie einen seine Mutter tröstet
Jes 66,13

Du sollst dir kein Bildnis noch irgendein Gleichnis machen
2. Mose 20,4

Wer ist der wahre Gott?
Der Mammon ist der allergewöhnlichste Abgott auf Erden
Martin Luther

Religion ist Unglaube
Karl Barth

Gott ist, was euch unbedingt angeht
Paul Tillich

Drei Religionen – ein Gott?
Der Gott Abrahams, Isaaks und Jakobs
Abrahamitische Religionen

Im Namen des barmherzigen und gnädigen Gottes
Koran, Sure 1

Ich glaube an Gott, den Vater, den Sohn und den Heiligen Geist
Christliches Glaubensbekenntnis

Gibt es Gott?
Es gibt (mit an Sicherheit grenzender Wahrscheinlichkeit) keinen Gott
Atheist Bus Campaign

Und wenn es ihn doch gibt ...
Bus-Gegenkampagne

Es muss eine erste Ursache geben
Aristoteles und Thomas von Aquin

Ich weigere mich zu beweisen, dass ich existiere
Gott in Douglas Adams: Per Anhalter durch die Galaxis

Der Mensch schuf Gott nach seinem Bilde
Ludwig Feuerbach

Warum soll man sich überhaupt mit dem Thema „Gott" beschäftigen?
Jugendstudien, die in größeren Abständen durchgeführt werden, zeigen, dass beinahe 50 % der Jugendlichen in Deutschland an Gott glauben. Fragt man diese Jugendlichen, wie sie sich Gott vorstellen, antwortet gut die Hälfte: als Person und die knappe andere Hälfte: als Prinzip. Insgesamt teilen sich in der Gottesfrage die heutigen Jugendlichen in vier nahezu gleich große Gruppen auf: solche, die an Gott als Person oder als Prinzip glauben, die, die sich in dieser Frage unsicher sind, und zuletzt solche, die einen Gottesglauben – in welcher Form auch immer – ausdrücklich ablehnen. Für alle vier Gruppen lohnt sich eine Auseinandersetzung mit der Gottesfrage, um sich bewusst zu werden, aus welchen Gründen sie sich für die eine oder andere Auffassung entscheiden, und um ihre Vorstellungen für sich selbst und im Gespräch mit anderen genauer zu klären.

Denn in Zusammenhang mit unserem Leben und unserer Welt klingen Themen an, die im Blick auf die Gottesfrage eine Rolle spielen mögen – so können wir etwa unser Leben zwar planen und gestalten, also scheinbar selbst in die Hand nehmen, doch haben wir es letztlich nicht in unserer Hand: Wir haben uns nicht selbst erschaffen (und unsere Eltern auch nur bedingt) und vermögen unser Weiterleben oder ein glückliches, sinnvolles, erfülltes Leben nicht zu garantieren. Man kann dies einfach so hinnehmen bzw. mit dem Zufall oder Schicksal in Verbindung bringen – oder gleichsam als unverdientes Geschenk verstehen. Modern gesprochen ermöglicht der Gottesbezug eine andere, neue Perspektive auf unser Leben. Der in reformierten Kirchen noch heute verwendete Heidelberger Katechismus von 1563 fasst dies mit seiner Eingangsfrage in die etwas altertümlich klingenden Worte: „Was ist dein einziger Trost im Leben und im Sterben?"

Warum also glauben Menschen an Gott? Vielleicht einfach deshalb, weil sie gar nicht anders können, als ihr Leben und dessen Sinn und Erfüllung als Geschenk Gottes anzusehen. Und warum glauben andererseits nicht alle Menschen an Gott? Weil ihnen diese Perspektive nicht einleuchtet und sie davon nicht überzeugt, „gepackt" oder „ergriffen" sind. Natürlich gibt es Positionen dazwischen, Unsicherheit oder Schwanken. Eine Siebzehnjährige aus der Schweiz formulierte offensichtlich paradox: „Ich glaube an Gott, auch wenn es ihn nicht gibt!"

Gott in Beziehung

Was heißt: „An Gott glauben"?
Das Glaubensbekenntnis, das in evangelischen und katholischen Gottesdiensten noch heute gesprochen wird, beginnt mit den Worten: „Ich glaube an Gott …". Was aber heißt „glauben"? Im Alltag verwenden wir das Wort gewöhnlich dann, wenn wir etwas nicht sicher wissen. Ein gläubiger Mensch aber wird das Wort ganz anders verstehen: Er wird Gott als den betrachten, dessen er sich in seinem Leben und auch angesichts seines Todes gewiss sein kann, selbst dann, wenn zum Glauben auch immer der Zweifel dazu gehört wie ein Spiegelbild oder Zwillingsbruder.

Damit besteht das Herzstück des Glaubens im Vertrauen oder im Glaubensakt, mit dem geglaubt wird (lat. fides qua creditur). Aber natürlich müssen Glaubende auch eine Vorstellung von dem haben, was sie glauben, also einen Glaubensinhalt, etwa bestimmte Aussagen über Gott, für wahr halten (lat. fides quae creditur). Theologie (von griechisch: theós = Gott; logos = Wort, Vernunft, Lehre) ist im Anschluss daran das Nachdenken über Gott und das vernünftige Reden von ihm, in einem engeren Sinne die wissenschaftliche Reflexion des Gottesglaubens. Sie setzt einerseits den Glauben voraus, betrachtet ihn dann aber reflektierend gleichsam von außen.

An was für einen Gott können wir vernünftigerweise glauben?
In der Satire „Doktor Murkes gesammeltes Schweigen" erzählt der Schriftsteller Heinrich Böll von einem Rundfunkreporter, der auf Anweisung seines Vorgesetzten aus einem Vortrag das Wort „Gott" herausschneiden und durch die Wendung „jenes höhere Wesen, das wir verehren" ersetzen soll. Das aber klingt zu sperrig, sodass an die Stelle des Wortes „Gott" eine Pause, ein „Schweigen" tritt, was wiederum irritierend wirkt, sodass „Gott" erneut eingefügt und damit der Ursprungszustand des Vortrags wiederhergestellt wird.

Mit dem Wort „Gott", so können wir schließen, ist viel, aber zugleich auch wenig gesagt. Intuitiv verbinden wir mit dem Begriff bestimmte Assoziationen. Diese können aber – von Mensch zu Mensch und auch bei uns selbst zu unterschiedlichen Zeiten oder Situationen – recht unterschiedlich ausfallen. Manche (und keineswegs nur Kinder) stellen sich Gott wie einen unsichtbaren, überirdischen Menschen, etwa als älteren Mann, vor (*anthropomorphe Gottesvorstellung*, von griech. ánthropos = Mensch; morphé = Gestalt). Ähnlich, wenngleich bereits deutlich abstrakter ist die Vorstellung von *Gott als Person*, wobei vor allem auf seine Beziehungsfähigkeit abgehoben wird (von lat. persona, urspr. Maske bzw. Rolle eines Schauspielers). In der kirchlichen bzw. christlichen Tradition wird in der Regel von einem überweltlichen (transzendenten) und zugleich weltzugewandten, persönlichen Gott ausgegangen (sog. *Theismus*, von griech. theós = Gott).

Anders gelagert ist die in der Zeit der Aufklärung und unter heutigen Jugendlichen weit verbreitete Vorstellung Gottes als eines überweltlichen (transzendenten) Schöpfers, der sich nach der Schöpfung von der Welt zurückgezogen habe und nicht mehr unmittelbar in die Welt eingreift (sog. *Deismus*, von lat. deus = Gott). Dagegen werden in der Romantik und gegenwärtig von manchen Vertretern der Naturwissenschaft oder einer Naturphilosophie Gott und Welt, insbesondere die schöpferische Natur, miteinander identifiziert (sog. *Pantheismus*, von griech. pan = alles, das All). In vorsichtiger, differenzierter Weise vertreten auch manche Theologen den Gedanken, dass Gott in allem anwesend und am Werk sei oder umgekehrt alles letztendlich in Gott „aufgehoben" sei, ohne dabei Gott und Natur gleichzusetzen (sog. *Panentheismus*). Für viele Jugendliche ist der bereits in der Mystik vertretene Gedanke attraktiv, dass Gott vorrangig im Innern des Menschen, in der eigenen Seele zu finden sei. So definieren manche Heranwachsende Gott als „innere Kraft".

Eine zentrale theologische Grundunterscheidung besteht darin, Gott nicht einfach mit etwas Innerweltlichem, also etwas Natürlichem oder Menschlichem, gleichzusetzen, wenngleich er dort „am Werk sein", also wirksam werden kann. Paul Tillich (1886–1965) hat dies als „transpersonale", „überpersönliche" Gottesvorstellung charakterisiert. Dies meint die Vorstellung eines Gottes, der die menschlichen Kategorien (Person usw.) übersteigt, also weder in ihnen aufgeht noch sie unterbietet, diese vielmehr im Gegenteil überschreitet und zugleich begründet, also uns Menschen das Menschsein ermöglicht.

Lässt sich Gott „auf den Punkt bringen"?
In der Theologie sind unterschiedliche grundlegende Definitionen Gottes vorgelegt und wichtig geworden: Im Mittelalter definierte der Theologe und Erzbischof Anselm von Canterbury (1033–1109): „Gott ist das, über das hinaus nichts Größeres gedacht werden kann." Im 20. Jahrhundert bestimmten dann zwei protestantische Theologen Gott als den „Grund des Seins" bzw. „das, was einen Menschen unbedingt angeht" (so Paul Tillich) oder als „Allmächtigen, d. h. die Alles bestimmende Wirklichkeit" (so Rudolf Bultmann, 1884–1976). Die Beschreibungen setzen unterschiedliche Akzente, stimmen aber darin überein, dass Gott etwas vollkommen Umfassendes ist und unser Denken, unser Leben, ja die ganze Welt umgreift.

Einen weiteren Gesichtspunkt hoben zwei andere wichtige Theologen des 20. Jahrhunderts hervor, ein evangelischer und ein katholischer. Für Karl Barth (1886–1968) ist Gott der „ganz Andere", für Karl Rahner (1904–1984) bleibt Gott letzlich ein „Geheimnis". Akzentuiert ist hier, dass wir Menschen Gott eigentlich gar nicht begreifen können, befindet er sich doch jenseits unseres menschlichen Verständnisses und der Welt (Transzendenz gegenüber der Immanenz, dem Innerweltlichen). Die Tradition der *Negativen Theologie* hat den Gedanken in radikaler Weise betont, dass wir über Gott nichts wissen und sagen können, weil er alles menschliche Denken und Reden radikal übersteigt.

Kann man Gott erfahren?
Das Wort „erfahren" bedeutete ursprünglich: durch die Welt fahren und das, was man dabei sieht und erlebt, in sich aufnehmen. Nun wissen bereits Grundschulkinder, dass Gott unsichtbar ist, selbst wenn sie ihn mitunter wie einen Menschen (aber eben doch anders!) malen. Gott erfahren liegt notwendigerweise auf einer anderen, tieferen oder höheren Ebene, stellt eine andere Perspektive dar. Wir schauen dabei gleichsam mit einer anderen, einer „3D-Brille" auf die Welt und unser Leben. In welche Richtung aber sollen wir schauen? Auf besondere Orte, etwa Kirchen und Kreuzwege? Oder auf eindrückliche Erfahrungen, etwa bei einem Musikfestival bzw. bei einem Jugendgottesdienst? Oder auf unseren Alltag, etwa wenn wir uns getragen und aufgehoben fühlen oder wenn etwas gut gelaufen ist, was auch anders hätte ausgehen können?

In der Theologie dreht sich die Blickrichtung im Grunde um zu der Frage: „Wie will und kann sich Gott uns Menschen zeigen?" Auch hier finden sich unterschiedliche Antworten. Die Mystik sah Gott vor allem im „Seelengrund" des Menschen am Werk. Martin Luther (1483–1546) verwies auf „Gottes Wort", also die Bibel und die Sonntagspredigt mit dem Zentrum der Erlösung des Menschen durch das Leiden und Sterben Jesu Christi. Formen einer *Natürlichen Theologie* nehmen an, dass Gott sich – als Schöpfer – auch in der Natur, in der Geschichte oder in der menschlichen Vernunft zeige.

Dem hielt die *Offenbarungstheologie* insbesondere von Karl Barth entgegen, dass wir eigentlich nur durch die Offenbarung Gottes in seinem Sohn Jesus Christus wissen können, wer er ist (sog. „christologische Konzentration"). Alle anderen Gotteserfahrungen seien menschlich, mehrdeutig und missbrauchbar. So widersprach die erste These der von ihm und in seinem Geist formulierten *Barmer Theologischen Erklärung* von 1934 unmissverständlich der Behauptung der Deutschen Christen, Gott offenbare sich in Adolf Hitler und der nationalsozialistischen Bewegung:

„Jesus Christus, wie er uns in der Heiligen Schrift bezeugt wird, ist das eine Wort Gottes, das wir zu hören, dem wir im Leben und im Sterben zu vertrauen und zu gehorchen haben.

Wir verwerfen die falsche Lehre, als könne und müsse die Kirche als Quelle ihrer Verkündigung außer und neben diesem einen Worte Gottes auch noch andere Ereignisse und Mächte, Gestalten und Wahrheiten als Gottes Offenbarung anerkennen."

Können wir Gott vertrauen?
Martin Luther gab in seinem Großen Katechismus auf die Frage „Was heißt: einen Gott haben?" die Antwort: „Worauf du nun dein Herz hängest und verlässest, das ist eigentlich dein Gott." In heutiger Sprache könnten wir sagen, dass sich die Frage stellt, worin wir den tiefsten Sinn unseres Lebens sehen, worauf wir unser Leben bauen.

Gott vertrauen können wir nur, wenn wir ihn als guten Gott erleben und verstehen, also nur, wenn Gottes Wesen Liebe ist, wie ähnlich bereits in der Bibel formuliert: „Gott ist die Liebe." (1. Joh 4,16b). Menschen können sich von Gott getragen fühlen, wenn sie eine liebende Fürsorge und Bewahrung der Welt (sog. providentia generalis = allgemeine Vorsehung) und des eigenen Lebens (sog. providentia specialis) erfahren. Dann werden sie mit einer dankbaren, vertrauensvollen Grundeinstellung reagieren, wie dies in Kirchenliedern und Gebeten zum Ausdruck kommt, etwa dem Lied „Was Gott tut, das ist wohlgetan". Und dies wird Auswirkungen auf ihr Leben in vielerlei Hinsicht haben, wie sich nicht nur an Vorbildern wie Dietrich Bonhoeffer (1906–1945) und seinem Einsatz gegen die Verbrechen des Naziregimes zeigt, sondern auch im Alltag und im gesellschaftlichen Engagement vieler Christen.

Aber natürlich stellen sich hier Fragen: Was ist, wenn Gebete nicht erhört werden? Wie und wodurch kann Gott überhaupt Menschen helfen? Und schließlich: Wie sieht die Sache aus, wenn wir die Perspektive wechseln und Gottesglauben wie Gottvertrauen aus der Sicht derer wahrnehmen, die am Rande oder ganz unten stehen und keine Hilfe erfahren? Wenn wir die Perspektive des Gott verehrenden Kain einnehmen, von dem es in der Bibel heißt: „ ... aber Kain und sein Opfer sah er [Gott] nicht gnädig an." (1. Mose 4,5a)

In der Reformationszeit wurden auf die schwierige theologische Frage, warum Gott seine Gnade nicht ganz offensichtlich allen Menschen zuteilwerden lässt, unterschiedliche Antworten entwickelt. Der Zürcher Reformator Ulrich Zwingli (1484–1531) ging von einer einfachen Vorherbestimmung (*Prädestination*) Gottes zum Heil aus und ließ die andere Seite offen. Der Genfer Reformator Jean Calvin (1509–1564) sah eine doppelte Prädestination: der einen zum Heil, der anderen zum Unheil. Martin Luther entwickelte die Vorstellung von zwei Seiten Gottes, eines rätselhaften, verborgenen (*deus absconditus*) und eines gnädigen, sich offenbarenden bzw. offenbarten (*deus revelatus*); wobei er zugleich empfahl, man solle sich an den sich in Jesus Christus offenbarenden und seine Gnade zusagenden Gott halten und über die andere Seite Gottes nicht weiter spekulieren. Viele, aber längst nicht alle heutigen Theologen und Theologinnen gehen davon aus, dass Gottes Gnade letztendlich doch das letzte Wort behält (→ S. 132).

Darf man Gott anklagen?
„Gott war auf der Lichtung gestorben. Gott lag rot im grünen Gras!", schreibt die Schriftstellerin Ulla Hahn (*1946) in ihrer Autobiografie, als sie ihren Kinderglauben an einen guten Gott als Jugendliche nach einer auf einer Waldlichtung erlittenen Vergewaltigung endgültig verlor. Und angesichts von Naturkatastrophen wie dem großen Tsunami von 2004, der Hunderttausende von Menschenleben forderte, fragen Menschen: „Wo war Gott?" oder: „Warum lässt Gott das zu?"

Die Frage nach der „Rechtfertigung Gottes" angesichts des Leides und des Bösen auf der Welt nannte der Philosoph Gottfried Wilhelm Leibniz (1646–1716) *Theodizee* (von griech. theos = Gott und dike = Rechtsstreit, Gerechtigkeit, Rechtfertigung). Doch ist die Frage natürlich schon viel älter.

In der Bibel wird sie vor allem an der exemplarischen Figur des *Hiob* aufgeworfen, der trotz seines Gottesglaubens und -vertrauens von diesem mit ungeheuer schweren Plagen heimgesucht wird. Hiob klagt Gott, der angesichts seines Leidens zu schweigen scheint, an und fordert ihn zum Eingreifen oder zumindest zu einer Stellungnahme heraus: „O hätte ich einen, der mich anhört – hier meine Unterschrift: Der Allmächtige antworte mir!" (Hiob 31,35) Und im Neuen Testament schreit Jesus Christus am Kreuz mit einem Psalmwort (22,2a) vor seinem Tod verzweifelt: „Mein Gott, mein Gott, warum hast du mich verlassen?" (Mk 15,34). Die Ermordung der Juden im Dritten Reich (die Shoa = Unheil; Katastrophe) stellt für Juden und Christen, besonders in Deutschland, bis zur Gegenwart eine unbewältigbare Herausforderung dar: Wo war Gott angesichts von Auschwitz?

Die Voraussetzung der Problematik liegt darin, dass wir uns Gott als gut und allmächtig (auch allwissend) vorstellen, wenn wir ein theistisches Gottesbild haben. Dann stellt sich die Frage, ob Gott nicht helfen wollte oder nicht konnte.

Eine glatte theologische Lösung dieses Problems gibt es nicht. So bezeichnete der Dichter Georg Büchner (1813–1837) das Thema als „Fels des Atheismus". Aber einige theologische Perspektiven lassen sich aufzeigen.

Eine erste wichtige Anregung gab Leibniz mit der Unterscheidung von drei Arten von Übeln: dem metaphysischen, physischen und moralischen Übel (malum metaphysicum, physicum und morale). Dann lässt sich sagen, dass das metaphysische Übel, also die Tatsache, dass der Mensch (wie die Welt) endlich ist, dass er sterben muss, notwendig ist, sonst wäre er nicht ein Mensch, sondern wie Gott. Das moralische Übel aber ist durch menschliches Handeln verursacht, darf also nicht Gott zugeschrieben werden, sondern der menschlichen Willensfreiheit, die für ein volles Menschsein unabdingbar ist (sog. free will defense; → S. 33ff.). Kaum erklärbar bleibt allerdings das physische Leid, also etwa das Leiden durch (nicht vom Menschen verursachte) Krankheiten sowie Naturkatastrophen, und das Leid jeder Art aus der Sicht der Opfer.

Keine angemessenen Antworten sind solche, die das Leid als Folge eigener Schuld oder als Prüfung Gottes ansehen. Was wäre das für ein Gott, der auch unschuldige Kinder sterben lässt oder absichtlich einen Menschen quälte? So wehrt sich denn der biblische Hiob auch mit aller Kraft gegen den Vorwurf seiner Freunde, die der alten Vorstellung eines Tun-Ergehen-Zusammenhangs verhaftet sind, er habe sich versündigt. Nein, Hiob wird ausdrücklich bescheinigt, dass er „fromm, rechtschaffen und gottesfürchtig" war und „das Böse mied" (Hiob 1,1).

Im Hiobbuch antwortet dann Gott selbst im „Wettersturm" auf Hiobs Anfragen und Anklagen und weist auf die Größe, Schönheit und Komplexität seiner Schöpfung hin und auf die Unfähigkeit des Menschen, dies alles und damit auch Gott zu „durchschauen". Aber auch diese Sicht vermag uns heute wohl letztendlich nicht restlos zu überzeugen.

Der deutsch-amerikanische, jüdische Philosoph und Religionswissenschaftler Hans Jonas (1903–1993) hat angesichts von Auschwitz den Schluss gezogen, „dass wir die althergebrachte (mittelalterliche) Doktrin absoluter, unbegrenzter göttlicher Macht nicht aufrechterhalten können."

Wenn wir also an einem guten Gott festhalten wollen, bleibt nur eine andere Richtung: Gottes Wirken ist nicht im Sinne eines allmächtigen Eingriffs von außen oder oben vorstellbar, vielmehr im Sinne einer göttlichen Liebe, die im Verborgenen wirbt und wirkt, aber unter den Bedingungen menschlicher Gewalt verletzlich und vernichtbar wird. Martin Luther beharrte darauf, dass sich die Theologie nur an das halten könne, was Gott selbst von sich offenbart, nämlich das Leiden und Kreuz Christi. Dann aber zeigt sich Gott selbst – in der Gestalt seines Sohnes Jesus Christus am Kreuz – „ohnmächtig", als ein leidensfähiger und mitleidender Gott. Er ist ein Gott, der bei den Leidenden ist, bei den Opfern, nicht bei den Tätern. „Nur der leidende Gott kann uns helfen", folgerte Dietrich Bonhoeffer, also nur die Liebe und Kraft, die sich die Ungerechtigkeit, das Leid und das Böse in der Welt zu Herzen nimmt.

Der Gott der Bibel

Gott – wer ist das eigentlich?
Denken wir uns einen Menschen, der sich uns mit den Worten vorstellen würde: „Ich bin der ich bin." Eine ganz ähnliche Story wird in der Bibel von Gott erzählt, der mit diesen Worten auf Moses Frage, wer er denn sei, reagiert (2. Mose 3,1-15, hier 13f.). In der griechischen Übersetzung der Bibelstelle wird das im Sinne einer philosophischen, allgemeinen Gottesvorstellung übersetzt, dabei aber völlig verändert: „Ich bin der Seiende" (eimi ho on). Denn im Hebräischen lässt sich die Stelle auch so verstehen: „Ich bin bzw. werde der sein, als der ich mich euch zeigen und erweisen werde." Und dieser Name bildet den Auftakt zur Erzählung der Befreiung des Volkes Israel aus der Knechtschaft in Ägypten, eine Grunderfahrung des jüdischen Glaubens. Der jüdische Gott lässt sich also nicht definieren, sondern nur als der sein Volk befreiende Gott erfahren. Daher beginnt dann der Dekalog, das „Zehnwort", mit dem Satz: „Ich bin der Herr, dein Gott, der ich dich aus Ägyptenland, aus der Knechtschaft, geführt habe." (2. Mose 20,2ff.) Von dieser Erfahrung aus wird dann auch der Glaube an den einen Gott begründet (*Monotheismus*, griech. mónos = allein, einzig, einer), der sich im Alten Israel allerdings erst in einer langen Entwicklung über die Zwischenstufe des Glaubens an einen höchsten Gott unter weiteren Gottheiten durchgesetzt hat (*Henotheismus*, griech. heis, henos = ein). So lautet denn auch das erste Gebot: „Du sollst keine anderen Götter haben neben mir." (2. Mose 20,3) Das Schema Jisrael (Höre Israel), das Bekenntnis, stellt noch heute die Grundlage des jüdischen Glaubens dar: „Höre, Israel, der Herr ist unser Gott, der Herr allein." (5. Mose 6,4; → S. 110f.).

Im Alten Testament finden sich unterschiedliche Gottesnamen. Der häufigste ist *Jahwe*, wegen seiner vier Buchstaben (j-h-w-h) auch Tetragramm genannt (griech. tetra = vier, gramma = Buchstabe). Eine andere Bezeichnung ist *El*, ein Name, der auch (in der Einzahl El oder der Mehrzahl Elohim) für andere altorientalische Götter verwendet wurde. Fromme Juden sprechen bis heute aus Ehrfurcht den Namen Gottes nicht aus, sondern sagen stattdessen: *adonaj* = (mein) Herr oder ha schem = der Name.

Die Vorstellungen, wie denn dieser Gott sei, können recht unterschiedlich, mitunter beinahe sogar gegensätzlich ausfallen. Während Jahwe sich in der Elia-Erzählung auf dem Berg Karmel als gewaltiger Gott zeigt, der Feuer vom Himmel fallen lässt und Regen sendet (1. Kön 18), ist er wenig später weder im Wind noch in einem Erdbeben oder im Feuer, vielmehr in einem „stillen, schwachen Sausen" zu spüren (1. Kön 19,8-13). Immer aber bleibt er – im Alten wie im Neuen Testament – ein Gott, der zu Gnade und Vergebung bereit ist, der aber zugleich Gerechtigkeit herstellt und einfordert, wie sich etwa in Jesu Gleichnissen vom verlorenen Sohn (Lk 15,11-32) oder von den Arbeitern im Weinberg (Mt 20,1-16) zeigt.

Warum sollen wir uns kein Bild von Gott machen?
Die biblischen Erzählungen haben in der abendländischen Geschichte die Bildende Kunst zu eindrucksvollen Darstellungen angeregt, auch zur bildlichen Präsentation

Gottes, etwa im Schöpfungszyklus Michelangelos an der Decke der Sixtinischen Kapelle im Vatikan. Auf der anderen Seite kam es immer wieder zum Bilderstreit, manchmal sogar zu einem Bildersturm, mit dem Hinweis auf das biblische Bilderverbot in den Zehn Geboten: „Du sollst keine anderen Götter haben neben mir. Du sollst dir kein Bildnis noch irgendein Gleichnis machen […]." (2. Mose 20, 3f.) Noch heute lassen sich Kirchenräume in der Regel bereits anhand der bildlichen Ausschmückung unterscheiden: Die reformatorische Kirche lehnt Bilder ab, die lutherische lässt sie zu, katholische Kirchen – besonders solche aus der Barockzeit – wirken durch ihre optische Pracht auf viele Menschen überwältigend, auf andere allerdings auch überladen.

In einem tieferen Sinne lässt sich das Bilderverbot so verstehen, dass wir uns stets bewusst sein müssen, dass nicht nur bildliche Darstellungen, sondern alle unsere Vorstellungen und Begriffe immer menschlich sind, also niemals dem „Wesen" oder der „Wirklichkeit" Gottes entsprechen. Sie sind daher auch immer revisionsbedürftig.

Ist Gott ein Mann oder eine Frau?

Wir können mit unserem menschlichen Denken und Fühlen Gott nicht erfassen. Das ist die eine Seite. Die andere ist aber die, dass wir als Menschen gar nicht anders können, als in unseren menschlichen Kategorien zu denken und zu fühlen, auch im Blick auf Gott. So finden wir in der Bibel neben dem Bilderverbot eben doch zahllose *Gottesbilder*, menschliche Vorstellungen von Gott. Jesus nannte ihn „Vater"; noch heute beten wir im Gottesdienst sein *Vaterunser* (Mt 6,9-13). Natürlich ist damit nicht gemeint, dass Gott männlich ist. Wenngleich manchen die Vorstellung einer mütterlichen Göttin fremd scheinen mag, wird in der Bibel auch diese Seite in Vergleichen angesprochen: „Ich will euch trösten, wie einen seine Mutter tröstet." (Jes 66,13) Gott lässt sich mit männlichen oder weiblichen Bildern, mit einer „transpersonalen" Vorstellung oder als „Kraft" immer nur „gebrochen" und vorläufig – eben menschlich – fassen.

Streit um die Wirklichkeit Gottes

Gibt es Gott wirklich?

Eine Buskampagne, zuerst in London, dann auch in der Bundesrepublik, warb mit dem Slogan „Es gibt (mit an Sicherheit grenzender Wahrscheinlichkeit) keinen Gott" für den Atheismus (von griech. á = nicht). Eine fromme Kampagne hielt mit der Busaufschrift „Und wenn es ihn doch gibt …" dagegen.

Konkret stellt sich die Frage: „(Wie) lässt sich unser modernes Denken mit dem Glauben an Gott verbinden?" Hinter der atheistischen Buskampagne steht die Gruppe der „Brights" (von engl. bright = hell, klar, intelligent), die ein naturwissenschaftliches, „naturalistisches" Weltbild vertritt und jeden Gottesglauben entschieden ablehnt. Der bekannte Oxforder Evolutionsbiologe Richard Dawkins (*1941) meint, die Wahrscheinlichkeit, dass es Gott gibt, tendiere gegen Null. Erstaunlicherweise hält dagegen der Oxforder Philosoph Richard Swinburne (*1934) die Annahme, dass Gott hinter der Weltentwicklung steht, für deutlich einfacher, sinnvoller und wahrscheinlicher als eine Welterklärung ohne Gott (sog. *probabilistischer Gottesbeweis*). Aber lässt sich aufgrund von Wahrscheinlichkeitsüberlegungen die Frage nach der Existenz Gottes überhaupt klären?

Lässt sich die Existenz Gottes beweisen?
In der abendländischen Geschichte hielt man es lange Zeit für selbstverständlich, dass es Gott gibt. Gedanklich wollte und konnte man dies vorrangig mit zwei Argumenten begründen, ja „beweisen". Zum einen fordert alles, was ist, etwa jede Bewegung, eine Ursache. Will man nun nicht in einem „infiniten Regress", also einer Endlosschleife von Rückfragen, enden, muss man eine erste Ursache, etwa einen ersten Beweger annehmen, den man dann mit Gott gleichsetzen kann (sog. *kausaler Gottesbeweis*, bereits bei Aristoteles, 384–302 v. Chr., dann bei Thomas von Aquin, um 1225–1274). Zum andern erfordert der Gedanke, dass Gott das ist, „über das hinaus nichts Größeres gedacht werden kann", zugleich dessen Existenz, denn ein existierender Gott ist natürlich größer als ein nichtexistenter (sog. *ontologischer Gottesbeweis* nach Anselm von Canterbury, 1033–1109). Eine moderne Variante stammt von dem amerikanischen Hirnforscher Andrew Newberg (*1966), der bei meditierenden Menschen Änderungen in bestimmten Hirnarealen nachweisen konnte. Aus diesem Befund zog er die Folgerung, dass es so etwas wie Gott – in welcher Form auch immer – gibt.

Immanuel Kant (1724–1804) hat diese Gottesbeweise mit dem Argument widerlegt, dass etwas, was wir denken oder aus der Welt zu erkennen meinen, keineswegs den Schluss auf eine wirkliche Existenz außerhalb unserer Gedanken bzw. unserer Welt zulässt. In der modernen protestantischen Theologie ist man daher gegenüber „Gottesbeweisen" weitgehend skeptisch geworden. Auf der katholischen Seite – aber nicht nur dort – hält man an einer „abgespeckten" Version fest: Gott, so wird gesagt, kann mit den Mitteln der menschlichen Vernunft anhand der Natur bzw. der Welt zwar nicht „bewiesen", aber doch „erkannt" werden (sog. *Natürliche Theologie*).

Lässt sich die Existenz Gottes widerlegen?
„Nicht Gott schuf den Menschen nach seinem Bilde, sondern der Mensch schuf Gott nach seinem Bilde." – Mit dieser Umkehrung einer Aussage der biblischen Schöpfungserzählung (→ S. 25) machte der Philosoph Ludwig Feuerbach (1804–1872) in der ersten Hälfte des 19. Jahrhunderts Furore. Der Mensch projiziere seine Ängste, etwa vor dem Tod, und seine Wünsche, etwa nach Macht, Wissen und Unsterblichkeit, auf ein höheres Wesen (sog. *Projektionsthese*). Es sei Zeit, dies zu durchschauen, vom Trugbild abzulassen und die Theologie zur Anthropologie werden zu lassen.

Karl Marx (1818–1883) wendete diesen Gedanken auf die sozialen Verhältnisse an: Religion sei das „Opium des Volkes" (nicht: „fürs Volk"), womit es sich einerseits beruhige und damit die eigentlich gebotene und sinnvolle revolutionäre Befreiung versäume, andererseits aber auch die Sehnsucht nach Befreiung und Freiheit bewahre. Die unterdrückten Schichten aber sollten nicht länger die „phantasielose, trostlose Kette" eines Lebens in Armut, Unterdrückung und Ausbeutung tragen und sich mit der Hoffnung auf ein besseres Jenseits trösten, „sondern die Kette abwerfen" und hier und jetzt „die lebendige Blume" eines Lebens in Freiheit, Würde und Selbstbestimmung brechen bzw. pflücken.

Sigmund Freud (1856–1939) ergänzte, dass sich der heranwachsende und erwachsene Mensch vom kindlichen Traum eines Vatergottes verabschieden und sein Leben selbständig und unabhängig führen müsse. Und Ernst Haeckel (1834–1919), der Darwins Gedanken in Deutschland verbreitete, spottete, der christliche, theistische Gott müsse wohl ein „unsichtbares Wirbelthier" sein.

Die vielfältigen Richtungen und Möglichkeiten, die Existenz Gottes in Frage zu stellen oder schlicht zu leugnen bzw. abzulehnen, fasste der Philosoph Friedrich Nietzsche (1844–1900) in der Geschichte vom „tollen Menschen" zusammen, der auf dem Markt unter die Leute sprang und rief: „Gott ist tot! Gott bleibt tot! Und wir haben ihn getötet."

Bis heute glauben viele Menschen, die Naturwissenschaften hätten „bewiesen", dass es Gott nicht gibt, wobei diese nur mit einem *methodischen Atheismus* – also ohne die Hypothese einer Existenz Gottes – arbeiten, nicht aber ernsthaft seine Existenz widerlegen wollen oder können. Weit üblicher als verschiedene Varianten eines gedanklich reflektierten und begründeten, sog. *theoretischen Atheismus* ist gegenwärtig ein alltäglicher, eher unreflektierter *praktischer Atheismus* bzw. ein *Indifferentismus*, eine Einstellung, die die Gottesfrage für unwichtig bzw. belanglos hält, oder auch ein *Agnostizismus*, der die Gottesfrage für unentscheidbar, Gott für unerkennbar erklärt (von griech. ágnostos = nicht erkennbar).

Kann man als moderner, heutiger Mensch an Gott glauben?
Zu den klassischen und heutigen Einwänden gegen den Gottesglauben lässt sich vieles sagen, etwa im Blick auf Feuerbachs grundlegende Projektionsthese: Ist ein gelungenes menschliches Leben nicht immer auch durch ein gewisses Maß, freilich kein Übermaß, an Hoffnungen, Sehnsüchten und Wünschen bestimmt? Grundsätzlicher noch: Spricht der Wunsch bereits gegen die Existenz des Gewünschten? Und ist nicht die Umkehrung, der Mensch sei sozusagen „das Maß aller Dinge", nicht ebenfalls eine, und vielleicht eine noch viel problematischere Projektion?

Im Blick auf die modernen Naturwissenschaften ist festzustellen: Einerseits behaupten manche Naturwissenschaftler wie etwa der bereits genannte Oxforder Evolutionsbiologe Richard Dawkins medienwirksam, Wissenschaft vertrage sich nicht mit einem Glauben an Gott, dieser existiere mit großer Wahrscheinlichkeit nicht, ohne Glaube und Religion gäbe es viel weniger Streit und Leid auf der Welt. Andererseits wird von naturwissenschaftlicher und von wissenschaftstheoretischer Seite aus darauf hingewiesen, dass die Naturwissenschaften – wie bereits gesagt – nur mit einem methodischen Atheismus arbeiten und viele, für den Menschen durchaus wichtige Fragen und Themen, etwa die Frage nach einem Sinn oder nach Gott, gar nicht stellen bzw. berühren (→ S. 19f.). Damit bleibt Raum für die Theologie, etwa von einem „spirituellen Sinn" auszugehen (Ian S. Markham *1962).

Zudem hat man in der Theologie schon lange erkannt, dass die Rede von Gott als Schöpfer der Welt in unterschiedlichen konkreten Vorstellungen und zeitbedingten Weltbildern ihren konkreten Niederschlag fand, in der Bibel bereits in zwei unterschiedlichen Schöpfungserzählungen in 1. Mose 1 und 2 (→ S. 25f.). So konnte der nicaraguanische Befreiungstheologe, Politiker und Dichter Ernesto Cardenal (*1925) den Schöpfungspsalm 104 im Denkstil der modernen Evolutionstheorie neu formulieren: „Wie auf einer Töpferscheibe hast Du / aus einer Wirbelwolke kosmischen Staubes / die Spiralen der Milchstraßen gezogen."

Noch wichtiger aber scheint für die Theologie, dass sie von der Kritik der Philosophen noch einmal und noch deutlicher gelernt hat: Es gilt immer, zwischen unseren menschlichen Vorstellungen, Projektionen von Gott und dem biblischen Gott, der sich den Menschen als Befreier in unserem geschichtlich-gesellschaftlichen Kontext offenbart, deutlich zu unterscheiden. Karl Barth spitzte den Gegensatz zwischen allen Gottesvorstellungen des Menschen, die er in der menschlichen „Religion" am Werk sah, und dem wahren Glauben, den nur Gott selbst zu schenken vermag, auf den pointierten Satz zu: „Religion ist Unglaube". Bereits in der Bibel wird ständig eine solche „Religionskritik" geübt: der wahre Gott ist von allen menschlichen und menschengemachten Gottheiten und Gottesvorstellungen zu unterscheiden (z.B. 2. Mose 32: Erzählung vom Goldenen Kalb; Jes 44,6-20: Kritik an menschengemachten Götzenbildern). Ja, wir können uns sogar in frommer Andacht über einen Gott, der Gerechtigkeit will, hinwegtäuschen, so die warnende Botschaft der Propheten (Am 5,21-24). In dieser Tradition stellt Jesus den „Reichen Jüngling" vor eine radikale Entscheidung: nur der Verzicht auf allen Besitz eröffnet den Zugang zum Reich Gottes (Mk 10,17-27). Martin Luther formuliert dann in seiner Unterscheidung von „Gott" und „Abgott" lapidar: „Mammon ist der allergewöhnlichste Abgott auf Erden."

Eine ganz andere Art von Wirklichkeit ist Gott als „Tiefe des Seins" (Paul Tillich). Erst hier wird – wie Paulus formuliert – die Gewissheit möglich, „dass weder Tod noch Leben, weder Engel noch Mächte noch Gewalten, weder Gegenwärtiges noch Zukünftiges, weder Hohes noch Tiefes noch eine andere Kreatur uns scheiden kann von der Liebe Gottes, die in Christus Jesus ist, unserm Herrn." (Röm 8,31-39)

Gott ist einer

Glauben Christen, Juden und Muslime an denselben Gott?

Gegenüber anderen Religionen wie den hinduistischen mit einer Vielzahl von Göttern (Polytheismus) oder dem Buddhismus, der ohne Gott auskommt, vertreten Judentum, Christentum und Islam den Glauben an einen einzigen Gott (*Monotheismus*). Da stellt sich natürlich die Frage: Glauben Juden, Christen und Muslime an denselben Gott?

Dagegen spricht zuerst einmal die Verwendung unterschiedlicher Namen: Jahwe, Gott, Allah. Im Blick auf Judentum und Christentum aber ist gegen manche anderslautenden Vorurteile, die etwa einen strengen alttestamentlichen Gott einem liebenden bzw. „lieben" neutestamentlichen gegenüberstellen, vorbehaltlos festzustellen: Der Gott des Neuen ist der des Alten Testaments, der Gott des Volkes Israel. Jesus, selbst Jude, verkündigt die Ankunft des Reiches Gottes, die Erfüllung der jüdischen Hoffnung. Paulus sieht Abraham als Vater des Glaubens, des Vertrauens auf Gott. Gottes Versprechen gelten nicht nur ihm, sondern weiterhin; sein erstes „Testament" behält seine Gültigkeit und macht nun auch die Christen zu „Erben" dieser göttlichen Verheißungen (Gal 3). Auch andere Schriften des Neuen Testaments betonen die Kontinuität des alt- und neutestamentlichen Gottesglaubens (z. B. Hebr 11).

Im Blick auf den Islam ist die Tatsache bemerkenswert, dass arabischsprachige Juden und Christen als Gottesbezeichnung ebenfalls den Begriff „Allah", das arabische Wort für Gott, gebrauchen. Und neben Judentum und Christentum beruft sich auch der Islam auf den Gott der biblischen Erzväter, in erster Linie Abrahams (deshalb auch: Abrahamitische Religionen). Alle drei kennen ferner Gott als Schöpfer.

Vor allem aber ist Gott für alle drei Religionen der Gnädige, Barmherzige. Nach Paulus hat Gott durch Christus die Welt mit sich selber versöhnt (2. Kor 5,17-21). Der Koran beginnt mit den Worten: „Im Namen des barmherzigen und gnädigen Gottes" (Sure 1). Und diese Gottesbeschreibung wird Sure für Sure bis zur 116., der letzten, wiederholt, mit nur einer einzigen Ausnahme. Im Gegensatz zu einem im Christentum weit verbreiteten Vorurteil, im Islam sei Allah vor allem der strenge, strafende Richter, sieht der Koran Allah zwar auch – ebenso wie Juden- und Christentum – in seiner Richterfunktion, vorrangig aber als den, der sich „selbst die Barmherzigkeit vorgeschrieben" hat (Sure 6,12.54).

Wenn Gott das Gute, Friede und Gerechtigkeit für und unter den Menschen will; wenn dabei wir Menschen angesichts unseres Unvermögens oder Unwillens auf seine Gnade, Versöhnung und Befreiung angewiesen sind – was hindert uns dann daran, uns mit anderen Christen, mit Juden und Muslimen einig zu wissen im Glauben an einen und denselben Gott, der eben diese Grundzüge auf verschiedene Weise zeigte bzw. offenbarte? Wie wir ja umgekehrt sowohl einem Christen, einem Juden oder einem Muslim widersprechen und seinen Gottesglauben in Frage stellen würden, der zur Rache an Gottlosen oder zu einem Kreuzzug für den eigenen Glauben aufriefe.

Zugegeben, wir verbleiben dabei auf der Ebene unserer Vorstellungen von Gott. Die Frage aber, wie denn Gott „in echt" sei, hatten wir ja bereits bei den Überlegungen zum Bilderverbot als unbeantwortbar erfahren, denn wir müssen und können als Menschen nicht anders als mit unserem menschlichen Denken und Sprechen über Gott nachdenken und kommunizieren. Sonst würden wir uns auf die Ebene Gottes selbst begeben. Auf dieser Ebene aber muss die Frage „Glauben Christen, Juden und Muslime an denselben Gott?" vorerst ebenso offen bleiben wie die ähnlich gelagerte Frage einer cleveren Grundschülerin: „Kennen sich Gott und Allah?"

Ist drei gleich eins?

Natürlich gibt es auch sehr unterschiedliche Akzente in den Gottesvorstellungen zwischen Judentum, Christentum und Islam. Sehr deutlich werden diese bei der christlichen Trinitätslehre (lat. trinitas = Dreizahl), die sich in den ersten drei Jahrhunderten der christlichen Kirche herausgebildet hat. Sie meint den Glauben an Gott, den Vater, den Sohn und den Heiligen Geist, wie er im Glaubensbekenntnis bis zum heutigen Gottesdienst bekannt wird. Dies ist einerseits als strenger Monotheismus zu verstehen (Gott ist einer), andererseits als Ausdifferenzierung, sowohl im Innern (immanenter Aspekt), symbolisch darstellbar etwa als innergöttliche Liebesbeziehung, und auch nach außen, in der Geschichte Gottes mit den Menschen (ökonomischer = heilsgeschichtlicher Aspekt): Gott zeigt sich als Schöpfer der Welt, zudem in Gestalt seines Sohnes Jesus Christus als Mensch und Erlöser und schließlich in Form des Heiligen Geistes als wirksam bis zur Gegenwart. Hier meint der Koran, energisch widersprechen zu müssen: „1 Sag: Er ist Gott, ein Einziger […].3 Er hat weder gezeugt, noch ist er gezeugt worden. 4 Und keiner ist ihm ebenbürtig." (Sure 112,1-4) Aber ist da nicht die christliche Rede von der Gottessohnschaft Jesu und von der göttlichen Trinität in einer groben menschlichen bzw. materiellen Denk- und Redeweise gedeutet und damit im Kern missverstanden? Spricht doch das Christentum ausdrücklich vom drei*einen* Gott!

Auf die Frage, welche der Religionen und Gottesvorstellungen denn die richtige sei, hat der Dichter Gotthold Ephraim Lessing (1729–1781) in der Aufklärungszeit in seinem Drama „Nathan der Weise" mit der sog. *Ringparabel* reagiert: Die drei Religionen, die alle der Meinung sind, den echten Ring geerbt zu haben, sollen miteinander in einen Wettstreit treten, welche der Religionen sich denn ganz praktisch als die Beste erweise …

Heutige Modelle sehen in einem offenen, respektvollen Dialog bzw. Trialog einen Ansatz, der sowohl die grundlegenden Gemeinsamkeiten als auch die unterschiedlichen Perspektiven, also die wertvollen Verschiedenheiten deutlich herausarbeiten kann. Plurale Gottesvorstellungen sind so als eine Chance verstanden, mit- und voneinander zu lernen.

Jesus Christus

Jesus ⟶ Christus

Botschaft Das Reich Gottes ist herbeigekommen. Tut Buße und glaubt an das Evangelium. *Mk 1,15*	**Jesus, der jüdische Menschensohn** Und als der Sabbat kam, fing er an zu lehren in der Synagoge. *Mk 6,2* Der Menschensohn hat nichts, wo er sein Haupt hinlege. *Mt 8,20* Seht, welch ein Mensch! *Joh 19,5*	**Wort Gottes** Und das Wort ward Fleisch und wohnte unter uns. *Joh 1,14*
Gleichnisse Und ohne Gleichnisse redete er nicht zu ihnen *Mk 4,34*		**Opfer** Denn auch wir haben ein Passalamm, das ist Christus, der für uns geopfert ist. *1. Kor 5,7*
Wunder Jesus lehrte in Synagogen und heilte alle Krankheit. *vgl. Mt 4,23; 9,35*		**Vergebung** In ihm haben wir die Erlösung durch sein Blut, die Vergebung der Sünden. *Eph 1,7*
Ethik Du sollst den Herrn, deinen Gott, lieben [...] Du sollst deinen Nächsten lieben wie dich selbst *Mk 12,30f.*		**Kreuz** Er ward gehorsam bis zum Tode, ja zum Tode am Kreuz *Phil 2,8*
	Hans Arp: Christus am Kreuz, 1948	
Nachfolge Folgt mir nach! *Mk 1,17*	**Christus, der Sohn Gottes** Das ist mein lieber Sohn, an dir habe ich Wohlgefallen. *Mk 1,11* Wahrlich, dieser Mensch ist Gottes Sohn gewesen! *Mk 15,39*	**Auferstehung** Er ist auferstanden am dritten Tage nach der Schrift und gesehen worden. *1. Kor 15,4f.*

Christus ⟶ Jesus

Warum soll man sich überhaupt mit Jesus Christus beschäftigen?

Ob man Christ ist oder nicht, Jesus Christus fasziniert durch die Jahrhunderte hinweg. Sich mit Religion zu beschäftigen, ohne dabei nach der Bedeutung Jesu in der Welt der Religionen zu fragen, ist kaum möglich. Natürlich ist auch ein Verständnis des Christentums ohne genauere Kenntnis von Jesus undenkbar. Wer nach der Geschichte des Abendlandes fragt, kommt nicht umhin, zu untersuchen, inwiefern der Glaube an Jesus als einigendes Moment europäischer Kultur diente. Aber auch kirchlich-konfessionelle Spaltungen und kriegerische Auseinandersetzungen geschahen verhängnisvollerweise im Namen Jesu Christi. Musik, bildende Kunst und Literatur finden in vielen Gestaltungen ihre Projektionsfläche in der Person und im Wirken Jesu. Für manchen Philosophen und Psychologen ist Jesus ein Impulsgeber ihres Denkens und Handelns geworden. Wichtige ethische Fragestellungen in aktuellen Debatten orientieren sich an Maximen, die sich beispielsweise in Jesu Bergpredigt artikuliert finden.

All das wären genug Gründe, sich mit Jesus zu beschäftigen. Der wichtigste Grund liegt jedoch in der Person des Einzelnen: Als Jugendlicher oder Erwachsener, der sich – wenn vielleicht auch kritisch – als zum Christentum gehörig fühlt, sollte man Auskunft geben können, wer denn dieser Jesus war. Dazu gehört zunächst einmal historisches Wissen, aber vor allem auch eine existenzielle Auseinandersetzung mit der Frage: Wer ist Jesus Christus für mich?

Der historische Jesus und der geglaubte Christus

59 % der Deutschen halten Jesus Christus für Gottes Sohn (vgl. DIE ZEIT 64, 4.4.2012, S. 64). Doch was heißt das eigentlich? Woran merkt man das? Was sagt das Neue Testament? Und vor allem: Welche Bedeutung für das Leben von uns Menschen heute hat dies?

Warum braucht der christliche Glaube Jesus?

Der christliche Glaube braucht Jesus, weil in ihm Gottes Offenbarung ein konkretes Ereignis wird, das sich dem Glauben erschließen kann. Christen glauben: In Jesus von Nazareth wird die allgemeine Behauptung von der Liebe Gottes konkrete geschichtliche Erfahrung. Christen sind davon überzeugt, dass Jesus Anteil am Reich Gottes schafft. Jesus bewirke mit seinem Leben, seinem Opfertod am Kreuz und seiner Gegenwart als Auferstandener Sündenvergebung und ewiges Leben.

Für Christen ist die *Person* des Christus der Zugang zu Gott; damit unterscheiden sie sich von Juden und Muslimen, für die sich Gott vorrangig in *heiligen Schriften* wie der Tora und dem Koran offenbart. Das Evangelium von Jesus Christus in Texten, wie es vor allem die Evangelien von Markus, Matthäus, Lukas und Johannes beschreiben, ist nach christlicher Auffassung der unmittelbaren Offenbarung von Jesus Christus nachgeordnet. Jesus Christus selbst verkörpert die frohe Botschaft, er *ist* als Person das

Evangelium. Er zeigt Gottes Willen in seiner sich opfernden Liebe. Er zeigt Gottes Reich in seiner einem jeden verlorenen Menschen nachgehenden Nähe (vgl. Mt 11,5).

Christen wissen aber, dass es für Juden problematisch ist, von Jesus als dem Messias (in griechischer Übertragung: Christus), d. h. dem gesalbten Davidssohn Gottes, zu sprechen. Es gibt auch Juden, die Jesus verehren, aber er bleibt für sie ein Prophet wie andere Propheten. Sie begründen das damit, dass Jesus sich selbst nicht als Messias bezeichnet hat.

Ähnlich sieht es für den Islam aus. Auch Muslime haben keine Schwierigkeit, in Jesus einen bedeutenden Propheten Gottes zu sehen. Sie müssen jedoch die christliche Verehrung von Jesus als Gottes Sohn ablehnen, weil nach muslimischem Verständnis Gott niemand „beigesellt", d. h. gleichrangig neben ihn gestellt werden kann.

Aber auch wenn für Christen ein Verständnis von Jesus als Prophet ein wichtiger Anknüpfungspunkt zum interreligiösen Gespräch ist, liegt für sie die Bedeutsamkeit Jesu in mehr als in seinem vorbildlichen Menschsein oder seiner prophetischen Rede. Für den christlichen Glauben ist es grundlegend, nicht nur wie Jesus zu glauben, sondern auch *an* ihn zu glauben. Das Johannesevangelium drückt in seinem berühmten Prolog mit für unsere heutigen Ohren drastischen Worten aus, dass Jesus Gottes Wort als leibhafte Person ist: „Im Anfang war das Wort, und das Wort war bei Gott, und Gott war das Wort. [...] Und das Wort ward Fleisch und wohnte unter uns und wir sahen seine Herrlichkeit, eine Herrlichkeit als des eingebornen Sohnes vom Vater voller Gnade und Wahrheit." (Joh 1,1.14)

Der historische Jesus

Was wissen wir vom historischen Jesus?
Eine relativ gesicherte historische Darstellung des Lebens Jesu fasst folgende Tatsachen zusammen:

Nach allem, was wir wissen, war Jesus ein frommer Jude, der selbstverständlich in den Traditionen des Judentums verwurzelt war. Sein Geburtsjahr fällt in die Zeit des römischen Kaisers Augustus (27 v. Chr. – 14 n. Chr.) und des Königs Herodes d. Gr. (37 v. Chr. – 4 v. Chr.). Er stammt aus Galiläa. Nazareth ist sein Heimatort. Er hat Geschwister und gehört zu einer Handwerkerfamilie. Die Muttersprache ist Aramäisch. Die Evangelien halten sicher zutreffend fest: Jesus wird nach acht Tagen beschnitten (vgl. Lk 2,21), er hält den Sabbat und besucht den Tempel. Er liest die Tora und legt sie aus (vgl. Lk 2,41-52). Im Alter von Anfang 30 lässt er sich von einem Propheten namens Johannes im Jordan taufen (vgl. Mt 3,13-17). Es scheint, dass Jesus durch dieses Ereignis seine Bestimmung erfahren hat. Er zieht mindestens ein Jahr lang predigend und heilend durch die Provinz Galiläa. Er findet Anhänger, Männer und Frauen, die ihm nachfolgen oder eigenständig seine Botschaft von der Nähe der Gottesherrschaft weitergeben.

Schließlich führt ihn sein Weg in die Metropole nach Jerusalem. Hier verschärft sich der Streit um die richtige Auslegung der Tora. Obwohl Jesus sich an die jüdische Tradition hält, gerät er in Konflikt mit der jüdischen Oberschicht, der sadduzäischen Priesterkaste, und den streng gesetzestreuen Pharisäern. Jesus verkündet die Nähe des Reiches Gottes, die allen gilt, die der Liebe Gottes vertrauen. Daher tritt die korrekte Einhaltung ritueller Pflichten an die zweite Stelle. „Der Sabbat ist um des Menschen willen gemacht und nicht der Mensch um des Sabbats willen." (Mk 2,27). Auf den Höhepunkt kommt der Konflikt, als Jesus, den Propheten Jesaja zitierend, die Opfertiere verkaufenden Händler aus dem Tempel treibt: „Mein Haus soll ein Bethaus heißen für alle Völker" (Mk 11,17; vgl. Jes 56,7). Er wird gefangen genommen und von dem jüdischen Hohenrat (dem Synedrium) unter Vorsitz des Hohenpriesters Kajaphas wegen Gotteslästerung angeklagt. Da dieses Gericht keine Todesurteile aussprechen darf, wird Jesus an den römischen Statthalter Pontius Pilatus überstellt. Dieser verurteilt ihn am Freitag vor dem Passahfest um das Jahr 30 zum Tode am Kreuz. Die Staatsräson will religiöse Konflikte, die Unruheherde sein könnten, im Keim ersticken. Jesus wird als Unruhestifter verurteilt. Wie viele Opfer der römischen Besatzungsmacht erleidet Jesus eine furchtbare Hinrichtung, die Kreuzigung. Sein Todeskampf dauert sechs Stunden.

Alle Evangelien schildern ausführlich Jesu Weg von der galiläischen Provinz ins politische und religiöse Zentrum Jerusalem. Jesu Leiden wird als Passionsgeschichte entfaltet (lat. passio = Leiden). Als ursprünglichster Passionstext muss Mk 14,1-16,8 gelesen werden.

Die oft gestellte Frage, ob es auch nichtchristliche Zeugnisse der Antike gibt, die die Existenz Jesu dokumentieren, kann bejaht werden. Bei den römischen Schriftstellern Tacitus, Sueton, Plinius dem Jüngeren und Flavius Josephus findet Jesus unter seinem Ehrennamen Christus Erwähnung. Tacitus teilt mit, dass Jesus unter Pontius Pilatus hingerichtet wurde; bei Plinius wird deutlich, dass ihn seine Anhänger wie einen Gott anbeten.

Was lehrte Jesus?

Jesu Botschaft ist aufs Kürzeste in Markus 1,15 zusammengefasst. „Die Zeit ist erfüllt und das Reich Gottes ist herbeigekommen. Tut Buße und glaubt an das Evangelium!"

Der erste Satz enthält zwei Aussagen. „Die Zeit ist erfüllt" verweist auf einen zeitgeschichtlichen Kontext. Apokalyptische Vorstellungen vom Ende der Zeit prägten das Denken vieler Menschen. Aus zurückliegender Zeit kennen wir in Israel vor allem zwei andere Muster, mit denen man die Zeit deutete und die Lebensorientierung gaben: *Weisheit und Prophetie*.

1. Das *weisheitliche* Muster ist geprägt von einem „Tun-Ergehen-Zusammenhang" (→ S. 42). Hier wird der Mensch als Schmied seines Glückes (bzw. Unglücks) verstanden. Was man sät, erntet man auch: „Einer teilt reichlich aus und hat immer mehr, ein andrer kargt, wo er nicht soll, und wird doch ärmer." (Sprüche 11,24) Das weisheitliche Muster verlangt vom einzelnen Menschen, dass er sich in seinem all-

täglichen Leben bemüht, damit Gott ihn mit Reichtum segne. Umgekehrt kann der Erfolg im Leben als Ausdruck von Gottes Liebe verstanden werden (vgl. die Josefsgeschichte, 1. Mose 37-46).

2. Das *prophetische Muster* ist geprägt von der Notwendigkeit einer Umkehr zu den Geboten Gottes. Weder Gott noch dem Nächsten wird gegeben, was die Gebote fordern. Frömmigkeit erstarrt in Konventionen, man betet, um als Betender wahrgenommen zu werden. Man hilft bestenfalls, um als Helfender Anerkennung zu finden. Der Prophet tritt als Bote der Gerechtigkeit Gottes auf; er drängt auf radikale Veränderung der Lebenseinstellung, denn es ist 5 vor 12: „Bessert euer Leben und euer Tun, so will ich bei euch wohnen an diesem Ort." (Jer 7,3) Andernfalls will Gott sein Volk von seinem Angesicht verstoßen (vgl. Jer 7,15).

Von beiden Mustern unterscheidet sich das bereits genannte *apokalyptische Muster*. Wenn Jesus sagt: „Die Zeit ist erfüllt", dann wird damit gerechnet, dass die Menschen den Wandel nicht mehr aus eigener Kraft hinbekommen. Gott muss und wird selbst wieder das Heft des Handelns ergreifen und zum Gericht und zur Herstellung der Gerechtigkeit kommen. Es ist 5 *nach* 12. Die Hoffnung auf Gerechtigkeit im Sinne der Weisheit ist dahin: Wirklich fromme Menschen erfahren Leid (vgl. die Hiobsgeschichte). Die prophetische Hoffnung auf Umkehr und Erneuerung aus eigener Kraft ist auch dahin. In diesem Sinne kann Johannes der Täufer als apokalyptischer Prophet verstanden werden. Seine Taufe ist weniger eine Taufe für einen Neuanfang als eine Taufe, die von den begangenen Sünden reinigt. Die Getauften werden auf das anstehende endzeitliche Gericht Gottes vorbereitet.

Der Satz „Das Reich Gottes ist herbeigekommen" gehört auch in den apokalyptischen Kontext, mit dem Unterschied, dass Jesus die Nähe des Reiches Gottes als eine heilvolle Nähe verstand, diese heilvolle Nähe Gottes wird schon in seiner Person sichtbar. Dadurch unterscheidet sich Jesu Predigt von der Johannes des Täufers, der davon ausging, dass Gott zum Gericht kommt und daher vor allem Buße Not tut. Die Ankündigung der Nähe des Reiches Gottes kann auf zwei sich ergänzende Weisen verstanden werden.

1. Das Reich Gottes ist in der Person Jesu schon da und gegenwärtig in Jesu Worten, Taten und Leiden (= präsentische Eschatologie).

2. Das Reich Gottes ist noch nicht vollendet, sondern kommt aber mit Sicherheit und schon bald in voller Herrlichkeit (= futurische Eschatologie). Die Hörer von Jesu Botschaft leben also in der Spannung von „schon" und „noch nicht".

Bei Jesus findet sich ebenfalls der Bußruf „Tut Buße", aber er wird entscheidend erweitert: „… und glaubt an das Evangelium". Die verlangte Umkehr wird verbunden mit der frohen, guten Botschaft, dass das ganze Leben, das allein auf Gott vertraut, sich verändert und neue Perspektiven gewinnt.

Von daher lässt sich fragen, ob Buße / Umkehr / Erneuerung einen einmaligen radikalen Wandel darstellt – oder ob dies nicht einen lebenslangen Prozess beinhaltet, der quasi nie an ein definitives Ende kommt. Zumindest hat es Martin Luther (1483–1546) in seiner ersten der 95 Thesen so formuliert: „Da unser Herr und Meister Jesus Christus sagt: ‚Tut Buße' usw., wollte er, dass das ganze Leben der Gläubigen Buße sein sollte." Bei Jesus scheint die Forderung nach Umkehr einmal radikal (Lk 9,62), ein andermal prozesshaft (Lk 15,11-32) gedacht zu sein.

Warum redete Jesus in Gleichnissen?

Jesus sprach in Metaphern vom Reich Gottes. Der unendlich ferne Gott wird in den Reich-Gottes-Gleichnissen in die allerunscheinbarsten, alltäglichsten Begebenheiten hineingeholt; darin lässt sich seine persönliche Nähe erfahren. Die Erfahrung der Nähe des Reiches Gottes kann im Finden einer Perle oder eines Schatzes, im Suchen eines verlorenen Schafs oder Groschens, in der Vergebung, im Wachstum eines Senfkorns und im Kneten von Teig bestehen (vgl. Mt 13; Lk 15). Mal wächst der Glaube von allein wie ein Senfkorn, mal liegt er in der selbstvergessenen Tat, die schmackhafte Ergebnisse hervorbringt, wie beim Kneten und Backen eines Brotes. Mal sucht er das verlorene Einzelne, mal findet er, ohne zu suchen, Perlen und Schätze.

Jesus bedient sich der Gleichnisse, um vom „ganz Anderen" in alltäglichen Bildern zu reden. Dabei bringt ein Gleichnis einen nicht vertrauten Sachverhalt (das Reich Gottes) mit einem vertrauten Sachverhalt (z. B. natürliches Wachstum) in ein Verhältnis. Das Zweite soll das Erste nahebringen. Das Gleichnis spricht in einer offenen Struktur, die einleuchten kann, aber nicht muss. Wahrheit (Offenbarung) ist hier ein Moment, in dem sich etwas überraschend erschließt. Dies ist ohne Freiheit, die Jesus seinen Hörerinnen und Hörern lässt, nicht möglich.

Gleichnisse haben das Ziel, eine dem Glauben gemäße Änderung der Einstellung zu vollziehen. Angesichts des nahe gekommenen Gottesreiches ruft Jesus die Hörer in die Entscheidung zum Glauben. Im Hören ereignet sich die Nähe der guten Herrschaft Gottes. Jesu Verkündigung wird somit Ereignis. Die Menschen werden unmittelbar hineingezogen in seine Gotteserfahrung.

Was wollen Jesu Wundergeschichten zeigen?

Für die Zeitgenossen Jesu war es sicher nicht ungewöhnlich, dass Jesus andere durch seine Zuwendung zu ihnen heilen konnte oder sie von bösen Geistern befreite. Jesu Zuwendung zu Kranken und Besessenen überwindet die gesellschaftlich übliche Einteilung in rein und unrein. Schon vor der jeweiligen Heilung steht die Überwindung eines Lebens am Rande, isoliert jenseits der sozialen Gemeinschaft. Jedoch stellt die Bibel diese Geschehnisse nicht als das Eigentliche von Jesu Wirken dar. Schauwunder lehnt Jesus mit aller Entschiedenheit ab (vgl. Mt 4,1-11).

In den neutestamentlichen Geschichten haben die Wunder immer eine doppelte Funktion: Es wird Menschen in ihrer Not Zuwendung entgegengebracht und ihnen geholfen, und zugleich sind Wunder Ausdruck für die Nähe des Reiches Gottes. Menschen werden aus bedrückenden, krankmachenden, lebensbedrohlichen, sie ausgrenzenden oder gar todbringenden Situationen befreit. Jesu Zuwendung macht ganz und heil. Er integriert Kranke und Behinderte. Er eröffnet ein gutes und gelingendes Leben.

Viele Wundergeschichten entstammen dem Handeln des irdischen Jesus, wurden aber im Lichte von Ostern her neu erzählt. Wundergeschichten durchkreuzen die menschlichen Erwartungen und erregen Staunen. Die Bibel selbst spricht nicht von Wundern, sondern von „Machterweisen Gottes" oder „Zeichenhandlungen Jesu". Wie die Gleichnisse die andere Wirklichkeit des Reiches Gottes zur Sprache bringen, so verwirklichen Jesu Wunder als vorgreifende Handlungen punktuell Gottes heilende Erlösung. In Heilungen und Bewahrungen scheint die Nähe von Gottes Reich überraschend auf. Gleichzeitig kann auch für die Nichtgeheilten deutlich werden, dass nichts von der Liebe Gottes trennen kann, weil sie alles Leben umfängt (vgl. Röm 8,35-39).

Dies lässt sich an der Sturmstillung (Mt 8,23-27) erläutern: Die Jünger und Jesus befinden sich auf einem Boot. Jesus schläft trotz des Sturmes. Er ist immer geborgen. Er kann nie aus der Liebe Gottes herausfallen, weder im Boot auf dem See noch am Kreuz. Die Wirklichkeit Gottes ist der absolute Bezugsrahmen. Für die Jünger sieht es anders aus: Trotz der Nähe Jesu ist für sie die Wirklichkeit des Sturmes das unmittelbar Präsente. Die Welt mit ihrem Bedrohungspotential stellt für sie den absoluten Bezugsrahmen dar, daher haben sie Angst. Nicht die Stillung des Sturmes ist aber das Entscheidende der Geschichte, sondern Jesu Ausruf: „Ihr Kleingläubigen!" Also sind wir angesprochen, weil wir uns vor dem Leben fürchten, obwohl wir doch in Gott geborgen sind.

Jesu Kreuzigung

Wie soll man Jesu Tod verstehen?

Es lassen sich aufgrund des biblischen Befundes verschiedene Deutungen des Kreuzestodes Christi formulieren:

Existenzielle Deutung: Gott geht den existenziellen Erfahrungen des Menschen (wie z. B. leben, lieben, leiden, sterben) bis in die niedrigsten Abgründe und letzten Winkel hinein nach. Er erniedrigt sich selbst und hebt diese Erfahrungen auf (vgl. Phil 2,5-10).

Solidarische Deutung: Durch die Menschwerdung Jesu solidarisiert sich Gott mit den Menschen. Das wird nicht nur am Kreuz sichtbar, sondern in Jesu gesamtem Lebensweg, auf dem er sich u. a. den Armen, Gefangenen, Blinden und Zerschlagenen zuwendet (vgl. Lk 4,18-21).

Beispielhafte Deutung: Jesus ist der exemplarische Mensch, an dem deutlich wird, wie das richtige Verhältnis zu Gott aussieht. Jesus als Sohn Gottes lebt vor, was es heißt, aus der sorglosen Kindschaft zu leben, die auch noch den Tod aus Gottes Hand nimmt: „Vater ich befehle meinen Geist in deine Hände!" (Lk 24,46; vgl. auch Mt 5,45; 6,9.25; 18,5).

Deutung von der Liebe Gottes her: Jesus offenbart die Liebe des Vaters zu den Menschen. Diese Deutung tritt vor allem im Johannesevangelium hervor. Jesus ist der

Mittler Gottes, der in seiner Hingabe die Größe seiner Liebe zu den Menschen zeigt (Joh 15,13). Christus kam und starb nicht, *damit* Gott uns liebt, sondern Christus kam, lebte und starb, *weil* Gott uns liebt (Joh 3,16).

Deutung vom Schöpfungssinn her: Gott braucht keine Besänftigung seines Zornes durch ein unschuldiges Lamm, das geschlachtet wird, sondern Gott macht seinen Willen sichtbar, der seit Beginn der Schöpfung trotz Sünde, Tod und Teufel unwandelbar gleich geblieben ist. Der Schöpfungssinn und der Erlösungssinn sind eins: Gott lässt sich nicht davon abbringen, mit den Menschen Gemeinschaft zu haben, darum ist er sich nicht zu schade, unser Kreuz zu tragen und unsere Sünde und Bosheit auf sich zu nehmen (vgl. Joh 1,1-14; Phil 2,5-8).

Hat sich Jesus für mich geopfert?
Ist Jesus für mich gestorben? Eine der umstrittensten theologischen Fragen ist die Diskussion um Jesu stellvertretendes Sühnopfer.

Der Prophet *Jesaja* vergleicht lange vor Jesu Auftreten den Messias mit einem Opferlamm, das zur Schlachtbank geführt wird. Jesaja spricht von einem kommenden Gottesknecht, der unsere Krankheit und Schmerzen auf sich lädt und trägt. Dieser leidende Gottesknecht wird für die Sünde und die Vergehen der Menschen geschlagen (vgl. Jes 52,13 – 53,12).

Im Anschluss an Jesaja betont *Paulus* den Sühnecharakter des Kreuzestodes Christi: „Denn auch wir haben ein Passalamm, das ist Christus, für uns geopfert." (1. Kor 5,7) Auch die Einsetzungsworte des Abendmahls lassen sich in diesem Sinne verstehen: „Nehmet, esset, das ist mein Leib, der für euch gegeben wird. [...] Dieser Kelch ist das neue Testament in meinem Blut ..." (vgl. 1. Kor 11,25; Mk 14,22-24).

Im gleichen Sinne lässt sich Markus verstehen: „Der Menschensohn ist nicht gekommen, um sich dienen zu lassen, sondern um zu dienen und sein Leben hinzugeben als Lösegeld für viele" (Mk 10,45).

All diesen Metaphern für Jesu Kreuzestod („Gottesknecht", „Osterlamm", „Lösegeld"…) liegt die Vorstellung zugrunde, dass für die Sünde der Menschen, die ihren Ursprung im Sündenfall Adams hat, in Form eines Opfers bezahlt werden muss. Dies hat klassisch *Anselm von Canterbury* (1033–1109) im Mittelalter ausgearbeitet. Er ging der Frage nach: „Warum ist Gott Mensch geworden" („Cur deus homo?"). Als Antwort entwickelte Anselm die Lehre von der stellvertretenden Genugtuung Christi („Satisfaktionslehre"). Jesus nimmt die Schuld des Menschen auf sich und zahlt mit seinem Leben den Sühnepreis. So versöhnt er Gott, der durch die Sünde verletzt wurde, und leistet stellvertretend Genugtuung. Demnach muss Jesus als Sühner *wahrer Mensch* sein, weil ein Mensch für die Sünde bezahlen muss. Jesus muss aber zugleich auch *wahrer Gott* sein, weil nur Gott die Last des Zornes über die Sünde ertragen und die Gerechtigkeit wieder herstellen kann (vgl. Heidelberger Katechismus, Frage 12–17).

Problematisch ist an dieser Ableitung, dass die Menschwerdung Gottes wie die Erfüllung eines theologischen Postulats erscheint: Ein strenger Gott scheint nach dieser Lehre eine Genugtuung zu fordern. Dennoch gehört für viele Christen die Deutung von Jesu Tod als Sühnopfer zur Grundüberzeugung ihres Glaubens. Um dabei nicht von einem Gott zu sprechen, der ein Versöhnungsopfer braucht, sollte festgehalten werden, dass der Opfertod am Kreuz das Ende des Lebensweges Jesu ist, das Ziel aber die *Auferstehung*. Das letzte Wort behält nicht der Tod, sondern das Leben.

Was fordert Jesus von uns?

Was will die Bergpredigt?
Die Bergpredigt (Mt 5-7; vgl. auch die Feldrede Lk 6,20-49) fasst Jesu ethische Lehre zusammen. Jesus fordert dazu auf, die Tora zu erfüllen, d. h. ohne Abstrich oder Zutat zu tun und zu lehren (Mt 5,17). Jesus ist demnach kein Vollender oder Überbieter der Tora, sondern tritt in seiner Verkündigung als ein jüdischer Rabbi der Schrift auf.

Jesu Ethik ist die Lehre von der Nähe des Reiches Gottes, sie ist ganz und gar Evangelium. So beginnt die Bergpredigt mit Seligpreisungen (Mt 5,3-12), in denen Arme, Leidende und Hungernde gesegnet werden. Gesegnet zu sein soll aber nicht folgenlos bleiben: „Ihr seid das Licht der Welt." Diesem Zuspruch (Indikativ) folgt ein Anspruch (Imperativ): „So lasst euer Licht leuchten vor den Menschen, auf dass sie eure rechten Werke sehen und euren himmlischen Vater preisen." (Mt 5,14-16) Die frohe Botschaft verlangt also *persönliche Konsequenzen*. Sie ist eine Botschaft, die ihre Hörer verwandeln und deren Handeln verändern will. Gottes Liebe fordert uns auf, den Nächsten, ja sogar den Feind zu lieben (vgl. Mt 5,44). Das Gebot ist, sich im doppelten Sinne zu verlassen, nämlich auf Gott und zum Nächsten hin.

Wer ist der Adressat der Bergpredigt?
Auch wenn in der Bergpredigt zunächst nur der Jüngerkreis Jesu angesprochen wird (Mt 5,1f.), so gilt sie doch allen Hörern (Mt. 7,28f.). Die Bergpredigt ist nicht für den Binnenraum einer in sich geschlossenen Jüngergemeinschaft formuliert, sie gilt auch Nichtjüngern. Die Trennlinie wird in der Bergpredigt nicht zwischen Jüngern und Nichtjüngern gezogen, sondern zwischen Tätern und Nichttätern ihrer Botschaft. Einen Jünger erkennt man daran, dass er sich vom Hörer zum Täter der Botschaft Jesu wandelt. Der Baum wird nach seinen Früchten beurteilt (Mt 7,17-19).

Wie ist die Bergpredigt aufgebaut?
Die Bergpredigt enthält drei Teile: die Einleitung (Mt 5,3-16), den Hauptteil (Mt 5, 17–7,12) und die Ausleitung (Mt 7,13-27). Der Hauptteil gliedert sich wiederum in drei Teile:
- die sogenannten Antithesen (Mt 5,21-48): Fragen der „äußeren" Gerechtigkeit, dem Nächsten gegenüber,
- die Frömmigkeitsregeln (Mt 6,1-18): Fragen der „inneren" Gerechtigkeit, Gott gegenüber,

– den Schlussteil (Mt 6,19 – 7,11): Frage der „eigenen" Gerechtigkeit, sich selbst und den anderen Jüngern gegenüber.

Die Verse Mt 5,17 und 7,12 (die Goldene Regel) bilden einen Rahmen um den Hauptteil, dessen Inhalt die Erfüllung von Gesetz und Propheten (gemeint ist hiermit immer das ganze Alte Testament) behandelt. Genau in der Mitte der Bergpredigt befindet sich das Vaterunser-Gebet (Mt 6,9-14).

Wie sind die Forderungen der Bergpredigt erfüllbar?

Fordert Jesus eine Änderung der inneren Haltung oder konkrete Handlungen? Die in der Ethik häufig diskutierte Unterscheidung zwischen Gesinnung (Haltung) und Verantwortung (Handlung) ist der Bergpredigt fremd. Schon die Gesinnung ist als Handlung zu verstehen. Die bessere Gerechtigkeit, die die Antithesen fordern, zeigt sich darin, dass nicht nur der Mord, sondern schon der Zorn, nicht erst der Ehebruch, sondern schon der lüsterne Blick als Keim böser Ungerechtigkeit zu betrachten ist. Die Bergpredigt verlangt die Bemühung um Gerechtigkeit. Sie gründet in der Erfahrung der Rechtfertigung allein aus Gnade. Die Erfüllung der Bergpredigt ist denen möglich, die sich hineinnehmen lassen in eine Suchbewegung nach dem richtigen Handeln vor Gott.

Jesus wollte, dass sich die Menschen ganz von den Geboten Gottes leiten lassen. Es ist nicht damit getan, sie formal, buchstäblich einzuhalten, sondern der ganze Mensch ist verlangt, wenn es um deren Erfüllung geht. Der ganze Mensch, das meint sowohl die jeweilige Handlungsabsicht und deren innere Motivation (die Gesinnung) als auch die erzielten Resultate des Handelns (die Verantwortung).

Haltung und Handlung müssen in einem Ringen um den Geist der Gebote erfolgen. Die Goldene Regel kann dabei als Richtlinie für dieses Ringen gelten: „Alles nun, was ihr wollt, dass euch die Leute tun sollen, das tut ihnen auch! Das ist das Gesetz und die Propheten." (Mt 7,12)

Wie wurde die Bergpredigt in der Geschichte interpretiert?

Im Mittelalter galt die Bergpredigt als nicht heilsnotwendiger „evangelischer Ratschlag", der nur für Kleriker (Mönche, Nonnen, Priester) Geltung besaß. Für die Laien galt allein der Dekalog (die Zehn Gebote) als verbindliche Richtschnur des Handelns.

Luther betonte demgegenüber die allgemeine Verbindlichkeit der Bergpredigt für alle Christen. Gleichzeitig wendet sich Luther aber gegen ein Verständnis der Bergpredigt als normatives Gesetz. Radikale Reformatoren, von Luther Schwärmer genannt, wollten nämlich die Bergpredigtforderungen wortwörtlich erfüllt haben; einige wollten das Reich Gottes sogar mit Gewalt durchsetzen. Luther unterschied daher so, dass der Dekalog als Grundlage der staatlichen Ordnung in Geltung stehe, während die Bergpredigt als Grundlage der geistlichen Ordnung ein kritisches Korrektiv darstellt. Die Bergpredigt ist demnach gleichzeitig Evangelium und Sündenspiegel. Sie zeigt dem einzelnen Christen seine Unzulänglichkeit, denn er erfüllt die Forderungen der Bergpredigt nie ganz.

Die liberale Theologie im 19. Jahrhundert wollte im Geist der Bergpredigt zu einer Liebesgesinnung erziehen. Diese sollte auch Staat und Wirtschaft versittlichen, wobei die Worte der Bergpredigt nicht wörtlich zu verstehen seien, sondern als ein Appell an das Gewissen.

Der religiöse Sozialismus entnahm der Bergpredigt Normen für eine radikale Reform der Gesellschaft.

Gegen Ende des 19. Jahrhunderts wurde die Bergpredigt verstärkt aus der eschatologischen Apokalyptik heraus interpretiert. Jesu Rede wurde im Kontext des rabbinischen Judentums verortet. Keine seiner einzelnen Forderungen unterschieden sich demnach von jüdischer Frömmigkeit, nur der Anspruch, dass das Gottesreich in seiner Person gegenwärtig ist, sei einzigartig gewesen.

Im 20. Jahrhundert haben sich vor allem Mahatma Gandhi (1869–1948) und Martin Luther King (1929–1968) auf die Bergpredigt berufen.

Der geglaubte Christus

„Wer sagen die Leute, dass ich sei?"

Alle vier Evangelien lassen Jesus so fragen (z.B. Mk 8,27). In der neutestamentlichen Wissenschaft wird diese Frage als Frage nach den *christologischen Hoheitstiteln* behandelt:

Menschensohn: Diesen Titel gebrauchte Jesus selbst für sich. Er kommt bereits in apokalyptischen Schriften des Alten Testaments als Ausdruck für eine transzendente Gestalt vor, z.B. im Danielbuch. Möglicherweise rechnete Jesus damit, durch das Leiden zum Menschensohn erhöht zu werden und damit das Geschick des kommenden Weltendes zu beeinflussen.

Messias/Christus: Obwohl Jesus diesen Titel offenbar für sich selbst nicht verwendete, wurde er später mit diesem identifiziert. Schon bald nach seiner Kreuzigung wurde „Christus" geradezu zum Namen Jesu. Mit diesem Titel wurde Jesus zum endzeitlichen (eschatologischen) Heilsbringer.

Herr/Kyrios: Es ist zu vermuten, dass schon der irdische Jesus respektvoll „Herr" genannt wurde. Dieser Titel stammt aus dem griechisch sprechenden Judentum (vgl. 1. Kor 8,6). Mit dem Titel Herr/Kyrios wird schon früh die Göttlichkeit Christi und seine Einheit mit Gott bekannt. Da man den Gottesnamen Jahwe im Judentum mit Herr (Adonai) umschrieb, konnten Gottesaussagen aus dem Alten Testament auf Jesus übertragen werden.

Sohn Gottes: Dieser Titel greift die Frage nach dem Verhältnis Jesu zu Gott auf. Jesu Sohnesbewusstsein (vgl. „Vater-unser") und seine Hingabe in den Tod bilden die Voraussetzung für diesen Titel. Bei Markus ergibt sich der Titel (funktional) aus Jesu Handeln (vgl. Mk 15,39). Bei Matthäus und Lukas wird der Titel aus der Geburtsgeschichte (genetisch) abgeleitet (vgl. die Weihnachtsgeschichten bei Mt und Lk).

Logos/Wort: Dieser Titel begegnet nur im Prolog des Johannesevangeliums. Der Logos (griech. für Wort, Sinn) vermittelt zwischen Gott und Welt. Der Welt (und den

Menschen in ihr) bleibt Gott so lange fremd, bis ihr der Logos zu einem Verständnis verhilft. Jesus ist das Wort Gottes, das den Sinn der Welt aufschließt.

Davidssohn: Dieser Titel ist nur schmal bezeugt. Er stammt aus dem Judentum Palästinas. Er bringt die Erwartung an einen endzeitlichen, dem König David ähnlichen Messias zum Ausdruck.

Was sagt die frühe Christenheit dazu, wer Christus sei?
In den ersten Jahrhunderten nach Christus hat man intensiv nachgedacht und gestritten, wie Jesu Verhältnis zu Gott zu verstehen sei. Dieses Nachdenken wurde durch die Möglichkeit der griechischen Sprache belebt, die anders als das Hebräische abstrakte Seinsbegriffe kennt. Folgende Modelle konkurrierten dabei:

Monarchianismus: Der Monarchianismus hält am alleinigen „Königtum" Gottes fest. Christus ist zwar übernatürlich geboren, bleibt aber Mensch. Gott hat Christus als seinen Sohn adoptiert und ihm die Kraft gegeben, sein Werk zu vollbringen.

Subordinatianismus: Der Subordinatianismus versteht Jesus als Gott wesensähnlich, aber dem Vater untergeordnet. Der göttliche Logos Jesus ist ein Geschöpf des Vaters, in der Zeit geschaffen und nicht ewig.

Konzil von Nizäa (325): Um die Einheit der Kirche zu wahren, berief Kaiser Konstantin alle Bischöfe zu einem Konzil zusammen. Das Konzil kommt zu der Überzeugung, dass Christus wesenseins mit dem Vater ist: Christus ist aus dem Wesen des Vaters, Gott von Gott, Licht vom Licht, wahrer Gott vom wahren Gott, nicht geschaffen, wesensgleich mit dem Vater.

Bis heute ist die Unterscheidung von Jesu Person und Werk wichtig, wobei natürlich jeweils das eine nicht ohne das andere zu verstehen ist.

Unter *Christologie* versteht man die Lehre von Jesu Menschsein und Gottsein: die Frage nach der Person Jesu.

Soteriologie meint die Lehre von Jesu Rettungs- bzw. Erlösungshandeln: die Frage nach dem Werk Jesu.

Wie wurde aus dem Menschen Jesus der göttliche Christus?
Wie kann man diese Frage aus heutiger Perspektive versuchen zu beantworten? Menschen machten eine Erfahrung mit Jesus, und Menschen erzählten davon weiter und vermittelten diese Erfahrung schriftlich.

Das bedeutet einerseits: Menschen haben eine erlebnismäßige, leibhaft spürbare Erfahrung gemacht, die ihnen das Lebenszeugnis Jesu neu erschloss. Sie wurden gewiss, dass in Jesu Leben und Sterben Gott am Werk war. Sie glauben, dass sich ihnen Gott in Jesus auf liebevolle Weise zugewendet hat und in seinem Geist auch weiterhin zuwendet. Das nannten sie *Evangelium: frohe Botschaft.* Dieser Vorgang wird besonders an der Person des Paulus deutlich. Obwohl er nie eine Begegnung mit dem historischen Jesus hatte, machte ihn ein überwältigendes Erlebnis zum Christen. Dieses Erlebnis beschreibt er mit eigenen Worten so, dass Gott sein Herz erleuchtete und er dadurch im Angesicht Christi die Herrlichkeit Gottes erkannte (2. Kor 4,6; vgl. auch die Erzählung von Paulus' sogenanntem *Damaskus-Erlebnis*, wie es in Apg 9 wiedergegeben wird). Paulus wurde vom Ostergeschehen ergriffen.

Das bedeutet andererseits: Das Ostergeschehen wurde zur *Osterbotschaft*. Aus einer inneren, leibhaften Erfahrung folgte die Artikulation von Glaubenszeugnissen. Es wurde gepredigt und Gottesdienst gefeiert, es wurden Texte verfasst und gesammelt und Bekenntnisse formuliert. Das Neue Testament entstand im Laufe von weit weniger als hundert Jahren. Es enthält den Versuch, die *eine* Erfahrung des Glaubens auszudrücken, dass Jesus auferstanden ist und allen Menschen neue Lebensmöglichkeiten eröffnet. Dies geschieht jedoch mit dem Ergebnis, dass schon das Neue Testament dieser *einen Erfahrung* eine *Vielzahl von Ausdrucksformen* verleiht. (→ S. 69ff.) Uns heutigen Menschen ist dieser innerneutestamentliche Pluralismus manchmal zu viel, wenn nach eindeutigen Auskünften und gesicherten Fakten gefragt wird. Diese Vorstellung greift aber an der Intention des Neuen Testaments vorbei. Die sprachlichen Ausdrucksmittel, die sich unseres menschlichen Zeichensystems bedienen, bleiben immer hinter dem ursprünglichen Erfahrungsgehalt dessen, was Menschen erlebten, zurück. Das klingt dürftig, ermöglicht aber Freiheit, selbst Erfahrungen mit den Glaubenszeugnissen zu machen. Denn mit allen widersprüchlichen und vielfältigen Formen (Texten, Bildern, Liedern, Filmen ...), die sich mit Jesus Christus auseinandersetzen, können neue, eigene, persönliche Erfahrungen gemacht werden.

Die Kompetenz der Deutung von christlichen und nichtchristlichen Erzeugnissen der *Kunst* (Texten, Bildern, Liedern, Filmen ...) besteht in der Beantwortung dreier Fragen: Welchen objektiven Gehalt will der Künstler zum Ausdruck bringen? Wie deutet er diesen Gehalt in seiner Darstellung individuell und persönlich? Wie verstehe ich mich selbst als Deutender des Kunstwerks, der sich zwischen objektivem Gehalt und subjektiver Deutung bewegt?

Bringt Jesus neues Leben?

Wie beschreibt das Neue Testament die Auferstehung von Jesus Christus?

Jeder zweite Deutsche glaubt an ein Leben nach dem Tod (Vgl. Die Zeit 64, 4.4.2012, S. 64). Ohne die Auferstehung Jesu Christi wäre kein einziges Wort des Neuen Testaments geschrieben worden. Auferstehung ist immer als Auferweckung durch Gott zu denken. Subjekt der Auferstehung ist Gott selbst. Im auferstandenen Jesus erweist sich Gott als Gott des Lebens.

Das christliche Zeugnis dafür bieten die Auferstehungstexte der Bibel, wie z. B.:

1. Kor 15,3-5: Paulus zitiert hier ein Bekenntnis, nach dem Christus für unsere Sünden gestorben, begraben und am dritten Tage auferstanden ist. Der Auferstandene sei als Erstem dem Petrus (= Kephas, der Fels) erschienen, bevor er vielen anderen erschien.

Mk 16,1-8: Frauen finden das leere Grab. Ihnen wird mitgeteilt, dass Jesus voraus nach Galiläa gegangen ist. Die Frauen fürchten sich.

Mt 28,16-20: Der auferstandene Jesus gibt den Jüngern in Galiläa den Befehl, zu taufen und zu lehren.

Lk 24,13-35: Die Jünger auf dem Weg nach Emmaus erkennen Jesus erst, als er ihnen das Brot gibt: „Da wurden ihre Augen geöffnet und sie erkannten ihn. Und er verschwand vor ihnen." (Vers 31)

Joh 20,11-18: Jesus erscheint Maria Magdalena. Sie hält ihn für den Gärtner und erkennt ihn erst, als er sie mit „Maria" anspricht.

Joh 20,24-29: Thomas will nicht eher an den Auferstandenen glauben, bevor er nicht seine Hand in seine verwundete Seite gelegt hat. Jesus sagt: „Selig sind, die nicht sehen und doch glauben!" (Vers 29)

Allen Texten ist gemeinsam, dass die Auferstehung nicht direkt dargestellt wird. Vielmehr wird von Erscheinungen des Gekreuzigten berichtet, in denen er sich in erkennbarer, aber verstörender Weise als lebendig offenbart. Gerade indem sich Jesus zeigt, entzieht er sich. Der Moment der Offenbarung wird als Moment des Entschwindens gezeigt. Wir kennen Christus nach dem Fleische nicht mehr (vgl. 2. Kor 5,16), das besagt: Jesus ist nicht mehr Teil unserer irdisch-geschichtlichen Kommunikationsgemeinschaft. Er ist leibhaftig auferstanden meint demgegenüber, dass nichts von seinem irdisch-geschichtlichen Handeln verloren geht, sondern bei Gott aufgehoben ist und zum Liebesurteil über die Welt geworden ist.

Wie soll ich mir leibhaftige Auferstehung vorstellen?

Paulus (1. Kor 15,35-50) setzt sich auch schon mit der Frage auseinander, wie wir uns unsere eigene Auferstehung vorzustellen haben. Nachdem er kritisch mit wilden Spekulationen darüber ins Gericht gegangen ist, sagt er: „Es wird gesät verweslich, und wird auferstehen unverweslich. [...] Es wird gesät ein natürlicher Leib und wird auferstehen ein geistlicher Leib." (Verse 42 + 44)

Die Rede vom *Leib* unterscheidet sich vom Verständnis des Körpers, wie sich die Rede vom Geist vom Verständnis des Gehirns unterscheidet. Nach Paulus hat der Mensch nicht einen Leib (das wäre der rein physische Körper), sondern ist *als Ganzer* Leib, d. h. physio-psychische *Einheit*. Wenn von leibhafter Auferstehung die Rede ist, dann soll verdeutlicht werden, dass Jesus nicht in alter körperlicher Präsenz zu greifen ist, so wie etwa ein wiederbelebter Komapatient. Es soll aber auch betont werden, dass sich nicht wie im platonischen Denken Körper und Seele voneinander getrennt haben. Die Seele ist kein unsterblicher Rest, der von Körper zu Körper wandert. Die Seele steht für das, was eine individuelle, menschliche Person als Ganzes ausmacht. Das Wort von der leibhaften Auferstehung soll daher eher umschreiben, dass das ganze Leben eines Menschen im ewigen Leben vor Gott gestellt wird. Ein Leben mit all seinen Freuden und Leiden findet vor dem *Angesicht Gottes* Anerkennung und Wertschätzung. Darüber hinaus ist die Vorstellung, dass man mit seinem Leben und seinen Handlungen vor das Angesicht Gottes tritt, auch beängstigend oder gar beschämend. Ist es nicht unendlich peinlich, mit all unserem Tun und Lassen vor jemandem zu stehen, der uns genau kennt? Und wie erleichternd ist es, wenn wir mit all unseren Unzulänglichkeiten dennoch freundlich angeblickt werden und vor den Augen dessen, der uns genau kennt, Gnade finden (vgl. 1. Kor 13,12).

Die Rede von der *leibhaften Auferstehung* hält fest, *dass sich der ganze Mensch vor Gott verantworten muss* und dabei die Angst vor dem Zorn Gottes (Gericht) von der Realität seiner Liebe (Gnade) überwunden wird. Das Leben eines jeden Menschen kehrt also zu seinem schöpferischen Ursprung zurück. Über das *ewige Leben* lassen sich natürlich keine konkreten Aussagen machen. Das ewige Leben lässt sich daher nur *spekulativ* erfassen, z. B. als reines Genießen, das in der Nähe Gottes eine von aller Erdenschwere befreite Leichtigkeit bedeutet.

Zur Auferstehung und zum ewigen Leben siehe auch das Kapitel ZUKUNFT, S. 129ff.

Wie ist die Auferstehungsbotschaft zu verstehen?

Hängen wir mit dem christlichen Auferstehungsglauben reinen Spekulationen an oder geben uns die biblischen Zeugnisse dennoch sicheren Halt? Auferstehungsglaube ist für die Religionskritik eine Illusion und Projektion von Menschen (→ S. 45: Feuerbach). Was ist er für den Glauben? Wir können uns dem auf verschiedenen Wegen nähern:

Wir können sagen, die Texte halten ein Ereignis fest, das anders zu verstehen ist als ein historisches Faktum. Eine Hochzeit ist zum Beispiel dann ein Ereignis, wenn sie den Beteiligten zu Herzen geht. Die Unterschrift unter die Ehedokumente im Standesamt kann demgegenüber ein rein historisches Faktum ohne große Bedeutung bleiben, wenn die Eheleute nicht emotional beteiligt bei der Sache sind.

Wir können aber auch sagen, die Texte bleiben stumm, wenn nicht der Heilige Geist sie uns aufschließt. Offen für Pluralismus ist diese Vorstellung, weil demnach kein Mensch mit guten Argumenten oder gar böser Gewalt zum Glauben an Jesus Christus gezwungen werden kann. Christen sprechen von der Wirkung des Heiligen Geistes, weil Glaube kein menschlicher Willensentschluss, sondern eine göttliche Gegebenheit, „ein Geschenk" ist. Der Glaubende hat eine wie auch immer geartete Selbsterschließung Gottes erlebt, die als innere Gewissheit bezeichnet werden kann. Er hat sich diese Wahrheit nicht ausgedacht, sondern ist von ihr ergriffen worden. Zugrunde liegt diesem Glauben jedoch immer das Lebenszeugnis Jesu, auf das sich alle christliche Glaubenserfahrung zurückführen lässt.

Bibel

Die Bibel als Buch und Text
- Sammlung von Schriften
- Abschluss 2.-4. Jahrhundert
- Heilige Schrift der Christen
- Gemeinsamer Nenner: Erfahrung des Heiligen; Auseinandersetzung mit Gott; Zuspruch Gottes und Hinwendung zu Gott
- Leserinnen und Leser nehmen den Text unterschiedlich wahr

Bibel lesen und auslegen
- Historisch-kritische Exegese
- Feministische Exegese
- Befreiungstheologische Exegese
- Dekonstruktive Exegese
- Konstruktivistische Exegese

AT

(Hebräisch)
Das erste Buch Mose (Genesis)
Am Anfang schuf Gott Himmel und Erde.

NT

(Griechisch)
Das Evangelium nach Matthäus
Dies ist das Buch von der Geschichte Jesu Christi, des Sohnes Davids, des Sohnes Abrahams.

Offene Exegese
- In der individuellen Textbegegnung passiert etwas Neues

Sprachformen der Bibel
- Erzählung
- Symbol
- Allegorie
- Metapher
- Mythos
- Poesie
- Prophetenwort
- Evangelium
- Apokalypse

Warum soll man sich überhaupt mit der Bibel beschäftigen?

Die Bibel ist die Heilige Schrift des Christentums. Sie ist Grundlage des Glaubens und Bezugspunkt theologischen Redens. Die Bibel ist Gebets- und Trostbuch der Glaubenden, ferner Orientierungsbuch für das moralische Handeln und durch ihre vielen Erzählungen ein Buch, das das Selbst- und Weltverständnis der Glaubenden prägte. Dies wird im Kirchenraum durch die geöffnete Bibel auf dem Altar symbolisiert.

In der langen Geschichte ihrer Auslegung hat die Bibel vielfache Anstöße gegeben. So wurde die Figur des David in Florenz zum Leitbild des Bürgertums gegenüber einer übermächtig erscheinenden Fürstenherrschaft. Mose und der Auszug aus Ägypten wurden zum Hoffnungsbild der schwarzen Sklaven auf den Baumwollfeldern Amerikas. Die Frage der angemessenen Auslegung hat geschichtliche Veränderungen ausgelöst, die noch heute die Welt bestimmen. Hier ist insbesondere die Reformation zu nennen.

Werte und Normen der Bibel bestimmen bis heute das Zusammenleben. Arme und Schwache bekommen Hilfe: „Was ihr getan habt einem von diesen meinen geringsten Brüdern, das habt ihr mir getan." (Mt 25,40) In Not Geratene erfahren Hilfe (Barmherziger Samariter: Lk 10,25-37), nach sechs Werktagen folgt ein Ruhetag (Gott ruht am siebten Tag: 1. Mose 2,2). Die Symbole der Bibel begegnen z.B. am Wegesrand (Kreuz), ihre Verheißungen begleiten Menschen bis ins Grab (Auferstehung). Ferien richten sich nach den kirchlichen Festen, die ihrerseits in biblischen Erzählungen begründet sind (z.B. Weihnachtsfest: Lk 2). Literatur, Kunst und Musik sind voller Anspielungen auf die Bibel. Goethes „Faust" beispielsweise ist nicht zu verstehen ohne Kenntnis der Hiobgeschichte und der Genesis. Im Bereich der Architektur wäre der Kirchenbau zu nennen, der das himmlische Jerusalem (Offb 21-22) ins Bild setzt.

Als religiöses Buch erzählt die Bibel von Visionen und Auditionen, von Bekehrungen und Gotteserscheinungen und macht so auf Erfahrungen aufmerksam, die zu unserem Leben gehören, sich aber weder gezielt herstellen lassen noch einfach zu begreifen sind. Die Bibel ist in religiöser Sprache verfasst, wie man an den vielen Metaphern, Allegorien, Mythen und Symbolen erkennen kann.

Die Bibel als Buch und Text

Worum geht es in der Bibel?

Die Bibel (von griech. ta biblia = die Schriftrollen) ist eine Sammlung von Schriften, deren stabile, kanonische Gestalt (als *Kanon* wird die Gesamtheit der in der Bibel gesammelten Schriften verstanden – auch in Abgrenzung zu den Schriften, die nicht aufgenommen wurden) sich in einem sehr langen Prozess herausgebildet hat. Im Bereich des „Alten Testaments" hat sich der Kanon erst vom 4. bis 2. Jahrhundert vor Christus verfestigt. Bis zum 2. Jahrhundert nach Christus galt auch im beginnenden Christentum allein der *Tenach*, die hebräische Bibel, als heilige Schrift (zum Tenach → S. 112). Erst danach wurden Texte, die wir heute als das „Neue Testament" bezeichnen, als heilige Texte verstanden. Der gesamte Kanon, wie wir ihn heute kennen, lag erst im Jahr 390 n. Chr. vor (Synode von Hippo).

Es ist fast unmöglich, die vielfältigen Texte der hebräischen Bibel (d. h. des Alten Testaments) und des Neuen Testaments auf *eine* allgemeine inhaltliche Aussage oder Leit-Idee hin zusammenzufassen: Diese Texte wurden von unterschiedlichsten Autoren zu unterschiedlichsten Zeiten an unterschiedlichsten Orten mit den unterschiedlichsten Anliegen und Ausdrucksabsichten formuliert oder weitergeschrieben.

Der *gemeinsame Nenner*, der diese so verschiedenen Texte in die Bibel als eine Sammlung heiliger Schriften gebracht hat, ist sowohl die *Erfahrung des Heiligen* wie auch die *engagierte Auseinandersetzung mit Gott,* der in biblischen Texten als ein mehr oder weniger sichtbares Gegenüber die entscheidende Rolle spielt: Biblische Texte dokumentieren das Ringen mit einem Gott, dessen Nähe, Hilfe und Rat (Gebot) gesucht werden, der sowohl und zugleich als richtende Instanz sowie als liebender und barmherziger Anderer angerufen werden kann. Gott soll Gutes fördern, Leben retten, Land verheißen, vor Unrecht bewahren, Frieden schaffen und den Menschen eine Schöpfung anvertrauen, die sie achten und schützen können und wollen.

Biblische Texte stecken voller ethischer Ideen und Wertsetzungen, die sich als Versuche verstehen lassen, ein gemeinschaftliches Leben zu entwerfen, welches sich vor einem Heiligen verantwortet, das als Schöpfer des Lebens und der Welt gilt. Damit aber werden das Leben und die Welt selbst geheiligt und der Mensch wird zum *Ebenbild Gottes* ernannt, mit dem Gott einen *Bund* schließt: Er wird diesen Menschen als seine Schöpfung schützen, ihm nahe sein und ihn lieben, wie auch immer dieser sich verhalten mag.

Dieser Bund ist zu verstehen als die Zusage Gottes, zu seinen Menschen zu stehen. In den biblischen Texten wird dieser Bund immer wieder und in ganz unterschiedlichen Kontexten und Dimensionen wiederholt. So erklärt sich auch die Bezeichnung der beiden großen Bibelteile als „Testamente" (lat. testamentum = Verfügung, Bund). Wiederholt und reformuliert werden aber genauso die Bitte der Menschen um Gottes Hilfe und Beistand, ihr Lob und Dank für erhaltene Hilfe, für Gottes Weisung und die Leitung ihrer Geschicke. Daneben wird aber auch das Verzweifeln der Menschen an den ungerechten und harten Umständen der Welt gezeigt, ihr Versagen am Gebot Gottes, ihre Schuld und Sünde, ihr Hadern mit sich selbst, dem Sinn der Welt und ihrem Gott.

So durchzieht die Bibel eine auf den ersten Blick widersprüchliche Struktur von Zuspruch und Zuwendung einerseits von einem Gott, der andererseits im nächsten Moment schon wieder abwesend zu sein scheint. Es geht um den Menschen in seiner frommen Gottesnähe und seiner gleichzeitigen Gottesferne. Es geht darum, diesen Gott anzurufen (z. B. Jesus in der Wüste oder Paulus auf seiner Reise nach Rom), ihn zu befragen, seine Stimme hörbar zu machen (z. B. durch Propheten wie Amos, Jesaja und Jeremia), aber auch darum, die eigene Zerrissenheit, den eigenen Zweifel (z. B. Jesus am Kreuz: Mk 15,34) und Verlust (z. B. Hiob) sowie das eigene Ungenügen an sich selbst und der Welt zum Ausdruck zu bringen.

Wie aber könnte eine solch existenziell-paradoxale Situation besser ausgedrückt werden als in Erzählungen und Geschichten, in Liedern und Psalmen, in Gedichten und poetischen Texten, die je auf ihre Art die *Spannung zwischen Nähe und Ferne zu diesem Gott*, zwischen dem gleichzeitigen Ja und Nein, dem Gefundenen und Verlorenen, dem Gesehenen und Verschleierten immer wieder neu und immer wieder anders abbilden?

Zusammenfassend lässt sich die Bibel als eine Sammlung unterschiedlichster Bücher (es sind 66) verstehen, die aber doch eines gemeinsam haben: Sie drücken die Situation des Menschen vor einem Gott aus, der der ganz Andere (→ S. 39) ist und bleibt und der sich in diesem Anderssein sowohl zeigt als auch entzieht. Aus dieser Situation entsteht eine Spannung, die eine ständig sich erneuernde Bewegung mit sich bringt: Die Texte sind Zeugnisse dieser Bewegung.

Was haben die Bibel und ein Handy gemeinsam?

Wenn Medien die Stoffe sind, welche zeitliche und räumliche Distanzen überbrücken, so ist *die Bibel ein Medium* im besten Sinne: Überbrückt wird die Abwesenheit Gottes dadurch, dass die Erzählungen der Bibel Zeugnisse über die Erfahrungen der Menschen mit einem sich als „anwesend-abwesend" zeigenden Gott darstellen. Die Erzählungen der Bibel (wie etwa die Geschichte des Mose im Pentateuch, vgl. bes. 2. Mose 1-24.32-34) reißen immer wieder heilige Räume auf, die auf etwas hinweisen, was sich entzieht: Gott, der offenbar die Geschicke des Mose und des Volkes Israel lenkt – ohne jedoch genau sagen zu können, wie das geschieht. Darin zeigt sich die Gemeinsamkeit von Handy und Bibel: Die Bibel ist das Medium, durch das Gott „sendet". Was sendet Gott eigentlich in der Erzählung von der Rettung des Volkes Israel aus Ägypten?

Warum brauchen Bibeltexte unsere Fantasie?

Biblische Texte öffnen einen anderen Blick auf Raum und Zeit im Diesseits. Sie konfrontieren die Lesenden mit einem Blick ins Imaginäre, ins Jenseits. Medien funktionieren nie ohne die Konstruktion „imaginärer Räume". Dies gilt sowohl für unsere Handy-Kommunikation als auch für die Kommunikationssituation der biblischen Texte. Ohne unsere Vorstellung und Fantasie, mit der wir uns in die anderen Kommunikationsteilnehmer und seine Umstände hineindenken (imaginieren), kann die Kommunikation nicht gelingen. Theologie als das Reden über Gott lässt sich deshalb mithilfe der Medientheorie beschreiben: Wir müssen uns über die Kommunikationssituation der biblischen Autoren (wie z. B. Paulus in seinen ganz unterschiedliche Briefen an unterschiedliche Adressaten) klar werden und ihre Texte als Medien zwischen ihnen und den Bibellesenden begreifen.

Wie funktioniert die Kommunikation mit der Bibel?

Für das Verständnis des biblischen Textes ist nicht nur dessen Autor verantwortlich, sondern auch die lesenden, hörenden Subjekte selbst: Im Leser laufen alle Text- und Kontext-Spuren zusammen. Der Leser aber, das wahrnehmende Subjekt, ist selbst nicht Herr über all die Fährten, die zu einem Text gehören. Er kann nicht über sie verfügen – genau so wenig, wie er über das Handy, den Computer, das Auto, die Mode einfach verfügen kann. Entscheidend wichtig ist der immer wieder neue, besondere Moment der Wahrnehmung selbst: Dazu gehört der Lebenszusammenhang, in dem der Leser steht, seine emotionale Verfassung, seine Interessen. Die Rezeption eines biblischen Textes wird so zu einem unplanbaren Ereignis, dessen Ergebnis in einem offenen Zeugnis der Begegnung mit einem anwesend-abwesenden Gott besteht; dieses lässt sich inhaltlich nicht vorschreiben.

Was geschieht bei der Übersetzung der Bibel?

Originale Bibeltexte liegen uns heute nicht vor. Weder verfügen wir über die Schriftrolle, die Baruch für Jeremia schrieb (Jer 36) noch über einen originalen Paulusbrief wie z.B. den Brief an die Römer. Wir verfügen nur über Abschriften und Übersetzungen. Doch schon die Übersetzung der bestmöglichen Gestalt der einzelnen Bibeltexte hält ernst zu nehmende Probleme bereit: Oftmals gibt es unterschiedliche Übersetzungsmöglichkeiten, sodass ständig neue Sinnhorizonte entstehen, für die nicht klar zu ermitteln ist, was „richtig" oder „falsch" wäre.

Man kann sogar sagen, dass selbst das Original nie vollständig war, denn kein Original könnte je das genau abbilden, was es sich abzubilden vorgenommen hätte. Die Erzählung von der Begegnung des Mose am brennenden Dornbusch (2. Mose 3) gibt nicht das authentische Ereignis wieder. Dies hat zweifellos auch mit der *Nichtabbildbarkeit Gottes* zu tun: Es bleibt immer ein Rest, immer ein Bereich, der sich nicht erfassen lässt. So lässt sich die „Autorität der Bibel" nicht nur mit der Schönheit der Texte, ihrer kulturellen Wirkkraft oder göttlichen Inspiration begründen, sondern auch mit dem, was ständig neu gefunden werden muss: der Übersetzung der Liebe Gottes, seines guten Handelns, seiner Hilfe und Barmherzigkeit für das eigene Leben und das Leben in dieser Welt.

Sprachformen der Bibel

Wie spricht die Bibel?

In der Bibel finden sich Erzählungen, Gebete, Gesetze, Prophetien, Lieder und Gedichte. In diesen Texten gibt es als Sprach- und Stilformen Symbole, Gleichnisse, Mythen, Metaphern und Allegorien. Diese sind dann wieder Elemente von Geschichtsberichten, Ahnenreihen, Evangelien und Briefen, Apokalypsen und Visionen.

Gerade solche Sprachformen wie Gleichnis, Metapher, Symbol, Allegorie, Mythos u. a. werden ihrem Gegenstand auf besondere Weise gerecht: Sie bebildern einen Sachverhalt, dessen Kern nicht bebildert werden kann – und auch nicht bebildert werden darf: Wer wüsste schon, wie Gott aussieht? Wer könnte sich hier ein abschließendes Bild machen (vgl. das Bilderverbot in 2. Mose 20,4)? Biblische Sprachformen lassen gerade an zentraler Stelle etwas offen. Diese Offenheit ist Zeugnis dessen, was nicht gezeigt werden kann. Damit ist Gott sozusagen als „anwesend-abwesend" beschrieben. Wenn der biblische Jesus immer wieder Erwartungen durchbricht – indem er am Sabbat seine Jünger Ähren raufen lässt und Kranke heilt (Mk 2,23-28), an Bord schläft, wenn das Boot unterzugehen droht (Mk 4,35-41), als Gespenst über das Wasser geht (Mk 6,45-52), Kinder gegen den Willen der Umstehenden zu sich ruft (Mk 10,13-16), den heilt, den niemand zu ihm lassen will (Mk 10,46-52), indem er ferner nicht nach Macht und Ansehen in weltlichen Kategorien sucht (Mk 10,35-45), keine Antwort gibt (Mk 11,33, 14,61; 15,5) und schließlich sein Leben für die anderen hingibt (Mk 12,41-44, Mk 15,33-37) – so weist das auf eine wesentliche Aussage: Die bisher selbstverständliche Weltauffassung lässt sich nicht mehr halten. Den Bibellesenden wird zugetraut, mit der Bibel neue Perspektiven zu finden.

Wie geht biblisches Erzählen?
Die Bibel ist ein großes Erzählbuch, wodurch auch das Christentum zu einer Erzählgemeinschaft wird. Sie enthält große Erzählkomplexe wie die Urgeschichte 1. Mose 1-11, die Erzvätergeschichten mit Abraham und Sara, Isaak und Rebekka, Jakob und Esau, Josef und seinen Brüdern (1. Mose 12-50), den Auszug aus Ägypten (beginnend mit 2. Mose 1-20), die Erzählungen von Saul, Salomo und David sowie die weitere Geschichte Israels (1. Samuel – 2. Könige), prophetische Geschichten wie die von Jona und vor allem ausführliche Erzählungen über Jesus (vgl. die vier Evangelien).

Biblisches Erzählen arbeitet mit Gleichnissen und Allegorien, mit Bildern und Gebeten, mit Liedern und Versen – kurz: mit einer poetisch geladenen Sprache, die eine Botschaft jenseits klarer Zuordnungen setzt und den Texten eine teils erschütternde, teils unheimliche, heilige und transzendierende (= die Seins-Erfahrung überschreitende) Dimension gibt. Diese Erzählungen nehmen Partei, bieten dem Leser unterschiedliche Identifikationen an und lassen ihm Raum, eigene Gedanken zu entwickeln, die eigene Fantasie spielen zu lassen sowie persönliche Erfahrungen einzutragen.

Was ist ein Symbol?
Biblische Sprache ist wie jede religiöse Sprache eine symbol- und bilderreiche Sprache. Zu diesen Symbolen gehören das Kreuz, der Engel im Garten Gethsemane (Lk 22,43), das Brot und der Wein beim letzten Abendmahl Jesu (Mk 14,17.25), der Baum des Lebens mitten im Paradiesgarten (1. Mose 2,9), die Frucht am Baum der Erkenntnis des Guten und des Bösen (1. Mose 3,6), die rettende Arche (1. Mose 6,5-22), der Regenbogen am Ende der Flut (1. Mose 9,13) oder der Turm zu Babel

(1. Mose 11,1-9). Dazu gehören aber auch prophetische Symbolhandlungen wie das demonstrative Zerschmettern eines Kruges (Jer 19,10), die Fußwaschung Jesu (Joh 13,1-20) oder die Reinigung des Tempels durch Jesus (Mk 11,12-19).

Das Wort „Symbol" kommt von griech. symballein und meint das „Zusammenwerfen" zweier Bereiche. „Symbolon" ist das Erkennungszeichen oder Sinnbild von etwas. Symbole weisen also nicht nur auf andere Wirklichkeitsbereiche hin (symballein), sie repräsentieren diese auch (als Symbolon).

Symbole sind doppelsinnig. Sie sind Teil einer konkreten Geschichte, weisen aber zugleich auf einen tieferen Sinnzusammenhang. So weist die Arche Noah nicht nur auf die Rettung der Tiere, sie repräsentiert auch den Gedanken der Rettung als solchen. Das Kreuz weist zum einen auf die historische Kreuzigung Jesu, zum anderen repräsentiert das Kreuz auch die Vergebung Gottes und schließlich das Christentum selbst.

Was ist eine Allegorie?

Die Allegorie begreift Texte als eine Kombination von Symbolen, die jeweils für sich gedeutet und entschlüsselt werden müssen. Der Handlungsablauf ist meist nicht natürlich, sondern auf den allegorischen Sinn hin konstruiert. Man denke hier z. B. an das Gleichnis vom großen Gastmahl (Lk 14,16-24), in dem eine Möglichkeit der Interpretation darin besteht, alle Personen und Handlungen 1:1 zu übersetzen (der Einladende ist Gott, der Knecht steht für die Propheten …).

Im Markusevangelium wird ein Gleichnis Jesu, das Gleichnis vom Sämann (Mk 4,3-9) allegorisch ausgelegt (Mk 4,13-20).

Was ist eine Metapher?

Biblische Sprache ist weitgehend eine metaphorische Sprache. Da empfindet sich ein Beter wie ausgeschüttetes Wasser (Ps 22,15) und hat das Gefühl, von gewaltigen Stieren umgeben zu sein (Ps 22,13). Da ist Gott wie Licht (Ps 104,2) und Jesus spricht von sich als „Licht der Welt" (Joh 8,12), als „Brot des Lebens" (Joh 6,35) oder als „Weg, Wahrheit und Leben" (Joh 14,6). Das Reich Gottes wird mit einem Senfkorn verglichen (Mk 4,30-32) oder mit dem Handeln eines Weinbergbesitzers, der einen ganzen Tag über Arbeiter anstellt und sie am Ende alle gleich bezahlt (Mt 20,1-16).

Metaphern verbinden unbekannte mit bekannten Inhalten und erzeugen so eine produktive Spannung, durch die ganz neue Sichtweisen eröffnet werden. Dass dies auch in unserer Alltagsprache vorkommt, belegen die Reden von Politikern, aber auch Beispiele aus dem Sport. So wird etwa in einem Zeitungstext Jupp Heynckes als Gärtner beschrieben, der seine Fußballspieler aufs Spielfeld „pflanzt". Wenn Jesus z. B. in Mk 6 als „Phantasma" (Gespenst) bezeichnet wird, das über das Wasser läuft und dann an Bord des Bootes seiner Jünger geht, um die Wellen zu stillen, werden Leserinnen und Leser dem einen kreativen Sinn geben können und z. B. entdecken, dass der gespensterhafte Jesus deshalb so gespensterhaft erscheinen muss, weil er eben die Wellen plötzlich stillen kann.

Diskutiert wird, ob Metaphern zu einem eindeutigen Sinnverstehen führen. Vermutlich ist es so, dass der Sinn immer wieder „verrutscht" bzw. „sich entzieht" und neu gesucht werden muss. Letztlich bleibt Jesus ein „Phantasma", das sich einer abschließbaren Deutung entzieht.

Was ist ein Mythos?
Mythen erzählen meist von Vor- oder Anfangszeiten, um dadurch Tiefenstrukturen der Wirklichkeit zu verdeutlichen. Sie wollen Menschen gewinnen, sich auf eine solche Deutung der Wirklichkeit einzulassen, sich selbst und die Welt von daher zu verstehen und dementsprechend zu leben und zu handeln. In der Bibel finden sich solche Mythen z. B. in der Urgeschichte 1. Mose 1-11, wenn vom Garten Eden erzählt wird, von Kain und Abel, der Sintflut oder dem Turmbau zu Babel.

Ein Mythos findet sich jedoch auch dort, wo von der Präexistenz Christi, von seinem Menschwerden und seiner Rückkehr in den Himmel gesprochen wird (vgl. Phil 2,5-11; Joh 1,1-14; Kol 1,15-23). Mythologische Erzählungen füllen auch das letzte Buch der Bibel, z. B. wenn dort von einem Kampf im Himmel erzählt wird (Offb 12,7-12). Jedes Mal geht es darum, eine Deutung der Wirklichkeit zu gewinnen.

Mythologische Erzählungen sind jedoch nicht nur auf den Bereich der Religion beschränkt. Die Unterhaltungsliteratur ist voll davon, wie Tolkins Trilogie „Der Herr der Ringe" zeigt oder Comicserien wie Superman, Batman oder Spiderman. Viele Hollywoodfilme erzählen Mythen und orientieren sich dabei auch an biblischen Motiven, z. B. Terminator II.

Mythen im Sinne von Anfangs- und Grunderzählungen gehören auch zum Repertoire von Staaten. So verdankt sich die Französische Republik dem Sturm auf die Bastille und der Résistance gegen Nazideutschland. Die USA beziehen sich auf die Bostoner Tea Party und die Eroberung des Westens. Sinn und Ziel dieser Erzählungen, die alljährlich gefeiert werden, besteht darin, eine nationale Identität auszubilden und gesellschaftlichen Zusammenhalt auf der Basis bestimmter Werte zu sichern. Charakteristisch für solche Mythen ist, dass keine direkte Sprache gewählt wird, sondern eine Sprache, die Emotionen anspricht und die eigene Fantasie in Bewegung bringt.

Was unterscheidet wahre von falscher Prophetie?
Ein hochrangiger Google-Manager entwirft prophetisch eine heilvolle Zukunft, in der Computer, Software und neue Technik den Menschen so weit beeinflussen und bestimmen, dass dieser sich notwendigerweise danach wird richten müssen. Angeblich, so der Manager, führen diese von Computern und freier Information geprägten Strukturen zu enormen Verbesserungen für Medizin, Lebensqualität und sogar die Gesellschaft. Dabei kann jedoch nicht übersehen werden, dass der Manager selbst von einer solchen Zukunft profitieren wird. Seine Zukunftsvision ist interessegeleitet und dient versteckt dem eigenen Vorteil.

Prophetie in der Bibel sieht anders aus: Hier wird meist Unbequemes angesagt und zu einem Wandel aufgerufen, der gerade kein Mehr an Komfort verspricht. Im Gegenteil: Missstände sollen abgeschafft, das eigene Leben auf gerechtere Füße gestellt und Benachteiligten soll geholfen werden. Wahre Propheten berufen sich auch nicht selbst und sind auch nicht die Profiteure der eigenen Rede. Sie werden von Gott meist gegen ihren Willen dazu verpflichtet, das anzusagen, was keiner hören will. Ganz häufig leiden sie unter ihrem Auftrag, wie gerade Jeremia zeigt, aber auch Johannes der Täufer und schließlich Jesus.

Was ist ein Evangelium?
In die Bibel wurden vier Evangelien (von griech. eu-angelion = gute Botschaft, gute Sendung) aufgenommen, nämlich die Evangelien von Markus, Matthäus, Lukas und Johannes. Sie gehören in den später festgelegten biblischen Kanon (→ oben S. 66f.). Andere, nicht aufgenommene Evangelien sind z. B. das Thomas-Evangelium oder das Maria-Evangelium; sie gehören heute zu den sog. apokryphen (verborgenen) Schriften.

Die vier Evangelien können zum einen als miteinander verwandte, aber durchaus unterschiedliche Biografien Jesu verstanden werden. Zum anderen enthalten sie sehr unterschiedliche theologische Programme und Botschaften, die offenkundig auf eine bestimmte Gemeindesituation zugeschnitten sind, die den jeweiligen Autoren vor Augen steht. Man kann also ein Evangelium als Buch über die Geschichte Jesu lesen und zum anderen einzelne Texte befragen, wie sie auf die Situation der jeweiligen Gemeinde eingehen.

Von den vier aufgenommenen Evangelien gehören drei unmittelbar zusammen: Die sog. Zweiquellentheorie geht davon aus, dass Matthäus und Lukas das älteste Evangelium (Markus) als Quelle genommen und sich weitgehend an dessen Aufbau gehalten haben. Gleichzeitig bedienten sie sich aus einer weiteren, beiden gemeinsamen Quelle, die vor allem Worte Jesu enthielt, der sog. Spruch- oder *Logienquelle Q*). Zudem haben sie noch Sonderstücke einfließen lassen und daraus ihr eigenes Evangelium gestaltet:

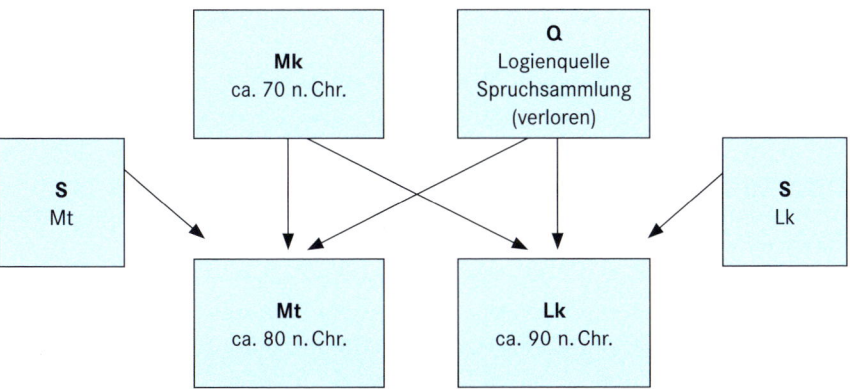

Während die Abfassungszeit dieser drei Evangelien relativ nah beieinanderliegt (Mk um 70 n. Chr., Mt/Lk um 80–90 n. Chr.), wird das *Johannesevangelium* erst um 100 n. Chr. oder später datiert. Auch theologisch und vom Aufbau ist Johannes deutlich eigenständig und unabhängig von den drei anderen, wobei heute wieder zumindest von einer Kenntnis des Markusevangeliums ausgegangen wird.

Insgesamt gelten Evangelien nicht als prophetische Texte, dennoch haben sie prophetische Aspekte. Ihnen geht es nicht darum, einen Gewinner-Jesus zu präsentieren, der neben Gott thront, angebetet wird oder als Held vom Platz geht, im Gegenteil. Anders als z. B. Kaiser Vespasian (9–70 n. Chr.), der demonstrativ heilt und dabei auf die Verehrung seiner Person schielt, vermeidet Jesus aktiv jede Heldenverehrung. Ihm geht es um die Menschen, nicht um sich selbst. Er heilt und hilft, ist Diener der Schwächsten und Ausgegrenzten und führt diese zurück in die Gemeinschaft. Jesus verliert sich im wahrsten Sinne selbst im Dienst für die anderen. Er ist das Lamm auf dem Altar, nicht der Kaiser auf dem Thron (→ S. 56 ff.).

Was ist eine Apokalypse?
Apokalypse bedeutet im Wortsinn Entschleierung und Offenbarung. Solche Enthüllungen begegnen in der Bibel immer wieder als Unheilsansagen (z. B. in Joel 4; Am 5; Dan 7; Mk 13), aber gleichzeitig auch als Gottes Zuwendung zur Herstellung von Frieden, Gerechtigkeit und Recht (z. B. in Mi 4 oder Jes 2, 9, 11, aber auch in Mt 5,3-12).

Das letzte Buch der Bibel, die Johannesoffenbarung, ist eine einzige solche „Entschleierung". Angesichts einer als zunehmende Unterdrückung empfundenen Situation entwirft der Prophet Johannes mythologische Bilder, die die gegenwärtige Zeit als eine Zeit des Untergangs deuten, der nach einem strengen Gericht eine Zeit des umfassenden Heils folgt. Er sieht z. B. vier apokalyptische Reiter, die vielfaches Unheil bringen (Offb 6,1-8;). Entscheidend aber ist, dass hinter dem Lauf der Geschichte ein göttlicher Plan steckt, der u. a. im Buch mit den sieben Siegeln niedergeschrieben ist. Apokalypsen erweisen sich als eine Art „Underground-Literatur" für Unterdrückte; sie wollen Mut machen angesichts katastrophaler Verhältnisse.

Zur Apokalyptik siehe auch das Kapitel Zukunft, S. 130 f.

Bibel lesen und auslegen

Wie kann man die Bibel auslegen?
In der Arbeit mit biblischen Texten haben sich unterschiedliche Auslegungsmethoden entwickelt. Zum einen sind dies solche, die eher ein historisches Interesse haben und zu ermitteln versuchen, welche die konkreten Umstände der Textabfassung waren: In welchem sozialen und politischen Umfeld hat der jeweilige Autor gelebt und mit welchen theologischen Anliegen hat er in welche Situation hineingeschrieben?

Andere Methoden versuchen eher, die theologischen Impulse der Texte selbst aufzunehmen und in neue Zusammenhänge zu stellen, zum Beispiel in Fragen und Zusammenhänge der Gerechtigkeit, der Solidarität, der Trauer und des Todes, des Sinnes und der Weltdeutung.

Die verschiedenen exegetischen (von griech. von exegeistai = herausführen) Verfahren schließen sich aber nicht gegenseitig aus, sondern können sich gut ergänzen: So kann die historische Forschung einzelne, konkrete Erkenntnisse liefern, mit denen sich dann thematisch weiterarbeiten lässt. Kann beispielsweise gezeigt werden, dass für den Evangelisten Lukas die Armenfürsorge ein wichtiges Thema war, so lässt sich weiter fragen, wie dieser Impuls in der aktuellen Kirchen- oder auch Weltpolitik dann möglicherweise umgesetzt wird.

Den unterschiedlichen Verfahren ist gemeinsam, den biblischen Text am konkreten Wortlaut so intensiv wie möglich zu lesen und zu analysieren: Exegetinnen und Exegeten begeben sich stets auf die Suche nach Strukturen und Besonderheiten, nach Motiven, vielschichtigen Geschichten, nach Bild- und Assoziationsfeldern sowie thematischen Schwerpunkten. Verschieden ist nur der Umgang mit dem Gefundenen: Historisch interessierte Exegetinnen und Exegeten rekonstruieren vor allem die historische biblische Welt. Kontextualisierende Forscher und Forscherinnen schließen an die moderne Welt an.

Wie geht die historisch-kritische Exegese vor?

- *Textkritik:* Die sog. historisch-kritische Exegese sichert zuallererst den möglichst ursprünglichsten Textbestand – den ursprünglichen Text haben wir nie, sondern immer nur Abschriften.
- *Übersetzung:* Dann wird der Text übertragen – möglichst ganz nah am hebräischen oder griechischen Text – wohl wissend, dass alle Übersetzung bereits zugleich Interpretation ist.
- *Textanalyse:* In der Textanalyse wird der Text gegliedert, auf grammatische und rhetorische Strukturen und Besonderheiten hin überprüft. Er wird aber auch im Kontext des biblischen Buches (z. B. der Prophetie des Jeremia oder des Evangeliums des Johannes), aus dem er kommt, untersucht: Worum geht es gerade, wie lässt sich der Text inhaltlich und formal abgrenzen?
- *Formkritik und Motivkritik:* Dann wird kontrastiv mit parallelen Überlieferungen verglichen. Sehr augenfällig sind die Parallelüberlieferungen in den Evangelien, was ein *synoptischer Vergleich* zeigt (→ oben S. 73f.). Auch Formen werden verglichen (z. B. Gleichnisse oder Unheilsprophetien). Ganz ähnlich, aber mit dem vergleichenden Blick durch die Zeit, werden die Motive und die Erzählung selbst parallelisiert: Gab es das Motiv oder die Erzählung schon einmal – zum Beispiel im Alten Testament? Was hat sich dann im Neuen Testament verändert?
- *Redaktionskritik:* Abschluss der historisch-kritischen Methode ist die Frage nach der Theologie des Autors; diese wird erhoben, indem möglichst breit am gesamten biblischen Buch belegt wird, wie ein Autor theologisch denkt.

Worum geht es der feministischen Exegese?

Das mächtigste Werkzeug, mit dem wir überhaupt arbeiten, ist unsere Sprache. In dieser haben sich so viele scheinbare Selbstverständlichkeiten festgesetzt, dass hier immer wieder Kritik nötig ist: Wie selbstverständlich glauben wir, dass Gott männlich ist oder dass Jesus sich als Opfer hingeben musste, damit eine Erlösung für alle entsteht? Ist ein solcher Opfergedanke aber nicht gerade eine vor allem männliche Herrschaftsidee: Frauen sollen sich opfern und hingeben für die Sache? Und sind nicht gerade Männer die Nutznießer der Arbeit der Frauen?

Unsere Sprache transportiert – oft versteckt – männerdominierte (androzentrische) Wertsetzungen und dadurch Herrschaftsstrukturen, die genau diese damit zugleich immer weiter befestigen und Frauen nach wie vor benachteiligen. Feministische Exegese findet auch in der Bibel solche androzentrischen Sichtweisen, klärt über diesen Sachverhalt auf und bietet jenseits der etablierten Auslegungsvorstellungen alternative Textdeutungen an, die oft spannende, neue Sinnspuren in diesen aufdecken und die allseitige Anerkennung von Frauen unterstützen.

Worum geht es der befreiungstheologischen Exegese?

Befreiungstheologie nimmt die unendlich vielen Unterdrückten in unserer globalisierten Welt ernst. Die „internationale Arbeitsteilung" produziert unterdrückende und ausbeutende Verhältnisse für Millionen von Menschen in der sogenannten Dritten Welt. Während Menschen in den reichen Industrienationen sowohl konsumieren als auch investieren können, müssen Menschen in den armen Ländern dieser Welt um ihr Überleben kämpfen – dennoch sind gerade sie es, die meist die Rohstoffe produzieren, die in den Industrieländern so viel Gewinn abwerfen und vielen ein komfortables Leben sichern.

Die Bibel hat unterdrückende Strukturen vielfältig zu ihrem Thema gemacht und unterschiedlichste Wege gezeigt, wie ungerechte Verhältnisse aufgehoben werden können und bisher ausgegrenzte und ausgebeutete Menschen in eine veränderte Gesellschaft wieder aufgenommen werden. Hier kann man sowohl an die Sozialkritik eines Jona oder Amos, die Barmherzigkeit eines Samariters (Lk 10,25-37) als auch an die Umverteilung eines Weinbergsbesitzers (Mt 20,1-16) denken, durch die alle satt werden und nicht nur einige (vgl. auch Am 4,1-3). Befreiungstheologische Exegese bringt diese *Option für die Armen* als verpflichtendes und ermutigendes Wort Gottes in soziale und politische Auseinandersetzungen ein.

Was bringt eine dekonstruktive Exegese?

„*De*-Konstruktion" zielt auf den Abbau hierarchischer Konstruktionen. Sie ist ein Lektüreverfahren, das – ähnlich wie die Befreiungstheologie und die feministische Exegese – ernst nimmt, dass sowohl die Sprache als auch viele Leitideen in unserer scheinbar so selbstverständlichen Ordnung machtvolle Unterdrückungsmechanismen sein können. Dekonstruktion versucht, jenseits der gesicherten „Wahrheiten der Interpretation" *neue Fragestellungen und Einsichten zu Texten zu entwickeln* – sodass die bisher gefundenen „Wahrheiten" mitunter weniger wichtig werden oder sogar ihren Status als Wahrheit verlieren. So werden plötzlich Nebenaspekte oder Nebencharaktere in Texten wichtig und verändern das Bild – und das sind je nach Text immer andere.

Zum Beispiel ist im Gleichnis von der armen Witwe (Mk 12,41-44) dann nicht mehr Jesus wichtig, sondern die bescheidene Witwe, die nicht spricht, aber alles tut, was sie tun kann, und alles gibt, was sie hat: ihr Leben – ohne dass es jemand merken würde. Jesus aber sieht die Witwe und hebt sie ins Bewusstsein der Jünger.

Das Verfahren der Dekonstruktion ähnelt dem Gleichnis von der armen Witwe: Zusammenhänge und Ideen werden in unser Bewusstsein gehoben, die zweifellos da sind, aber gewöhnlich nicht beachtet oder unterdrückt werden – denn die Macht einiger lebt von der Unterdrückung vieler anderer. Das fängt bei der Textinterpretation an: Wer die „Wahrheit" hat und diese verwalten kann, hat die Macht und das Ansehen. Biblische Texte scheinen aber gerade *nicht* auf diese Wahrheitsidee hin angelegt zu sein; sie sind viel bescheidener und stiller und argumentieren eher so, wie sich die Witwe verhält: leise und gerade nicht selbstsüchtig wie die vielen Reichen, die viel Geld (aber eigentlich nichts) in den Opferstock werfen.

Dekonstruktion wird so zu einem Sprach- und Analyseangebot für die leisen, kaum sichtbaren Stimmen und Zusammenhänge in Texten: Sie ist damit zur Sprache der Unterdrückten und Ausgegrenzten geworden – aber auch zur Sprache vieler, die sich um Gerechtigkeit, Solidarität und Offenheit gegenüber dem und der Anderen bemühen.

Was kennzeichnet eine konstruktivistische Perspektive?

Konstruktivismus zeigt, wie wir Wahrheiten *konstruieren*. Konstruktivistische Exegese geht davon aus, dass unser menschliches Hirn für wahr und wahrscheinlich hält, was durch seine Wahrnehmungsprozesse (sinnliche, denkerische und soziale) gelaufen ist. Wahrheit entsteht immer dann, wenn möglichst viele dieser Wahrnehmungswege gleichzeitig zusammen auf dasselbe Ergebnis hindeuten.

Die Forschung nennt die Ergebnisse der einzelnen Wahrnehmungsprozesse „Evidenzquellen". Stimmt zum Beispiel unsere sinnliche Wahrnehmung mit sozialer Bestätigung und unserem emotionalen Erleben überein, dann liefert unser Gehirn einen starken Impuls dafür, etwas für „wahr" zu nehmen und damit zu arbeiten: Ein Spaghettieis zum Beispiel ist wirklich „lecker", wenn wir zum einen dessen Kälte und Süße wahrnehmen (sinnliche Evidenz), von zwei Freunden hören, dass dieses Eis besonders gut ist (soziale Bestätigung) und wir uns an eine sehr positive Situation erinnern (emotionale Evidenz), in der wir schon mal ein solches Eis gegessen haben.

Im biblischen Kontext konstruktivistisch zu arbeiten bedeutet zu fragen, wie für antike Leserinnen und Leser biblische Texte zu Wahrheiten wurden. Wenn berichtet wird, Jesus sei auferstanden, ist es interessant, herauszufinden, welche Evidenzquellen der Text (vgl. 1. Kor 15,1-11) nennt: Wer hat den Auferstandenen gesehen, wann und mit welchem emotionalen Erleben? Welche alttestamentlichen Erzählungen und Erfahrungen haben die Idee einer „Auferstehung" bereits vorbereitet?

Offene Exegese

Warum unterscheiden sich die Auslegungen biblischer Texte?

Das Konzept einer „offenen Exegese" setzt voraus, dass die Ergebnisse von Exegese nicht im Vorhinein bereits feststehen, sondern sich im Moment des Exegese-Betreibens je neu und unvorhersehbar einstellen. Es geht darum, wissenschaftlich ernst zu nehmen, dass die Auslegenden gar nicht anders können, als ihre eigenen, sehr individuellen Kontexte (biographische, wirtschaftliche, zeitbezogene ...) in das Verständnis des aktuell zu interpretierenden Textes einzubringen und diesen Text auf ihre eigene Welt zu beziehen, sodass notwendigerweise Veränderungen stattfinden: eine Veränderung der eigenen Sichtweisen, aber auch des Textes selbst. Der Text wird in seiner Bedeutung erweitert.

In einer „offenen Exegese" wird vor allem festgehalten, was die individuelle Textbegegnung an Themen oder Besonderheiten hervorbringt. Diese werden einerseits am untersuchten Text selbst abgesichert (oft unter Zuhilfenahme historisch-kritischer Verfahren; vgl. oben (→ S. 73f.), aber genauso in weiteren Lebenszusammenhängen aufgesucht: in der Literatur, in der bildenden Kunst, der Musik, der Architektur, dem Theater, der Fotografie, dem Film oder auch in der Tanz-Choreographie.

Die Auslegungsarbeit besteht nun darin, festzuhalten, was in der Textbegegnung passiert ist. Diese Arbeit ist erforschend, denn es werden sehr individuelle Ereignisse von Begegnung und Berührung beschrieben, die möglicherweise so bisher noch nicht beschrieben worden sind.

Wie funktioniert offene Exegese?

Den biblischen Texten wird grundsätzlich zugetraut, Leserinnen und Leser so anzusprechen, dass in der Textbegegnung etwas Neues passiert, etwas, das bisher vermutlich so noch nicht da war und das der Text nicht kontrollieren kann und vielleicht auch gar nicht kontrollieren will. Ziel der Exegese ist es, aus dem Text etwas herauszutragen, das zumindest für einen Moment – nämlich den der Beschreibung – stabil bleiben kann. Im nächsten Moment ist dieses „Gefundene" ja bereits selbst wieder Gegenstand der nächsten Rezeptionsbewegung. Das Verfahren geht also von einer *Dynamik und Bewegung* aus, die im eigentlichen Sinne nicht stillzustellen ist. So gibt es auch nie ein objektivierbares „Außen" des Textes – denn jede Erschließung ist eine Verwicklung in das „Innen" des Textes.

Dies ist übrigens genau das Verfahren, mit dem die jüdischen Rabbinen ihre Texte ständig wieder neu ausgelegt und reformuliert haben. Dokumentationen dieser Text-Begegnungen finden sich in den sog. Midraschim – in Auslegungstexten zu den unterschiedlichen jüdischen biblischen Büchern. Manchmal ist das sehr augenfällig: Es gibt Textausgaben, die die unterschiedlichen Kommentare und Anmerkungen zu einem Bibeltext um diesen herum angeordnet und abgedruckt haben. Ein alter Text in der Mitte und viele kleine, neue Texte ringsherum: Dies wäre auch ein treffendes Bild für das Verfahren der „offenen Exegese".

Warum bleibt in der Bibel so vieles offen?

Im Markusevangelium (dem ältesten der Evangelien) wird der Inhalt der Predigt Jesu, seine eigentliche Auslegung, nie verraten. Uns bleiben nur die Erzählungen und Gleichnisse Jesu, die ja bekanntlich so voller Bilder, Metaphern und Mythen sind, dass hier immer wieder neu gerätselt werden muss, wie das gemeint sein kann. Von Jesus selbst wird zudem erzählt, dass er nicht nur die Umstehenden durch sein Handeln und Erzählen entsetzte und aus der Fassung brachte, sondern dass er selbst als der „Verrückte" galt, als der, der selbst „aus der Existenz geworfen" ist (vgl. Mk 3,21). Auch soll das Gesetz nicht stur gehalten, sondern nach den je aktuellen Bedingungen neu formuliert werden (vgl. Mk 2,27). Allein schon der Sachverhalt, dass sich gewisse Wunder- und Heilungsgeschichten bereits im Evangelium selbst wiederholen und die Jünger instand gesetzt werden, selbst Wunder zu tun und zu heilen (vgl. Mk 6,7-13), spricht deutlich dafür, dass es hier um Wiederholung als ständig neues Erfinden in der Nachfolge geht – und in dieser stehen ja auch wir.

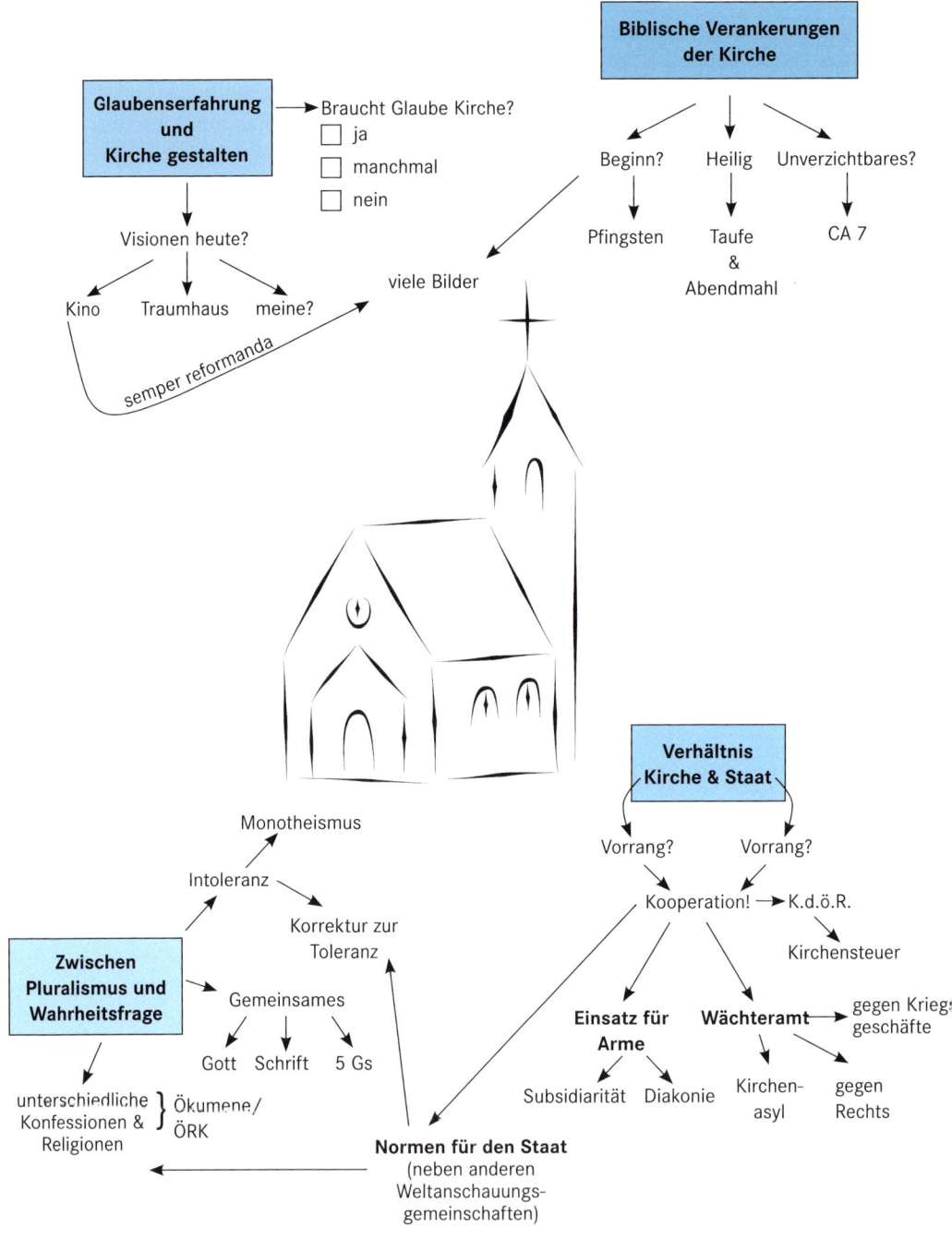

Warum soll man sich überhaupt mit dem Thema „Kirche" beschäftigen?
Wer durch Europa reist, kommt nicht an den unterschiedlichen Kirchen in den Städten vorbei. Die Kirchengebäude erzählen von dem Glanz und den Machtverhältnissen ihrer jeweiligen Epoche. Das christliche Abendland lässt sich nur verstehen, wenn auch wesentliche Inhalte der christlichen Religion mit ihren gewachsenen Ausdrucksformen bekannt sind.

Auch wer nichts mit Kirche zu tun haben will, stolpert über Zitate, Anspielungen und Karikaturen zum Thema Kirche: Eine Reiseagentur wirbt mit einer aufblasbaren Kirche, in der Paare nur zum Spaß mal heiraten können – unverbindlich. Die Abendmahlsdarstellung von Leonardo da Vinci wird für Werbezwecke und in der Kunst neu inszeniert. Die neue Botschaft ist erst verständlich, wenn der alte Bezugsrahmen klar ist.

Ärgerlich ist für viele, dass Kirche vom Staat Geld bekommt und ihre Kirchensteuer direkt vom Finanzamt abgezogen wird. Wer hier die gewachsenen Strukturen in Deutschland und die Enteignungen von Kirchenbesitz durch den Staat nicht kennt, kann kaum Auskunft geben über das besondere Verhältnis von Kirche und Staat in der Gesellschaft.

Kirche dient und ist für Menschen da, die Hilfe brauchen – kostenlos. Wer dem Diakonischen Werk und der Caritas begegnet, sieht die unterschiedlichen Dienste der Kirchen, z. B. in Kindergärten, Altenheimen, Krankenhäusern, Suchtberatungen oder in der offenen Jugendarbeit. Viele suchen gerade diese christlichen Einrichtungen, weil sie hier Menschen vermuten, die anderen helfen aus einer besonderen inneren Haltung heraus (Menschenfreundlichkeit, Nächstenliebe) – und nicht, weil sich hier viel Geld verdienen ließe.

Kirche wird von vielen Menschen in Anspruch genommen an den Schnittstellen des Lebens und bietet Kasualien (lat. casus = Fall) an: zur Geburt (Taufe), zum Übergang ins Erwachsenenalter (Konfirmation), zur öffentlichen Feier einer Lebenspartnerschaft (Hochzeit), zum Sterben (begleitend und Beerdigung). Ihre Seelsorge wird von vielen im Krankenhaus, Gefängnis, Hospiz, bei der Bundeswehr und in den Ortsgemeinden benötigt. Sie mischt sich ein in die ethischen Diskurse der Gesellschaft zu Themen wie Schwangerschaftsabbruch, Präimplantationsdiagnostik (PID) und Sterbehilfe (vgl. z. B. den Deutschen Ethikrat).

Wer heute in die Kirchen geht, stößt auch auf die Fragen: Wie war Kirche ursprünglich eigentlich geplant? Wo kommt sie her? Wie wurden ihre Inhalte über die Jahrhunderte verändert? Stimmt sie noch mit der ursprünglichen Botschaft Jesu überein? – Oder hat dieser Jesus seine Kirche längst verlassen? Sie als Jude gar nie so gewollt?

Andere finden gerade in Kirchen wie Taizé oder in Chören, in Jugendbands mit ihrer Musik einen eigenen Zugang zu kirchlichen Themen oder ihrer persönlichen Frömmigkeit, z. B. im Kerzenschein mit meditativen Gesängen oder mit energetisierenden Rhythmen: *I will follow him*.

In der Gesellschaft verlieren die beiden großen Kirchen immer mehr an Mitgliedern. In Deutschland sind nur noch ein Drittel evangelisch, ein Drittel katholisch und ein Drittel ohne Konfession. Die Kirchen haben unterschiedliche Strukturen, unterschiedliche Positionen zueinander und zu anderen Religionen. Hier ist es wichtig, unterscheiden zu können. Glaube kann intolerant machen, wenn er fundamentalistisch ausgelegt wird mit der Behauptung: „Nur wir haben die Wahrheit." Aber Glaube kann auch Toleranz befördern, wenn er den Respekt gegenüber Fremden, Schwachen, Ausgeschlossenen durch die Jahrhunderte hindurch einfordert.

Glaubenserfahrung und Kirche gestalten

Braucht Glaube Kirche?

Menschen kommen mit unterschiedlichen Glaubenserfahrungen in die Kirche – oder sie haben das Gefühl, dass sie die Institution Kirche nicht brauchen, um Gott zu begegnen. Die eigenen religiösen Erlebnisse stehen oft quer zu den gewachsenen Traditionen der unterschiedlichen Kirchen. Die Kirchen haben die Aufgabe, zu zeigen, inwiefern sie relevant sind für den Glauben und die Gesellschaft.

Mit dem Wort „Kirche" wird zunächst das Gebäude verbunden (von griechisch kyrios = Herr abgeleitet, dann zu kyriake = zum Herrn gehörig). „Kirche" bezeichnet auch die Gemeinschaft der Glaubenden, die Jesus nachfolgen. Rückblickend wird das *Pfingstereignis* (Apg 2) als Geburtstag der Kirche betrachtet: Der Heilige Geist berührt die Apostel, ihre Predigt wird durch ein Sprachenwunder von Menschen aus ganz unterschiedlichen Nationen verstanden, sodass sich viele taufen lassen. So entsteht eine weltweite Gemeinschaft der Glaubenden. Genau das ist Kirche: Sie wird getragen von der Sehnsucht der Glaubenden, sich immer wieder zu treffen, sich auszutauschen, zu feiern, zu teilen, fürbittend einander und die Welt zu begleiten.

Aus dieser Gemeinschaft, „wo zwei oder drei in meinem [Jesu] Namen versammelt sind" (Mt 18,20), entsteht die „Institution" Kirche. Sie ist eine feste Einrichtung, die Ämter ausbildet: lehrende, dienende, leitende. Institutionen dienen dem Wohl von Einzelnen (Familie) oder der Allgemeinheit (Schule, Parlament, Krankenhaus), sie formen bestimmte stabile Muster für ein menschliches Zusammenleben aus. Die Kirche ist eine religiöse Institution und gleichzeitig eine komplexe Organisation mit unterschiedlichen Landeskirchen und Konfessionen. So kann die Botschaft Jesu, das Evangelium, verlässlich bewahrt und weitergegeben werden.

Im 4. Jahrhundert wird das Christentum Staatsreligion. Der Machtzuwachs und Reichtum der Kirchen verdeckt oft den Blick auf die eigentliche Botschaft Jesu. Das haben Reformbewegungen innerhalb der Kirche durch die Jahrhunderte hindurch immer wieder angemahnt. Prominent ist hier Martin Luthers (1483–1546) Forderung: *„ecclesia semper reformanda"*, d. h., die Kirche muss sich immer wieder erneuern – und auf ihren eigentlichen Ursprung zurückbesinnen (griech. ekklesía = die Herausgerufene).

Es gibt die *sichtbare Kirche* und die *unsichtbare Kirche*. Die Gemeinschaft der wahrhaftig Gläubigen ist größer als die verfasste Kirche, in der manche zwar Mitglied sind, aber nicht unbedingt ihren Glauben leben.

Auf Kirchentagen ist oft ihre begeisternde, feiernde, segnende, visionäre und wegweisende Seite erfahrbar. Im Alltag stehen eher ihre verstaubten, leeren Kirchenräume im Vordergrund – vielleicht noch die diakonischen (dienenden) Einrichtungen wie Kindertagesstätten, Krankenhäuser, Pflegeheime oder die vielfältigen Beratungsstellen und Jugendzentren.

Wie sehen Visionen von Kirche heute aus?
„Wer möchte, dass Kirche bleibt, wie sie ist, will nicht, dass sie bleibt", so behaupten viele. Was Kirche ausmacht, muss von jeder Generation der Glaubenden neu durchbuchstabiert werden mit Bezug auf ihren Ursprung und auf die Gesellschaft, in der sie lebt. Jede Generation gestaltet mit ihren Glaubenserfahrungen Gottesdienste, Räume und Kirchenverständnisse neu. Manchmal entdeckt sie dabei erstaunt die Perlen aus der Schatzkiste der kirchlichen Tradition, manchmal überrascht sie die Älteren mit neuen Visionen von Kirche. Visionen (lat. visio = Erscheinung, Vorstellung) oder Zukunftsperspektiven sind für die Kirchen von heute überlebensnotwendig:

Der Entertainer Hape Kerkeling versteht die bestehende Kirche eher als ein schlechtes Dorfkino, das zwar einen guten Film zeigt: „GOTT". Aber durch die Mängel im Raum, das Bodenpersonal und das Geschwätz der anderen wird nur wenig davon verstanden. Es geht für ihn darum, die Vorführungsqualität zu verbessern – und schließlich auch selbst mitzuspielen.

Der evangelische Theologe Fulbert Steffensky (* 1933) betrachtet die Kirche als ein Haus, das die Träume verwaltet und Visionen lebendig hält: von Gerechtigkeit, Menschenwürde, Freiheit und Gottes Parteilichkeit für die Armen. Ihre Aufgabe ist es, an das Leid zu erinnern und das gelingende Leben (Reich Gottes mit präsentischer und futurischer Eschatologie zu träumen. Kirche ist offen für alle Menschen und erträgt es, gebraucht und abgewiesen zu werden.

Seit einiger Zeit ist bereits ein Wandel kirchlicher Angebote und kirchlicher Präsenz zu beobachten. In der virtuellen Welt entstehen immer mehr Internetkirchen, die eigene Gebetsräume und Gottesdienste ermöglichen. In der Arbeitswelt versuchen Menschen im alltäglichen Mitleben neue Kirchenformen auszuprobieren, z. B. für Sportler oder beim gemeinsamen Brotbacken. Dieser gemeinschaftliche Glaubensaustausch ist noch nicht an gewachsene Kirchenformen gebunden und wird daher „Church Unplugged" genannt, ein Projekt der anglikanischen Kirche. In einer jugendlich geprägten Welt werden Kirchen als Wohnzimmer oder Lounge erprobt mit Konzertnächten und Clubatmosphäre.

Kirche braucht Visionen; sie versucht dabei ihre konkrete Gestalt immer wieder an Jesu Botschaft vom Reich Gottes auszurichten. In einer Zeit der Verweltlichung (Säkularisierung) werden der tradierte Einfluss der Kirche und die selbstverständlichen kirchlichen Bindungen infrage gestellt. Umso mehr muss sich die Gestalt der Kirche für die Glaubenserfahrungen der Menschen und für die Gesellschaft als interessant und relevant erweisen. So stellt jede alte Generation die Frage an die Jugendlichen neu: Wie sehen eure Visionen von Kirche heute aus?

Biblische Verankerungen der Kirche

Wie beginnt Kirche?
Jesus versucht als Jude seine jüdische Religion zu reformieren. Menschen folgen ihm nach. Sie sind begeistert von seiner Botschaft vom kommenden Reich Gottes (Mk 1,15), die schon jetzt erfahrbar, aber noch nicht vollendet ist (*präsentische und futurische Eschatologie*, dazu auch → S. 54). Nach Jesu Tod versammeln Menschen sich weiter und bekennen Jesu Auferstehung. Zunächst treffen sie sich in den Synagogen, doch als sie weiterhin Jesus als den Christus (griech. christos = Gesalbter, hebr.: Messias) bekennen, müssen sie die Synagogen verlassen. So entsteht eine neue Religion. Nach der Aussendung des unkontrollierbaren Heiligen Geistes (Apg 2), verbreitet sich das Evangelium im ganzen Römischen Reich (Mission durch die Apostel, griech. = Botschafter, Gesandte). Zunächst folgen sie mit dem Apostel Petrus noch den jüdischen Geboten. Doch der Apostel Paulus wagt eine Öffnung: Jetzt muss man nicht vorher jüdisch sein, um zum Christentum zu gehören (vgl. Gal 5: Ablehnung der Beschneidung für Christen).

Die Erinnerung an den Anfang der Kirche wird in jeder Generation als korrigierende Vision für die konkrete Gestalt der Kirchen vor Ort genutzt. Die biblischen Bilder für Kirche irritieren und erneuern festgefügte Traditionen der Kirche. Die wichtigsten sind:
1. Kor 12: Kirche als ein Leib und viele Glieder / Begabungen (mit Blick nach innen);
Mt 5,13-16: Kirche als Salz der Erde und Licht der Welt, Ökumene und prophetischer Auftrag (mit Blick nach außen);
1. Petr 2,1-10: Kirche als Haus der lebendigen Steine, heiliges Volk, königliche Priesterschaft;
1. Kor 3,16f.: Gemeinschaft der Christen als Tempel Gottes, in dem der Geist Gottes wohnt;
Hebr 13,14: Kirche als wanderndes Gottesvolk;
Eph 2,19: Kirche als Gottes Hausgenossen;
Mk 4,31f.: Gleichnis vom Senfkorn: Kirche als Anfang und Vorzeichen des Reiches Gottes;
Mk 8,34ff.: Kirche als Gemeinschaft derer, die das Kreuz Jesu tragen: Kreuz, d.h. Leid, Unbequemes, Risiko auf sich nehmen und ihm nachfolgen;
1. Joh 3,1f.: Kirche als Liebesgemeinschaft der Kinder Gottes.

Manche Bilder ergänzen sich – andere widersprechen sich (z.B. wanderndes Gottesvolk und Haus der lebendigen Steine). Es ist für die Kirche der Zukunft aber auch eine große Chance, nicht auf ein Bild festgelegt zu werden, sondern sich von anderen Bildern wieder neu hinterfragen zu lassen.

Unabhängig von den Bildern für Kirche lassen sich folgende Wesensmerkmale der Kirche unterscheiden:

Manfred Kock (ev.)	Katholische Kirche	Grundvollzüge (ev. & kath.)
Lerngemeinschaft	apostolisch	Martyria (Zeugnis)
Hilfsgemeinschaft	allumfassend (griech. katholisch)	Diakonia (Dienst am Nächsten)
Tischgemeinschaft	einig	Leiturgia (Gottesdienst)
Gebetsgemeinschaft	heilig	Koinonia (Gemeinschaft)

Was ist der Kirche heilig?
Das Heilige ist ein Geheimnis (lat. sacer = heilig, sacrum = unverletzliches, religiöses Geheimnis, Heiligtum). Liebende suchen sich sichtbare Zeichen für ihr „unsichtbares" Gefühl der Liebe, z. B. eine rote Rose, einen Ring. Sakramente sind sichtbare Zeichen der unsichtbaren Gnade (Augustinus).

Die Sakramente (heiligen Handlungen) der Kirche können so erklärt werden: Zu einem äußeren Zeichen (Wasser) als Erstem kommt zweitens das Wort Gottes (Taufbefehl: Mt 28,18-20) und drittens der Glaube der Menschen, die diese Zeichenhandlung annehmen.

Im Gegenüber zum katholischen Sakramentsverständnis betont Martin Luther im 16. Jahrhundert den dritten Punkt, den Glauben, und wehrt sich gegen ein Sakramentsverständnis, das einfach durch eine Handlung „funktioniert".

Die katholische und orthodoxe Traditionen kennen sieben *Sakramente*: Taufe, Eucharistie (griech. = Danksagung mit Brot und Wein), Firmung, Beichte, Krankensalbung, Priesterweihe, Ehe. Die Evangelischen reduzieren die Sakramente auf zwei: Taufe und Abendmahl, da nur sie ausdrücklich von Jesus eingesetzt wurden. In der Eucharistiefeier (heiligen Kommunion, Messopfer) werden Brot und Wein in Christi Leib und Blut verwandelt (Transsubstantiation, lat. Wesensverwandlung). Nach lutherischem Verständnis ist Christus in Brot und Wein während der Feier anwesend (Realpräsenz). Die Reformierten deuten das Abendmahl eher als Zeichen (Symbol) für Gottes Gegenwart.

In einem weiteren Verständnis sind alle Menschen heilig, da sie Geschöpfe Gottes (Ebenbild: 1. Mose 1,27) sind. Daraus folgt der tiefe Respekt vor allen Menschen mit ihrer unantastbaren Würde (vgl. Mt 25,40) und der Einsatz für die Bewahrung der Schöpfung. Der Film „Von Menschen und Göttern" zeigt, wie Menschen das Reich Gottes als lebendige Kirche im interreligiösen Dialog anstreben und Feindesliebe (Mt 5,44) im Kontakt mit Fundamentalisten wagen.

Worauf kann Kirche nicht verzichten?
Kirche lebt, seit sie besteht, von Erneuerungsversuchen. Jesus wollte wahrscheinlich nur seine eigene Religion, das Judentum, erneuern. Die nachfolgenden Erneuerungen in der Kirche versuchten durch die Jahrhunderte hindurch immer wieder, alte

Verkrustungen und Bequemlichkeiten zu hinterfragen. Sie bezogen sich dabei auf die Ursprünge des Christentums und auf die Predigt der Bibel. So leben z. B. Beginen (12. Jahrhundert) wie Christus in Armut, ebenso Franz von Assisi (13. Jahrhundert). Jan Hus (um 1339–1415) kritisiert den weltlichen Besitz der Kirche und tritt für die Gewissensfreiheit ein.

Die Reformation im 16. Jahrhundert ist somit nur eine von vielen. Sie betont, dass Kirche sich immer wieder neu-formen, zurück-formen müsse: lat. ecclesia semper reformanda. Mit Philipp Melanchthons (1497–1560) Confessio Augustana (CA, Augsburger Bekenntnis) wird auf evangelischer Seite festgelegt, worauf Kirche nicht verzichten kann (Artikel 7, kurz: CA 7), ohne den Charakter – Jesu Christi zu sein – zu verlieren:
1. Versammlung der Gläubigen,
2. die reine Predigt des Evangeliums,
3. die Austeilung der Sakramente nach dem Evangelium.

Zur Einheit der christlichen Kirche ist es daher nicht wichtig, dass überall die gleichen Zeremonien, Rituale, Gottesdienste gefeiert werden. Es ist auch nicht wichtig, dass es einen Papst gibt. Trotzdem brauchen Menschen verlässliche Institutionen, Orte und Strukturen, um die Versammlung, Predigt und Sakramentsausteilung zu ermöglichen. So erzählen z. B. die unterschiedlichen Kirchenräume von sichtbaren Kirchenverständnissen und von verschiedenen Wegen, Gott zu begegnen. Glaube braucht Übung: Die regelmäßigen Riten, der Rhythmus des Kirchenjahres, die Gebete unterstützen Menschen, um ihren Glauben – das Vertrauen auf Gott – einzuüben. All das dient nicht nur zur Stabilisierung von Glaubenden, manchmal führen die Begegnungen in Kirchen, Meditationen (z. B. Herzensgebeten) und Ritualen auch zu Verunsicherungen und Krisen. Sich auf Gott einzulassen, ist nicht nur ein Geschenk, sondern manchmal auch riskant.

Zwischen Pluralismus und Wahrheitsfrage

Warum gibt es unterschiedliche Konfessionen und Religionen?
Menschen machen Erfahrungen mit Gott. Sie erzählen von diesen Erfahrungen. Erst nach einiger Zeit werden diese Erzählungen verschriftlicht, dann schließlich zu heiligen Schriften erklärt. So entsteht ein *Kanon* (zum Kanon → S. 66f.) – eine Sammlung von Schriften, die für eine bestimmte Religion die Richtschnur für Glauben und Leben bildet.

Auf der Grundlage der kanonisierten Schriften, die von verschiedenen Gotteserfahrungen erzählen, entstehen unterschiedliche Konfessionen (Bekenntnisse in einer Religion) – aber auch neue Religionen. Das Judentum verschriftlicht seine mündlichen Traditionen: die Hebräische Bibel entsteht. Eine jüdische Randgruppe erlebt Jesus von Nazareth als Messias und verschriftlicht diese Erfahrungen im Neuen Testament, hält aber weiterhin an der Hebräischen Bibel fest: Eine neue Religion

– das Christentum – entsteht. Das Judentum verschriftlich im Talmud mögliche Auslegungen der Hebräischen Bibel. Beeinflusst von beiden Religionen erzählt die muslimische Tradition von der letzten Offenbarung Gottes durch den Propheten Mohammed – und schreibt diese Worte im Koran auf: Der Islam entsteht.

Schwierig wird dieser Prozess, wenn Religionen sich bewusst ausbreiten (Mission im Christentum und Islam) und anderen Menschen deren Religion oder ihr Bekenntnis (Konfession) für falsch und unzulässig erklären. Jahrhunderte lang sind durch diese fundamentalistische Perspektive schon viele Religionskriege geführt worden, die jedoch meistens auch mit einem politischen Machtinteresse verbunden waren.

Manche behaupten, die Menschen basteln sich ihren eigenen Glauben nach ihren Bedürfnissen. Neben privaten Problemlösungen suchen Menschen nach einem Zugang zu Phänomenen wie Liebe oder Frieden. Daher sei es kein Problem, sich auch aus unterschiedlichen Religionen den eigenen Glauben wie an einem Büffet zusammenzustellen, man spricht hier von Caféteria- oder auch Patchwork-Religion. Andere bekennen: Glaube beginnt mit Gott – nicht in meinem Kopf. Gott lässt sich nicht passgenau herstellen, sonst wäre er nicht Gott. Hier machen sich Menschen auf die Suche nach Gott und dem Geheimnis, das Gott ausmacht. Offen bleibt bei der religionswissenschaftlichen Frage nach dem Ursprung von Glaube und Religion, ob der Glaube „nur" mein eigenes Kopfkino ist oder ob eine äußere Macht mich berührt, beeindruckt und zum Austausch mit anderen anregt.

Warum sollen Kirchen zusammenarbeiten?
Alle Kirchen haben dieselbe Wurzel: das Judentum, denselben Ursprung: den Glauben an die Auferstehung Jesu, dieselben heiligen Schriften: die Bibel und viele Bekenntnisse (z.B. das apostolische und das nizänische Glaubensbekenntnis). Wenn Christinnen und Christen behaupten, ein Leib zu sein (1. Kor 12), dann betonen sie die Einheit aller Kirchen. Die jeweiligen Kirchen gibt es aber immer nur in Auseinandersetzung mit dem Umfeld vor Ort und mit den unterschiedlichen Traditionen, die sie als jeweilige besondere Begabung überliefern.

Die *katholische Kirche* (griech. katholikos = allumfassend) hat die Macht, durch den Papst mit einer Stimme zu sprechen. Als größte christliche Konfession findet sie weltweites Gehör, auch zu politischen Themen (z.B. zum Irak-Krieg und zu Flüchtlingen). Ihre Machtstruktur bewahrt die Hierarchie (griech. heilige Herrschaft), die kirchliche Ämter vom höchsten Amt des Papstes her besetzt.

In Abgrenzung dazu wählen die *protestantischen Kirchen* (Protest: z.B. gegen Ablasshandel) ihre Ämter von den Ortsgemeinden bis hin zu den obersten Leitungsämtern. Falls das Bekenntnis nicht intensiv genug erscheint, haben Evangelische leichter den Mut, eine neue Kirche (oder Konfession) zu gründen und sich von der alten zu trennen. Daher gibt es *viele unterschiedliche evangelische Konfessionen*, die sich bis heute eher deutlich abgrenzen, als sich miteinander zu vereinen.

Die *orthodoxen Kirchen* (griech. orthodóxos = rechtgläubig) des Ostens sind oft Nationalkirchen. Eine ihrer Besonderheiten liegt in ihren Ikonen (griech. eikon =

Bild, Abbild), die den Kontakt zum Heiligen ermöglichen. In Europa besteht bis heute noch eine unsichtbare Grenze zwischen den Völkern, die von der römisch-katholischen Kirche geprägt wurden, und jenen, die mit der griechisch-orthodoxen Tradition verbunden sind. Hier ist eine Zusammenarbeit besonders wichtig.

Neue Kirchengründungen entstanden in der Zeit der Kolonialisierung und entstehen bis heute. Sie bringen mit ihren Erfahrungen neue Stimmen in den Chor des weltweiten Christentums ein: *Ökumene* (griech. oikos = Haus, gesamte bewohnte Erde) bezeichnet 1. die weltweite Christenheit, 2. die Zusammenarbeit zwischen Konfessionen für Gerechtigkeit, Frieden und Bewahrung der Schöpfung, 3. die im Ökumenischen Rat der Kirchen (ÖRK, gegründet 1948) zusammengeschlossenen Kirchen. Die katholische Kirche hat hier einen Gaststatus.

Für Menschen, die nicht dem Christentum angehören, ist es sehr schwer zu verstehen, warum Christen sich nicht stärker zusammenschließen, um eine größere Wirkung zu erzielen. Oft fehlen manchen die genaue Kenntnis und der Respekt vor der jeweiligen Begabung und Fremdheit der anderen Konfessionen. Hier werden im ÖRK und in vielen Ortsgemeinden schon viele kleine Schritte gewagt. Je tiefer das Verstehen der Anderen, umso intensiver erscheint dann das Bewusstsein für die Stärken der eigenen Konfession. Die eigenen Wurzeln des Bekenntnisses hat sich kaum jemand selbst gewählt, sie lassen sich nicht abschneiden. Sie können jedoch ermutigen, neugierig anderen zu begegnen. Das gilt nicht nur für den Dialog zwischen den Konfessionen, sondern auch für den Dialog zwischen den Religionen.

Was haben Juden, Christen und Muslime gemeinsam?

Der christliche Glaube und das rabbinische Judentum sind in der späten Antike entstanden. Eine geschwisterliche Beziehung betont aus jüdischer Perspektive der Erziehungswissenschaftler Micha Brumlik. Er versteht auch die Evangelien als Urkunden des jüdischen Glaubens. Im Anschluss an den Apostel Paulus betonen christliche Theologinnen und Theologen die jüdische Religion als Wurzel der christlichen (Röm 11). Ohne die Kenntnis der jüdischen Tradition ist Jesus der Jude nicht verstehbar.

Erst die Erfahrungen des Holocaust (griech. Ganzopfer), der Schoah (hebr. Katastrophe: Ermordung von sechs Millionen Juden im NS-Staat), führen die Kirchen im 20. Jahrhundert zur kritischen Reflexion ihrer judenfeindlichen und antisemitischen Traditionen. Hier entsteht in den unterschiedlichen evangelischen Landeskirchen Deutschlands ein neues Bekenntnis: Die *bleibende Erwählung Israels als Gottes Volk* und die *Schuld der Kirchen an der Judenfeindschaft in Europa* wird ausdrücklich formuliert.

Neu ist dabei, dass der christliche Weg zur Erlösung nicht mehr als der einzige Heilsweg zu Gott erklärt wird. Das öffnet auch neue interreligiöse Perspektiven auf andere Religionen. Der englische Religionspädagoge John Hull (* 1935) sieht das so: Gott hat mehrere Rettungswege und Jesus Christus ist nur einer davon. So kann in seiner Sicht das Gemeinsame der unterschiedlichen Religionen stärker in den Blick kommen. Wenn die jüdische und christliche Religion als Geschwister zu betrachten sind, sind dann vielleicht die muslimischen Gläubigen Cousins und Cousinen?

Alle drei Religionen bewahren ein langes Gedächtnis in einer heiligen Schrift mit Weisheiten, Erinnerungen an Unterdrückung und Befreiung, die Grenzen der menschlichen Allmacht, die Hinwendung zu Bedürftigen, Waisen und Fremden, den Glauben an den einen Gott, den Schöpfer der Welt. Alle drei haben Gebäude zur Versammlung der Glaubenden: *Synagoge* (griech. Versammlung), *Kirche* (griech. dem Herrn gehörend) und *Moschee* (arab. Stätte der Niederwerfung). Die gemeinsame Basis gelebter Glaubenspraxis kann in 5 Gs zusammengefasst werden: Gastfreundschaft, Gruppensolidarität, Geschichtsbewusstsein, Gottesfurcht und Gebet.

Gemeinsam haben aber alle auch fundamentalistische Strömungen, die anderen den Glauben an Gott absprechen. Ebenso gibt es auch bei ihnen Menschen, die am interreligiösen Dialog interessiert sind (vgl. z.B. Scriptural Reasoning mit einer persönlichen Auseinandersetzung in der Auslegung der jeweiligen heiligen Schriften, → S. 121).

Macht der Glaube an Gott intolerant?

Ja? Nein? Manchmal? Schon sehr oft wurden durch die Jahrhunderte Bibel und Koran als Begründung für die Ausübung von Gewalt im Namen Gottes herangezogen (z.B. bei Kreuzzügen, Hexenverfolgungen, heiligen Kriegen …). Mit dem Glauben an nur einen Gott *(Monotheismus)* wird nach dem Ägyptologen Jan Assmann zwischen wahrer und falscher Religion unterschieden. So entstehe Intoleranz und Hass auf Andersgläubige.

In den Erzählungen der monotheistischen Religionen kann man einen Absolutheitsanspruch entdecken. So sieht das Christentum in Jesus den einzigen Zugang zu Gott (vgl. Joh 14,6: „Ich bin der Weg, die Wahrheit und das Leben; niemand kommt zum Vater denn durch mich."). Vertritt also das Christentum einen *Exklusivismus*, der nur die eigene Religion als wahr und andere Religionen als falsch oder zumindest als unnütz ansieht? Oder vertritt das Christentum einen *Inklusivismus*, der anderen Religionen wahre Erkenntnis und damit auch Heilsbedeutung zuerkennt, aber für sich beansprucht, die ganze Wahrheit zu haben? Oder kann man hier einen *positionellen Pluralismus* sehen, der davon ausgeht, dass alle Religionen notwendigerweise für sich Wahrheitsansprüche erheben, die in einen Dialog eingebracht werden müssen?

Der deutsche Staat positioniert sich eindeutig und verlangt von allen Bürgern Zurückhaltung in religiösen Streitfragen. Für alle gilt die Forderung nach *Toleranz* (lat. tolerare = erdulden, ertragen), die vor allem Andersdenkende vor Diskriminierung bewahrt und die Glaubens-, Gewissens- und Religionsfreiheit schützt. Karikaturen zu Jesus am Kreuz oder zu Mohammed sind daher zu tolerieren; aber nicht alles, was erlaubt ist, dient auch dem Guten (1. Kor 10,23). Aus christlicher Perspektive gilt es nach der Aufklärung, nicht nur Toleranz zu üben: Jesu Gebot der Feindesliebe (Mt 5,44) lässt eine Ausgrenzung oder Verfolgung von „Ketzern" (Irrgläubigen) nicht zu, sondern ermutigt eher zum *Dialog*. Anderen das Menschsein abzusprechen oder sie zum Glauben an einen Gott zu zwingen, hat mit einem Glauben an einen Schöpfergott in jüdisch-christlicher und muslimischer Tradition nichts zu tun.

Das Verhältnis zu Staat und Gesellschaft

Wie steht Kirche zu Staat und Gesellschaft?

Kirche ist kein Geheimkult. Geheime Tempelanlagen werden schon im Urchristentum abgelehnt. Bauten, die als öffentliche Räume, z. B. als Gerichts- und Marktplatz dienen, werden zum Vorbild für die ersten Kirchenräume: die Basiliken (griech. Königshalle). Das Leben und Feiern der Kirchengemeinden ist immer öffentlich und will in die Gesellschaft hineinwirken (Mt 28,18-20). Die ersten Christen zahlen gemäß den Worten Jesu Steuern (Mk 12,13-17: „Gebt dem Kaiser, was des Kaisers ist, und Gott, was Gott ist.") und erkennen wie Paulus die Obrigkeit an (Röm 13: „Obrigkeit ist von Gott eingesetzt"; 1. Tim 2,1f.: Gebet für die Mächtigen). Sie verweigern sich aber dem römischen Staatskult, der den Kaiser als Gott verehrt (Apg 5,29: „Man muss Gott mehr gehorchen als den Menschen."; Offb 13: Kritik an der römischen Staatsmacht in Bildern). Christen gelten deshalb als „Gottlose" oder „Atheisten" und werden unter einigen Herrschern verfolgt.

Im 4. Jahrhundert wird das Christentum jedoch selbst römische Staatsreligion: Unter Kaiser Konstantin ist das Christentum ab 313 n. Chr. als Religion erlaubt, unter Theodosius wird es *im Jahre 380 zur Staatsreligion* im Römischen Reich.

Seitdem ist die Kirche dem Staat verbunden: Manchmal mit Vorrang der Kirche als Theokratie, Kirchenstaat oder Klerikalismus. Manchmal mit einem Vorrang des Staates als Cäsaropapismus, im Protestantismus als landesherrliches Kirchenregiment mit dem Landesfürsten als Bischof (vgl. Luthers Zwei-Reiche-Lehre mit geistlichem und weltlichem Regiment) oder als Staatskirchentum, wobei die Kirche für staatliche Zwecke genutzt wird und staatliche Privilegien genießt (z. B. in Preußen).

Luther entwarf in seiner Schrift *Von weltlicher Obrigkeit* (1523) die sogenannte *Zwei-Reiche-Lehre*. In der Welt regiert Gott mit zwei Regimentern (lat. regere = herrschen, regieren). Das *geistliche Regiment* zur rechten Hand ist die Kirche mit der Verkündung des Evangeliums. Diese widmet sich dem „inneren Menschen" und zielt darauf, die Menschen für Gott zu gewinnen. Ihr Instrument ist allein das verkündigende Wort. Das *weltliche Regiment* zur linken Hand ist die staatliche Gewalt. Sie hat es mit dem „äußeren Menschen" zu tun und zielt darauf, ein gewaltfreies Zusammenleben zu ermöglichen. Ihr Instrument ist das Schwert und damit Gesetzgebung, Gerichtswesen, Polizei und Militär.

Beide Regimenter dienen dem Frieden. Das eine dem inneren Frieden mit Gott, das andere dem äußeren Frieden unter den Menschen. Luther war davon überzeugt, dass die Menschen, die Frieden mit Gott haben, auch untereinander Frieden halten. Für diese braucht man eigentlich keine staatliche Gewalt. Da aber nicht alle Menschen in Frieden mit Gott leben, ist staatliche Gewalt unverzichtbar. Die Kirche unterstützt den Staat, indem sie für den Frieden mit eintritt, aber auch den Staat immer wieder an seine von Gott gesetzten Aufgaben erinnert. Die staatliche Gewalt unterstützt die Kirche, indem sie die Verkündigung des Evangeliums unter ihren Schutz stellt. Dadurch wird deutlich, dass Gott durch beide Regimenter regiert. Eine staatliche Obrigkeit, die die Verkündigung des Evangeliums verbietet, widerspricht ihrem von Gott gegebenen Auftrag.

Ein Staat, der die innere Einstellung der Menschen (z. B. Glauben oder Gewissen) kontrollieren will, verabsolutiert sich selbst und wird totalitär, z. B. der NS-Staat.

Die Zwei-Reiche-Lehre Luthers wurde im *Landesherrlichen Kirchenregiment* mit dem Landesherrn als Notbischof aufgenommen. Dieses Modell war bis 1918 in Deutschland in den evangelischen Gebieten prägend. Damit gewann die Obrigkeit auch in der Kirche einen großen Einfluss.

Heute wird in Deutschland der Weg einer Koordination versucht: mit einem Gleichgewicht von Staat und Kirche – abgesichert durch Verträge (Konkordate) und durch eine Verfassungsgarantie, die eine Selbstständigkeit der Kirchen bei der Verwaltung eigener Angelegenheiten ermöglicht. Beide sind zwar rechtlich voneinander getrennt, aber in wechselseitiger Förderung verbunden.

Der Staatsrechtler Ernst-Wolfgang Böckenförde betont, dass der freie, säkulare Staat von Voraussetzungen lebt, die er nicht selbst garantieren kann. Der Theologe Eilert Herms unterscheidet vier Interaktionsbereiche in der Gesellschaft und ordnet die Kirche und andere Weltanschauungen dem Kommunikationsbereich für zielwahlorientierende Gewissheiten zu (1), neben den Bereichen für staatliche und rechtliche Interaktionen (2), für Technik und Wirtschaft (3) und für Wissenschaft (4). Wichtig ist dabei, dass alle Interaktionsbereiche voneinander wechselseitig abhängig sind, z. B. hat die Kirche auch rechtliche, wirtschaftliche und wissenschaftliche Interaktionsbereiche. Das heißt, dass alle Interaktionsbereiche der Gesellschaft auch zielwahlorientierende Gewissheiten für Entscheidungen nutzen, ob sie das nun klar reflektieren oder nicht.

Die Kirchen haben in Deutschland im Lauf der Geschichte durch die Verträge den Status einer *Körperschaft des öffentlichen Rechts* erhalten. Wie z. B. die Bundesagentur für Arbeit, Hochschulen und Krankenkassen werden sie als Institutionen an öffentlichen Aufgaben beteiligt. Jede K.d.ö.R. hat Pflichten und Rechte (Art 140 GG), z. B. Steuereinzug durch den Staat, eigene Beamte, Religionsunterricht an öffentlichen Schulen, Bundeswehr- und Gefängnisseelsorge, Beiräte und Sendezeiten in Radio und Fernsehen.

Die Kirchen übernehmen bestimmte Aufgaben im Staat, die der Staat delegiert. Das *Subsidiaritätsprinzip* (lat. Hilfe, Reserve) hat seine Wurzeln in der katholischen Soziallehre und im Liberalismus und besagt, dass die Verantwortung für eine Aufgabe immer der kleinsten geeigneten Einheit (z. B. Individuen, private Haushalte, Körperschaften) übertragen werden soll. Staatliche Hilfe soll nur im Notfall eingreifen, wenn die Kraft der Einzelnen oder gesellschaftlichen Gruppen nicht dazu ausreicht. Vorrang hat immer die Hilfe zur Selbsthilfe. Wichtig ist es dabei, die Kompetenz und Freiheit der kleineren Einheit zu beachten.

Warum setzt sich Kirche für die Armen im Staat ein?
Die *Option für die Armen* (→ S. 104, 106) begleitet die Kirche seit ihrem Beginn. Jesu Blick für die Schwachen und Ausgegrenzten (Prostituierte, Zöllner) ist immer auch ein Maßstab für das Handeln der Kirchen (Nächstenliebe: 3. Mose 19,18; der barmherzige Samariter: Lk 10; sieben Werke der Barmherzigkeit: Mt 25,34ff: Hungrige speisen, Durstige tränken, Fremde beherbergen, Nackte kleiden, Kranke pflegen, Gefangene besuchen; Tote bestatten wurde von dem Kirchenvater Lactantius hinzugefügt). Wenn Christinnen und Christen den Geringsten helfen, begegnen sie Gott. Wenn sie diese Hilfe verweigern, verweigern sie auch Gott diese Hilfe.

Schwierig wird dieser Anspruch im 19. Jahrhundert mit der zunehmenden Verarmung der Bevölkerung durch die Industrialisierung. Vorherrschend sind zwei theologische Richtungen: eine Theologie der Ordnung, die allen einen „Stand" in der Gesellschaft zuweist (lutherisch), und eine Theologie, die behauptet, an den reichen Früchten der eigenen Arbeit sei eine intensive Gottesbeziehung ablesbar (calvinistisch). Beide interpretieren die gesellschaftlichen Armutsprobleme im 19. Jahrhundert zunächst als mangelnde Frömmigkeit und fehlende Gottesbeziehung.

Durch konkrete Projekte vor Ort gelingt es, „Kirche als rettende Liebe" mit Hilfsprojekten sichtbar zu machen. Entsprechend der Industrialisierung, deren Nöte zuerst in England besonders deutlich werden, sind Elisabeth Fry (1780–1845) als Reformerin der Gefängnisse und Florence Nightingale (1820–1910) als Reformerin der Krankenpflege zu nennen. In Deutschland entstehen ein Verein für Armen- und Krankenpflege von Amalie Wilhelmine Sieveking (1794–1859) und das Rauhe Haus für Straßenkinder von Johann Hinrich Wichern (1808–1881) – beide in Hamburg, Bethel für Epilepsiekranke von Friedrich von Bodelschwingh (1831–1910) in Bielefeld, ein Bruderhaus, das eine Papierfabrik mit christlichen Werten aufbaut und so „Gott in den Maschinensaal" holt, von Gustav Werner (1809–1887) in Reutlingen.

Diese Werke von Einzelnen sind zunächst als innere Mission an einer entchristlichten Gesellschaft zu verstehen. Aus ihnen entstehen die Diakonischen Werke (griech. diakonia = Dienst, lat. caritas = Nächstenliebe: Bezeichnung für das katholische Hilfswerk). Mit ihnen beteiligen sich die Kirchen am Aufbau des deutschen Sozialstaates, leisten aber auch internationale Hilfe (z. B. Brot für die Welt, Misereor). Bis heute sind alle Leistungen, Werke und Beratungen (zu Sucht, Familie, Schulden, Pflege) auch für nicht-christliche Menschen offen. Die religiöse Orientierung der Hilfsbedürftigen darf keine Rolle spielen.

Wie politisch darf Kirche sein?
Kirche ist immer politisch, ob sie es will oder nicht. Wenn sie schweigt, stabilisiert sie die herrschenden Systeme. Wenn sie ihren Mund öffnet, dann hat sie einen prophetischen Auftrag und muss das Wort ergreifen für die, die keine Stimme haben.

Zwar hat sie im Lauf ihrer Geschichte schon mit den Mächtigen paktiert, ihre Waffen gesegnet, gegen jüdische Menschen aufgehetzt – das ist aber nicht ihr Auftrag, wenn sie die ursprüngliche christliche Botschaft ernst nimmt. Gleichzeitig sind die

Äußerungen der Menschen in der Kirche zur Politik immer auch von dem jeweiligen gesellschaftlichen Umfeld geprägt. Umso wichtiger ist die Aufgabe der Kirchen, andere Stimmen zu Wort zu bringen, die sonst untergehen oder nicht so gern gehört werden.

Im nationalsozialistischen Staat formte sich eine Gegenbewegung zur gesellschaftlichen Gleichschaltung und Arisierung der Kirchen: *die Bekennende Kirche*, der nur wenige angehörten. Entstanden aus dem Protest gegen den Arierparagraphen in der Kirche, formulierte die Bekennende Kirche unter Federführung des Theologen Karl Barth (1886–1968) die *Barmer Theologische Erklärung* (31.5.1934). Sie bekennt Jesus als den einzigen Herrn – im Gegensatz zu Adolf Hitler –, als Offenbarung Gottes und Heilsbringer. Sie bekennt, dass alle Bereiche des Lebens aus religiöser Perspektive zu betrachten sind – im Gegensatz zu dem Verständnis: Sonntags brav die Kirche zu besuchen und werktags jüdische Geschäfte zu zerschlagen. Glaube und Politik lassen sich nicht trennen. Sie bekennt, dass das Evangelium von der Gnade Gottes allen gilt – im Gegensatz zum Verständnis der Deutschen Christen unter Reichsbischof Ludwig Müller, die das Christentum den Zielen und Zwecken der Nationalsozialisten anpassten.

Aus den Erfahrungen mit der Kirchenpolitik im NS-Staat entsteht *Artikel 4 im Grundgesetz*:
1. Die Freiheit des Glaubens, des Gewissens und die Freiheit des religiösen und weltanschaulichen Bekenntnisses sind unverletzlich.
2. Die ungestörte Religionsausübung wird gewährleistet.
3. Niemand darf gegen sein Gewissen zum Kriegsdienst mit der Waffe gezwungen werden.

Zwölf Jahre Nationalsozialismus und vierzig Jahre Sozialismus der DDR hatten in den sog. neuen Bundesländern schwere Folgen für den christlichen Glauben. Hier begegnet oft ein Traditionsabbruch von mindestens drei Generationen. Ein Staat, der die Tradierung von Glauben in den Familien unterbindet und durch weltliche Elemente (z. B. Jugendweihe) ersetzte, war in der DDR entgegen allen Vermutungen äußerst erfolgreich. Nach der Wende nahm die Frömmigkeit keineswegs zu, auch nicht in Bezug auf andere Religionen. Dieses Phänomen war bisher neu.

Die verfasste Kirche hatte im DDR-Sozialismus eher eine Nischenrolle. Auch paktierten einige aus der Kirche mit dem staatlichen System, andere schufen Freiräume und nahmen ihr prophetisches Amt sehr ernst, wohl wissend, dass sie immer unter staatlicher Beobachtung standen und Repressalien zu befürchten hatten. Während der Wende trug die evangelische Kirche dazu bei, Frieden zu bewahren und einen friedlichen Umschwung herbeizuführen. Zu nennen sind hier z. B. die Montagsdemonstrationen mit brennenden Kerzen sowie Christian Führer, Pfarrer der Nikolaikirche in Leipzig.

Kirche muss also bewusst politisch sein und soll ihre Werte in die Gesellschaft als Hilfe zu einem gemeinsamen Leben einbringen. Sie ist heute noch kritisch gegenüber dem

Staat beim Kirchenasyl, wenn sie z. B. Asylsuchenden in Kirchenräumen Asyl gewährt – und die Polizei es scheut, diese Grenze zu überschreiten, um sie zum Flughafen zu bringen, damit sie abgeschoben werden können. Sie setzt sich ein gegen Rechtsextremismus als Kirche gegen Rechts oder kritisiert Waffenlieferungen als Geschäft mit dem Krieg in Deutschland.

Gleichzeitig sucht sie aber auch den Frieden (Schalom) der Stadt und betet für sie (Jer 29,7). Sie nimmt ihre *positive Religionsfreiheit* wahr und praktiziert ihre Religion: Nach Artikel 7 Abs. 3 GG ist Religionsunterricht ordentliches Lehrfach. Gleichzeitig haben alle Glaubenden die Treue zur Verfassung zu erfüllen. In Deutschland gilt dabei auch die *negative Religionsfreiheit*, sodass niemand zu religiösen Praktiken oder zur Offenlegung der eigenen Weltanschauung gezwungen werden darf.

Wie viel Religion braucht ein Staat?
Der Staat braucht für eine freiheitliche Gesellschaft verbindliche Normen und gemeinsame Maßstäbe, wie z. B. Freiheit, Solidarität, Gerechtigkeit, Menschenwürde und Toleranz. Weltanschauungsgemeinschaften wie z. B. Religionen tradieren diese Werte und halten sie lebendig (so Wolfgang Thierse, 2005–2013 Vizepräsident des Deutsches Bundestages). Der Staat ist säkular, aber er verlangt nicht, dass die Menschen unreligiös sein müssen. Er reguliert aber zwischen den konkurrierenden Weltanschauungen. Ein Staat kann nicht für das Heil, Glück oder die Erlösung der Menschen verantwortlich sein oder es garantieren. Diese Erlösungserwartungen wurden in NS-Staat oder im Sozialismus propagiert. Der französische Politikwissenschaftler Alexis de Tocqueville (1805–1859) behauptet: „Despotismus kommt ohne Religion aus, Freiheit nicht."

Gläubige Menschen engagieren sich im Staat mit ihrer religiösen Brille, um das Heil voranzubringen, und mit ihrer bürgerlichen Brille, um das irdische Wohl im Staat zu fördern. Dabei kann es sich – gleichgültig, mit welcher Brille betrachtet – um dieselbe Sache handeln.

Die meisten Religionen sehen gelingendes Leben nicht nur in persönlichem, materiellem Reichtum, sondern auch in *Solidarität und Gerechtigkeit*. Die Kirchen nehmen daher ein *Wächteramt* in der Gesellschaft und im Staat ein und geben anwaltlich Menschen eine Stimme, die nicht selbst ihre Interessen vertreten können – auch wenn diese nicht zur eigenen Religion gehören.

Religionen können dazu beitragen, dass der Respekt vor Unterschieden in der Gesellschaft geachtet wird. Auch der Staat muss diesen Respekt ermöglichen und kann nicht entscheiden, was z. B. zum Kern einer Religionsgemeinschaft gehört (vgl. die Beschneidungsdebatte). Dennoch hat er eine *Schutzpflicht* und muss darauf achten, dass er nicht zu viel, aber auch nicht zu wenig regelt. Der Soziologe Wilhelm Heitmeyer beobachtet, dass die Toleranzbereitschaft abnimmt im Angesicht von ökonomischer Unsicherheit und im Angesicht von Ausgrenzungs- und Ungerechtigkeitserfahrungen. Verantwortung für die Fundamente eines freiheitlichen Staates übernehmen alle kulturellen Kräfte einer Gesellschaft – daher auch die Religions- und Weltanschauungsgemeinschaften.

ETHIK

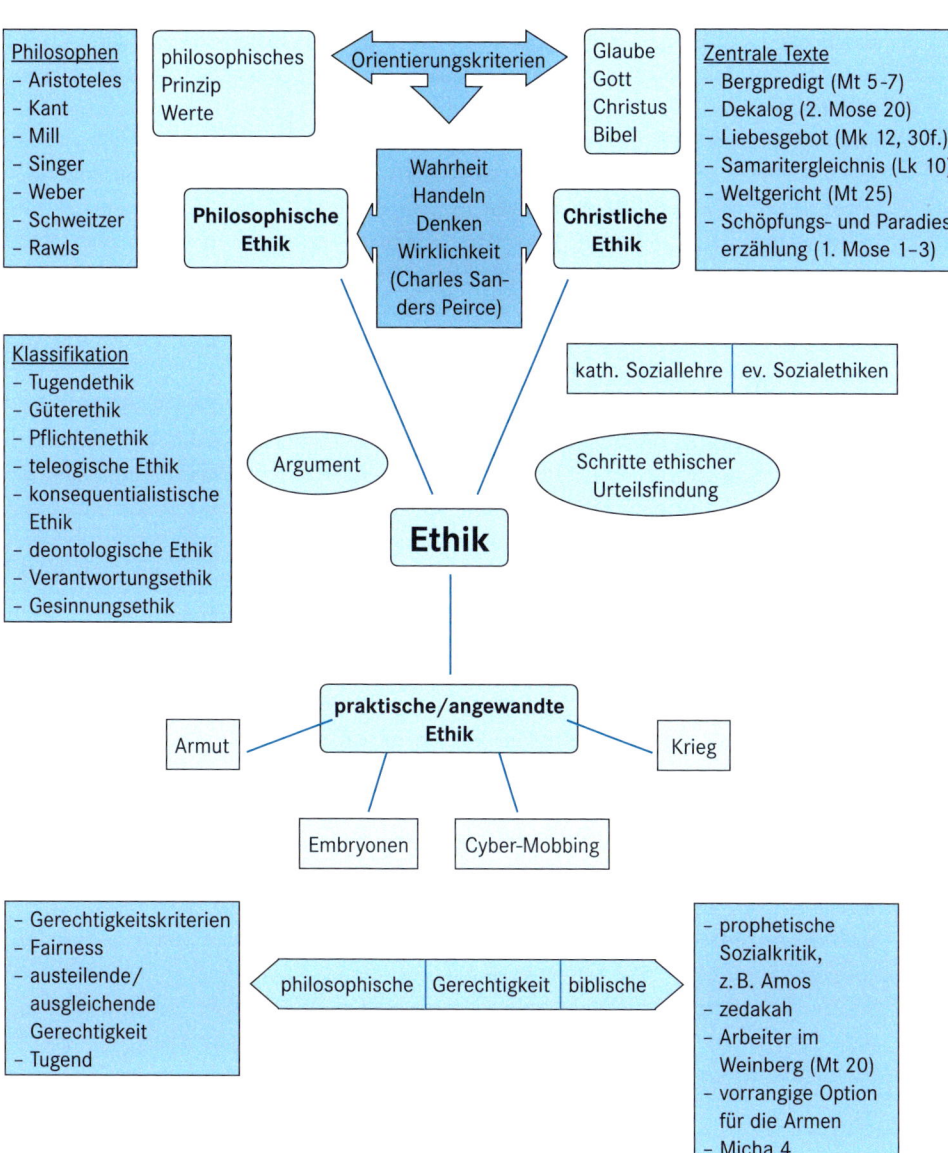

Warum soll man sich überhaupt mit dem Thema „Ethik" beschäftigen?
Menschen handeln. Immer. Menschen haben Intentionen, und Handeln ist intentionales Verhalten. Ihre Handlungen haben Auswirkungen auf andere, die Welt und sich selbst. Doch welche Handlungen sind gut? Gibt es Kriterien, die bei der Auswahl möglicher Handlungsoptionen helfen? Wenn sich Gesellschaft auf der Grundlage menschlichen Handelns konstituiert bzw. strukturiert, so ist das Handeln als solches zu reflektieren.

Das *Reflektieren* über Kriterien des Handelns bezeichnet man als *Ethik*.

Die *konkreten Handlungen* gehören in den Bereich der *Moral*, denn sie sind „richtig" oder „falsch" bzw. „gut" oder „schlecht".

Es ist nicht zu vermeiden, dass man in Situationen gerät, in denen man eine ethisch-moralische Entscheidung treffen muss. Sich einer Entscheidung zu verweigern, bedeutet auch, eine Entscheidung getroffen zu haben (mit den entsprechenden Konsequenzen). Wenn man also nicht nicht handeln kann, sollte man wissen, warum man so oder so handelt bzw. handeln sollte.

In allen Bereichen des Lebens spielen ethische Grundannahmen (bewusst oder unbewusst getroffen) eine zentrale Rolle. So muss beispielsweise der Verteidigungsminister entscheiden, ob er ein Passagierflugzeug, das von Terroristen für ein Attentat entführt wurde, abschießen lässt, obwohl von den 320 Passagieren fast alle Unschuldige sind. Würde sich das Urteil ändern, wenn er wüsste, dass sich an Bord des Flugzeugs ein berühmter Wissenschaftler befindet, der während des Fluges eine Formel für einen Impfstoff gegen Aids entdeckt hat und die einzige (!) Datei dafür in seinem Laptop bei sich führt? Welche Kriterien und Werte gelten für Politiker? Unterscheiden sie sich von denen, die für Privatpersonen gelten?

Ein anderes Beispiel: Nach der Insolvenz einer Firma ist der Vater einer dreiköpfigen Familie arbeitslos. Alle Versuche, als 50-Jähriger eine vergleichbare Arbeit zu finden, sind gescheitert. Die Bank droht damit, das Haus der Familie zu pfänden. Die Lage erscheint aussichtslos. Warum sollte er eigentlich keine Bank überfallen, wenn er absolut sicher wäre – zu mehr als 100 Prozent –, dass er nicht erwischt wird? Die Bank würde das geraubte Geld finanziell verkraften, der Familie dagegen wäre geholfen. Welche (ethischen) Gründe könnte es dafür geben, die Bank nicht auszurauben, obwohl mit keinen negativen Folgen für den Familienvater und seine Familie zu rechnen ist?

Oder hat der russische Schriftsteller Dostojewski (1821–1886) recht, wenn er sagt, ohne Gott ist alles erlaubt? Ist Moral ohne Religion (nicht) begründbar? Was leistet der Glaube an Gott hinsichtlich moralischer Urteile?

Philosophische Ethik

Woran orientieren wir uns?
In bestimmten Situationen ist man dazu gezwungen, zu einem moralischen Urteil zu gelangen. Entscheidend ist die Frage, wie man zu diesem Urteil gekommen ist. An welchen ethischen Prinzipien hat man sich orientiert, von welchen Grundannahmen ist man bewusst oder unbewusst ausgegangen?

Bei der Frage nach der moralischen Orientierung werden klassischerweise drei Prinzipien als zentral erachtet. Zum einen gibt es die *Orientierung an Gütern*, wie z. B. Glück ein Gut sein kann, das als erstrebenswert erachtet wird und entsprechend Handlungsoptionen nach sich zieht. Zum anderen die *Orientierung an Tugenden*, wie z. B. Tapferkeit oder Aufrichtigkeit, die eine grundsätzliche Ausrichtung des Menschen, in bestimmten Situationen der Tugend entsprechend zu handeln, bezeichnen. Drittens ist die *Orientierung an Pflichten* zu nennen, wie z. B. die Pflicht, stets die Wahrheit zu sagen, unabhängig von den möglichen Konsequenzen oder der speziellen Beschaffenheit der Situation.

Von diesen Begriffen ausgehend lassen sich Ethiken einteilen in *Güterethiken*, *Tugendethiken* und *Pflichtenethiken*, je nachdem, welchem der drei Begriffe der Vorrang eingeräumt wird.

Neben dieser Einteilung von Ethiken, die sich an den genannten drei Begriffen orientiert, kann auch nach dem Zweck, dem Ziel einer Handlung gefragt werden. Ethiken, die diese Fragestellung als wesentlich erachten, nennt man *teleologische Ethiken* (griech. telos = Ziel).

Dagegen erachten andere Ethiken die Frage nach den *Folgen*, den Konsequenzen oder nach dem Grund für zentral. Bei ihnen spielen Pflichten keine Rolle. Diese Ethiken nennt man *konsequentialistische Ethiken* (lat. consequi = folgen).

Ethiken, bei denen Folgen bzw. Konsequenzen keinerlei oder nur eine untergeordnete Rolle spielen, aber dagegen eine *Pflicht* oder Regel setzen, nennt man *deontologische Ethiken*.

Eine weitere Klassifikation unterscheidet Ethiken danach, ob sie die Verantwortung, die sich aus Handlungsentscheidungen ergibt, oder die *Gesinnung* bzw. Einstellung, mit der an eine Handlungsentscheidung herangegangen wird, für wesentlich halten. Solche Ethiken nennt man dementsprechend *Verantwortungsethik* oder *Gesinnungsethik*.

Die verschiedenen ethischen Ansätze lassen sich gemäß den von ihnen als primär erachteten „Schlüsselbegriffen" einteilen. Wie diese jeweils inhaltlich zu füllen sind, darin unterscheiden sich die unterschiedlichen ethischen Entwürfe nochmals. So ist z. B. innerhalb der Güterethik zu fragen, welches Gut als das erstrebenswerteste erscheint. Innerhalb der konsequentialistischen Ethik müsste man sondieren, ob die Folgen sich auf die Gemeinschaft oder den Einzelnen zu beziehen haben.

Es gibt Ethiken, die mehrere Begriffe in Beziehung zueinander bringen. Daher ist eine Klassifikation ethischer Ansätze immer auch eine Reduktion auf ausgewählte Elemente dieser Ethik. So ist z.B. für *Aristoteles* (384–322 v. Chr.) die eudaimonia (griech. = Glückseligkeit) das höchste Gut. Erreicht wird diese aber nur über Tugenden, wie etwa Tapferkeit, Besonnenheit, Großzügigkeit, Selbstbewusstsein, Milde, Freundlichkeit, Aufrichtigkeit, Witz, Beherrschtheit, Gerechtigkeit. Bei allem ist das Mittelmaß entscheidend. Zum Beispiel würde ein Zuviel an Mut statt zu Tapferkeit stattdessen zu Übermut, Leichtsinn bzw. Tollkühnheit führen, ein Zuwenig dagegen zu Feigheit. Die Ausgewogenheit in den Tugenden entscheidet folglich darüber, ob die Glückseligkeit erreichbar ist.

Immanuel Kant (1724–1804) geht dagegen von einem Prinzip aus, das mittels der Vernunft dem Menschen vorgibt, wie zu handeln ist, dem sog. *kategorischen Imperativ*. Die zu findende Handlungsmaxime muss so beschaffen sein, dass sie für alle Menschen zu allen Zeiten gilt, unabhängig von Kultur, Kontext oder Einzelfolgen. So kann nach Kant beispielsweise Lügen grundsätzlich keine gültige Maxime sein, da sonst jegliche Kommunikation unmöglich gemacht würde, wenn man Lügen als Handlungsoption grundsätzlich zuließe. Denn menschliche Kommunikation beruht auf der Annahme, dass der andere das meint, was er sagt – sprich: die Wahrheit sagt.

Zu den wichtigsten Vertretern des *Utilitarismus* (Nützlichkeitsethik, von lat. utilis = nützlich) gehören die Briten Jeremy Bentham (1748–1832), John Stuart Mill (1806–1873) und in der Gegenwart der australische Philosoph Peter Singer (*1946). Im Zentrum dieser ethischen Entwürfe steht grundsätzlich die Frage nach dem *größten Nutzen oder Glück* für die größtmögliche Anzahl (von Menschen). Hierbei ist umstritten, ob sich die Folgenabschätzung nur auf die Quantität beziehen soll oder die Qualität des Nutzens/Glücks wesentlicher ist. Ferner ist unklar, wie der größte Nutzen bzw. das größte Glück inhaltlich zu bestimmen ist. Wer legt dies fest und für wen? Eine weitere Schwierigkeit besteht darin, dass das Nützlichkeitskalkül in immer größere Zusammenhänge gebracht werden kann, wodurch sich das, was als größter Nutzen bestimmt wurde, verändert. Der Einzelne scheint in diesem Nutzenkalkül ebenfalls nur eine untergeordnete Rolle zu spielen.

In der modernen Variante des Utilitarismus, dem sog. Präferenzutilitarismus (z.B. vertreten von Peter Singer) sind die Interessen der durch die Handlung betroffenen Wesen entscheidend dafür, ob eine Handlung moralisch gut ist. Es gilt folglich die Frage: Werden die Auswirkungen der Handlung mit allen vorliegenden Präferenzen ausreichend reflektiert und wurden sie in hinreichender Weise berücksichtigt?

Der Soziologe Max Weber (1864–1920) operiert mit dem Begriff der Verantwortung. Er betont die Notwendigkeit, dass man die Verantwortung für sein Handeln über nimmt, auch wenn dies bedeutet, bewusst „negative" Folgen in Kauf zu nehmen, um „gute" Zwecke zu erreichen. Ein Beispiel hierfür könnte z.B. das Handeln von

Politikern sein, die zum Wohl des Volkes bestimmte Entscheidungen treffen im Bewusstsein, dass diese sich für einige Bürger negativ auswirken werden (z. B. in den Sechziger- und Siebzigerjahren das Bauen von Atomkraftwerken oder heute das Bauen von Windparks zur Sicherung der Energieversorgung des Landes).

Einen gesinnungsethischen Ansatz vertritt dagegen der evangelische Theologe und Arzt *Albert Schweitzer* (1875–1965). Er hebt hervor, dass die Gesinnung der *Ehrfurcht vor dem Leben* treibende Kraft jeglicher ethischen Überlegung sein muss. Für ihn schließt dieser Gesinnungsgrundsatz aus, dass Folgen, die dagegen verstoßen würden, grundsätzlich zur Erreichung guter Zwecke in Kauf genommen werden dürfen.

Der amerikanische Philosoph *John Rawls* (1921–2002) ist ein Vertreter des *egalitären Liberalismus*, der davon ausgeht, dass die Gerechtigkeit vorrangig durch das Prinzip der Gleichheit bestimmt ist. Rawls entwickelt mit einem Gedankenexperiment zwei Grundsätze, die für ethische Orientierung maßgeblich sind: So hat jedermann gleiches Recht und gleiche Grundfreiheit (Freiheitsprinzip), und zugleich gilt, dass Ungleichheiten nur dann „gerecht" sind, wenn sie den am wenigsten Begünstigten den größten Vorteil bringen (Differenzprinzip) bzw. allen gegenüber faire Chancengleichheit eröffnen (Prinzip der Chancengleichheit).

Wie hängt das Handeln mit dem Weltbild zusammen?

Die Frage nach dem „richtigen" Handeln hat etwas mit der eigenen Weltsicht und der Frage nach der Wahrheit zu tun. Wenn wir sagen: „das ist (moralisch) richtig", setzen wir voraus, dass es eine „wahre" Bezugsgröße gibt, die uns zu diesem „wahren" Urteil kommen lässt.

Dass wir letztlich nicht angeben können, was wirklich wahr ist, hat bereits Kant deutlich gemacht, indem er betont, dass unsere Wahrnehmung der Wirklichkeit nur wie durch eine gefärbte Brille erfolgt, die wir nicht in der Lage sind, abzunehmen. Erst aus einer göttlichen Position heraus – d. h. ohne diese gefärbte Brille – wäre ein solches Urteil möglich. Dennoch ist die Frage nach der Wahrheit nicht aufgebbar. Woran liegt das?

Der amerikanische Philosoph *Charles Sanders Peirce* (1839–1914) geht von einem dreifachen Beziehungsgeflecht aus. Dies besteht darin, dass Menschen die Wirklichkeit wahrnehmen, Teile dieser Wahrnehmung in ihr Weltwissen einbauen, woraus sie anschließend Theorien über die Beschaffenheit der Welt entwickeln. Dies tun sie bewusst oder unbewusst. Es ist ein Mechanismus, der zum Menschsein gehört. Von dieser komplexen Theorie über die Welt lassen sich Annahmen und Vorhersagen über Zukünftiges ableiten. Sofern sich diese bestätigen, werden sie „gefestigt" und Gewohnheiten ausgebildet.

Diese Gewohnheiten, die Welt in dieser bestimmten Weise zu betrachten – die durch *Induktion* (das Schlussfolgern von Einzelfällen auf eine allgemeine Regel) und *Deduktion* (das Schließen von einer allgemeinen Regel auf einen Einzelfall) immer wieder neu bestätigt wird oder ggf. durch *Abduktion* (das Erstellen einer Hypothese für weitere Schlussfolgerungen) verändert bzw. erweitert wird –, diese Gewohnheiten sind dafür verantwortlich, dass Menschen Dinge für „wahr" halten. Wir haben uns daran gewöhnt, die Welt so zu sehen, und diese Sichtweise halten wir für wahr. Dementsprechend wird sich auch das Verhalten gegenüber der Welt und anderen ausrichten. Das Handeln, auch das ethische Handeln, passt zur Weltsicht bzw. die Weltsicht und das Handeln gehen Hand in Hand.

Da jedoch niemand sicher sagen kann, dass seine Wirklichkeitswahrnehmung wirklich wahr ist – und somit auch nicht entschieden werden kann, ob das moralische Urteil gemäß den zugrundeliegenden ethischen Prinzipien wirklich wahr bzw. richtig ist –, greift Peirce auf eine pragmatische Lösung zurück. Er sagt, dass sich im Verlauf der Menschheitsgeschichte eine Sicht durchsetzen bzw. die Menschheit sich evolutionär so weiterentwickeln wird, dass sie der wahren Wirklichkeit immer näher kommt.

Wie argumentiert man moralisch richtig?

Moralische Argumente orientieren sich vom Aufbau her formal an „normalen" Argumenten. Argumente bestehen aus mindestens zwei (oder mehreren) *Prämissen* und einer *Schlussfolgerung*. Es gibt Argumente, die lediglich formal-logisch „wahr" (d. h. gültig) sind, und Argumente, die auch noch „wahr" (d. h. gut) sind, weil ihre Prämissen inhaltlich zutreffen.

Die Besonderheit bei moralischen Argumenten ist die, dass mindestens eine der Prämissen eine moralische Prämisse sein muss. Diese sollte in einer ethischen Diskussion explizit gemacht werden, damit die Schlussfolgerung für andere nachvollziehbar ist. Ein häufiger Fehler bei ethischen Diskussionen ist, dass aus reinen Beschreibungen von Tatsachen oder Seinszuständen moralische Schlussfolgerungen abgeleitet werden. Diesen Fehler nennt man *naturalistischen Fehlschluss*, weil aus der „Natur"-Beschreibung ein moralisches Urteil entwickelt wird. Ein Beispiel wäre die Embryonenforschung, dazu unten → S. 106f.

Christliche Ethik

Worin unterscheidet sich eine christliche Ethik von philosophischen Ethiken?

„Die" christliche Ethik gibt es ebenso wenig wie „die" philosophische Ethik. Es gibt aber Gemeinsamkeiten, welche christliche Ethiken auszeichnen. Zu den zentralen Elementen einer christlichen Ethik gehören der Glaube an Gott, an sein Wort und an die Offenbarung in Jesus Christus. Hieran wird deutlich, worin ein wesentlicher Unterschied zu philosophischen Ethiken liegt: im *Bezug auf die Wirklichkeit Gottes und seiner Offenbarung in Christus.*

Es gibt folglich kein ewig gültiges leitendes „christlich-ethisches" Prinzip, wie z. B. eine deontologische Pflicht der Liebe, sondern im Lebensvollzug dessen, was den christlichen Glauben auszeichnet, wird das Dreifachgebot der Liebe (vgl. Mk 12,29-

31: zu Gott, zu sich selbst und zum Nächsten) christlich gelebt. Die Intention für das Handeln kann sich z.B. aus der Erfahrung der Gnade Gottes, aus Dank gegenüber der Errettung, aufgrund des Glaubens ergeben. Wie dies im Einzelfall aussieht, mag durchaus unterschiedlich sein.

Klar ist, dass die Verantwortung des Christen in seinem Handeln gegenüber Gott, der Welt und dem Nächsten wesentlich ist und keine ethische Pflicht ihn leitet.

Worin unterscheiden sich katholische und protestantische Ethik?

Die *katholische Soziallehre* unterscheidet sich von *evangelischen Sozialethiken* durch ihren ethischen Grundansatz. Ähnlich wie einige philosophische Ethiken geht die katholische Soziallehre von universellen, naturrechtlich begründeten Grundannahmen über den Menschen aus. Davon ausgehend hat die römisch-katholische Kirche drei Prinzipien abgeleitet, die für die katholische Soziallehre zentral sind: *Personalität, Solidarität, Subsidiarität*. Personalität bedeutet die Orientierung am Wohl der menschlichen Person; Solidarität meint solidarisches Einstehen füreinander, insbesondere für die Schwachen in der Gesellschaft (→ S. 92f.); Subsidiarität bezeichnet die abgestufte Zuständigkeit (→ S. 91). Die katholische Soziallehre erhebt damit einen universalen Anspruch.

Die evangelischen Sozialethiken entspringen von ihrem Verständnis her aus der protestantischen Idee des *allgemeinen Priestertums der Gläubigen*. Damit steht der Einzelne mit seinem Glauben in Verantwortung vor Gott, vor sich selbst und vor dem Nächsten. Einige sozialethische Entwürfe versuchten bzw. versuchen ebenfalls einen allgemeinen oder sogar universalen Anspruch zu begründen, z.B. über ein Denken in Schöpfungsordnungen wie dies bis zum Zweiten Weltkrieg üblich war. Jedoch erheben moderne evangelische Sozialethiken – meistens als Verantwortungsethik konzipiert – in der Regel nicht den Anspruch eines für jeden verbindlichen Kanons (im Unterschied zur Soziallehre).

Daher kann man nicht von „der" evangelischen Sozialethik sprechen, sondern muss jeweils nach den zugrunde gelegten Grundannahmen fragen, z.B. Schöpfungstheologie, Offenbarungstheologie, soziale Gerechtigkeit u.a.

Woran orientieren sich Christen? Welche biblischen Grundlagen gibt es?

Christinnen und Christen beziehen sich auf unterschiedliche biblische Aspekte, wenn es um Richtlinien ethischen Handelns geht. Gemeinsam ist ihnen, dass sie sich auf Aussagen der Bibel berufen und daraus Handlungsanregungen ableiten. Unstrittig ist in der Regel auch, dass es sich um zentrale Texte des christlichen Glaubens handelt. So betont der amerikanische Baptistenprediger und Bürgerrechtler *Martin Luther King* (1929–1968), dass Frieden nur mit friedlichen Mitteln erreicht werden kann, da Zweck und Mittel übereinstimmen müssen. Das Ziel bzw. der Zweck sei in den Mitteln vor-vorhanden, wie die Pflanze im Samenkorn. Im Hintergrund dieser Position stehen Aussagen der *Bergpredigt*, z.B. die radikale Forderung Jesu zum Gewaltverzicht und die Aufforderung zur Feindesliebe (vgl. Mt 5,38-48 → S. 58ff.).

Die evangelische feministische Theologin Dorothee Sölle (1929–2003) fordert, die gegenseitige Abhängigkeit alles Seienden als zentrale Grundidee für zwischenmenschliches, aber auch für wirtschaftlich-ökonomisches Handeln in einer globalisierten Welt anzuerkennen. Neben schöpfungstheologischen Aspekten, z. B. dass die Erde Gott gehört und die Natur daher kein vom Menschen ausbeutbares Objekt sei, sind die *Zehn Gebote* (Dekalog, 2. Mose 20,1-17) und der weitere Kontext maßgeblich. Das Gebot „Du sollst nicht stehlen" deutet Sölle z. B. ökonomisch-global. Die Einleitung des Dekalogs, die Erinnerung an die Befreiung aus der ägyptischen Sklaverei, betone, dass die Gebote der Bewahrung der Freiheit dienen und das Halten der Gebote nicht Bedingung für Gottes Zuwendung waren und sind.

Nach dem evangelischen Theologen und ehemaligen EKD-Ratsvorsitzenden Wolfgang Huber ist die Liebe Gottes zu uns Menschen Ausgangspunkt, um dem *Dreifachgebot der Liebe* zu folgen, das Jesus in Mk 12,30f. fordert und die Liebe zu Gott, zu sich selbst und zum Nächsten beinhaltet (→ oben S. 100f.). Mit diesem Gebot ist ein christlich-biblisches Menschenbild verbunden, wonach das Leben als Gabe Gottes verstanden wird und von daher seinen Wert erhält. Dies habe auch Auswirkungen auf das Handeln in Gesellschaft und Politik.

Der Begriff des „Nächsten" ist in der biblischen Tradition und der Verkündigung Jesu zentral. Besonders deutlich zeigt sich dies am sog. *Samaritergleichnis* aus Lk 10,25-37. Die Frage „Wer ist mein Nächster?" beantwortet Jesus nicht durch eine allgemeine Charakterisierung von Menschen, sondern anhand einer Geschichte. Das Wort bezeichnet nicht eine Klasse von Wesen bzw. Menschen, denen eine oder mehrere Eigenschaften oder Merkmale zukommen, wie z. B. die Bezeichnung „die Armen". Der sprachliche Ausdruck „der Nächste" bezeichnet statt einer Allgemeinheit vielmehr ein noch unbestimmtes, ein generalisiertes Individuum, das als Einzelfall in vielen Individuen einem begegnen kann. Die geforderte Liebe zum Nächsten ist daher nicht auf eine Menge bezogen, sondern auf den einzelnen Menschen mit seinen jeweils speziellen Bedürfnissen und in seiner jeweiligen Lebenssituation. Die besondere Eigenart der Narration ist es, dass wir beim Hören der Geschichte vom barmherzigen Samariter eine konkrete Person vor Augen haben und keine allgemein beschriebene Klasse von Menschen mit gewissen Merkmalen. Hierin liegt die Besonderheit der biblischen Rede vom Nächsten. Das erzählte Gleichnis leitet zum Wiedererkennen der dort geschilderten Situation in vielen Situationen und der dort geschilderten Individuen in vielen Individuen an, wodurch eine emotionale Haltung zum Nächsten in der Person des anderen erzeugt wird.

Diese Orientierung christlichen Handelns am Einzelnen zeigt sich auch im *Gleichnis vom Weltgericht* (Mt 25), in dem sich Jesus selbst als ein „generalisiertes Individuum" bezeichnet, das in vielen Individuen begegnet: „Was ihr getan habt einem von diesen meinen geringsten Brüdern, das habt ihr mir getan." (Mt 25,40)

Aus dem *Schöpfungsauftrag* des Menschen und den Strafsprüchen der *Paradieserzählung* (1. Mose 3) leitet der evangelische Theologe und Alttestamentler Frank Crüsemann (* 1938) z. B. ab, dass Arbeit zum Menschsein gehört. Der Wille des Schöpfers für den Menschen beschreibt so einen grundlegenden Aspekt des Menschseins und damit ein unaufhebbares Recht. Arbeit ist daher nach Crüsemann ein Menschenrecht, das aufgrund seiner biblischen Grundlage für die Kirche entsprechende Konsequenzen und Perspektiven des Handelns vorgibt. Zu der Bedeutung und Rolle von Menschenbild und Menschenwürde siehe auch das Kapitel MENSCH → S. 21ff.

Was ist Gerechtigkeit?
Bei der Frage nach der Gerechtigkeit lassen sich philosophische und biblische Antwortversuche unterscheiden. Die philosophischen Definitionen von Gerechtigkeit sind sehr unterschiedlich. Daher empfiehlt es sich, den Philosophen bzw. die philosophische Richtung jeweils mit anzugeben. So kann man z. B. nach *Gerechtigkeitskriterien* fragen. Nach dem Rechtsphilosophen *Chaim Perelman* (1912–1984) können als Kriterien für das, was gerecht ist, genannt werden: a) Jedem das Gleiche, b) jedem gemäß seinen Verdiensten, c) jedem gemäß seinen Werken, d) jedem gemäß seinen Bedürfnissen, e) jedem gemäß seinem Rang, f) jedem gemäß dem ihm durch Gesetz Zugeteilten. Hier wird deutlich, dass der Maßstab bei den einzelnen Definitionen selbst noch unbestimmt ist, z. B.: Nach welchen Kriterien teilt das Gesetz jedem das zu, was ihm zusteht? Ferner halten wir – ungeachtet der möglichen Zustimmung zu a) – es dennoch für gerecht, wenn Senioren oder Studenten geringere Eintrittspreise bezahlen oder sehr Reiche einen höheren Steuersatz bezahlen müssen?

Für *John Rawls* besteht Gerechtigkeit in einer Fairness, die sich aus einem kooperativen Miteinander ergibt, in dem niemand übervorteilt wird, alle die gleichen Chancen haben, alle profitieren – insbesondere die am meisten Bedürftigen (→ oben S. 99)

Nach *Aristoteles* ist zu unterscheiden zwischen *austeilender* Gerechtigkeit, bei der jedem das, was ihm zusteht, zukommt (z. B. dem Präsidenten ein Dienstfahrzeug) und *ausgleichender* Gerechtigkeit, bei der jedem das ihm Zustehende wiederzugeben ist (z. B. den verursachten Schaden angemessen zu ersetzen).

Bei antiken Gerechtigkeitstheorien wird Gerechtigkeit häufig als Tugend verstanden (z. B. bei Plato). Moderne Gerechtigkeitstheorien legen eher den Schwerpunkt auf die Gleichheit des Besitzes oder der Chancen (z. B. Egalitarismus), andere auf die Freiheit des Individuums (z. B. Libertarismus), und wieder andere auf die Verantwortung des Individuums gegenüber der Gemeinschaft (z. B. Kommunitarismus).

Biblische Gerechtigkeit zeichnet sich durch den Bezug auf biblische Aussagen und Texte aus. So hat z. B. die alttestamentliche Botschaft des Propheten *Amos*, der im 8. vorchristlichen Jahrhundert lebte und scharfe Kritik an den sozialpolitischen Zuständen in Israel äußerte, an ihrer Aktualität damals wie heute nichts verloren. Die Forderung nach gerechtem Handeln basiert auf der Beziehung des Menschen zu Gott, der sich als Anwalt der Schwachen und Bedrängten offenbart.

Dieses Verständnis spiegelt sich in dem alttestamentlichen Begriff *zedakah* wider, der nicht die Übereinstimmung mit einer abstrakten Norm bezeichnet, sondern ein an der Gemeinschaft orientiertes Handeln, das Tun der Gerechtigkeit. So erweist Gott z. B. seine Gerechtigkeit, indem er Israel aus der ägyptischen Sklaverei befreit und seine Bundestreue zusichert. Die Menschen werden der Beziehung zu Gott gerecht, indem sie seine Gebote halten und seinem Wort Vertrauen schenken. Der Begriff bezeichnet folglich keine Norm, sondern eine Relation (Beziehung), die sich im Handeln zeigt. Beispiele für ein Handeln gemäß der zedakah sind die alttestamentlichen Konzeptionen, wie z. B. das Zinsverbot (5. Mose 23,20f.), das Jobel- und Sabbatjahr (3. Mose 25,3-55), die Befristung der Schuldsklaverei (2. Mose 21,2), der Schutz der Schwachen und Fremdlinge (2. Mose 22, 20-26).

Das Gleichnis von den *Arbeitern im Weinberg* (Mt 20,1-15) verdeutlicht nach dem evangelischen Theologen Wilfried Härle (*1941) nicht nur die Güte Gottes, sondern lässt sich auch wirtschaftsethisch deuten. In dem einen Silbergroschen, den jeder Arbeiter enthält, kommt symbolisch die lebenserhaltende Güte zum Ausdruck. Die Grundsicherung des Lebens ist in unserer modernen Gesellschaft zwar zum Rechtsanspruch geworden, dennoch sind zwei Elemente des Gleichnisses wesentlich:
a) Menschen leben nicht aus Leistung und müssen sich ihre Daseinsberechtigung und Menschenwürde nicht erst verdienen (dazu auch → S. 27);
b) Menschen sind aufgefordert, das eigene Leben und das der anderen durch Leistung zu erhalten und zu bewahren.
In diesem Zusammenspiel beider Elemente kann sich Gerechtigkeit in einer verantwortungsbewussten modernen Gesellschaft realisieren.

Bei der Rede von biblischer Gerechtigkeit wird häufig in besonderer Weise auf die sog. *vorrangige Option für die Armen* verwiesen (→ S. 76, 92). Dies hat seinen Grund darin, dass sowohl im Alten Testament die Schwachen und Bedürftigen durch Rückbezug auf die Befreiung aus der ägyptischen Sklaverei berücksichtigt werden (z. B. bei der Einleitung des Dekalogs, in zahlreichen sozialen Schutzgesetzen wie 3. Mose 25,35ff., in der Sozialkritik der Propheten), als auch im Neuen Testament die Hilfsbedürftigen, Schwachen und Ausgegrenzten im Zentrum der Verkündigung Jesu stehen. Exemplarisch zeigt sich dies in Mt 20,1-15; Mt 25; aber auch in der alttestamentlichen Vorstellung vom kommenden Friedensreich wie es z. B. im Michabuch (Mi 4,1-5) beschrieben wird: „Sie werden ihre Schwerter zu Pflugscharen und ihre Spieße zu Sicheln machen. Es wird kein Volk wider das andere das Schwert erheben, und sie werden hinfort nicht mehr lernen, Krieg zu führen." (Mi 4,3)

Angewandte Ethik – ethische Problemfelder

Wie kommt man zu moralischen Urteilen?
Moralische Urteile sind Urteile, die sich auf konkrete ethische Herausforderungssituationen beziehen. Ihnen liegen ethische Grundannahmen und Grundentscheidungen oder Prinzipien zugrunde. Diese gilt es sich und besonders in Diskussionen mit anderen bewusst zu machen.

Dass ethische Urteilsbildung und eigenes Wirklichkeitsverständnis sich gegenseitig bedingen, betont auch Wilfried Härle (vgl. Peirce → S. 99f.).

Der Prozess ethischer Urteilsbildung, der uns anschließend dazu befähigt, moralische Urteile in konkreten Handlungssituationen zu fällen, lässt sich schematisch grob in sechs Schritte (Stufen) unterteilen.

1. Zunächst geht es um die genaue *Benennung und Beschreibung* des (ethischen) Problems. Hier ist darauf zu achten, dass aus der möglichen Fülle an Problemaspekten die wesentliche Fragestellung gefunden wird.
2. Im zweiten Schritt geht es um die *Analyse des Problems*. Die am Problem Beteiligten sind zu beschreiben mit ihren jeweiligen Motiven und Zielen, weiterhin die möglichen Vor- und Nachteile für die am Problem Beteiligten und ferner die möglichen Mittel zur Erreichung der jeweiligen Ziele.
3. Der dritte Schritt besteht in einer doppelten *Überprüfung des Problems* hinsichtlich der Realisierungsmöglichkeiten und der Verantwortbarkeit. Unter Umständen sind nicht alle Handlungsziele erreichbar, entweder weil nicht die dazu erforderlichen Mittel zur Verfügung stehen oder weil unerwünschte, negative Nebenfolgen eintreten können.
4. Bei der *vorläufigen Entscheidung* geht es darum, sicherzustellen, welchen Überzeugungen und Normen zugestimmt werden kann und welcher Lösungsvorschlag den Beteiligten am meisten gerecht wird.
5. Im fünften Schritt muss die Entscheidung *überprüft* werden hinsichtlich ihrer Stimmigkeit. Hilfreich ist dabei die Frage, wie die Lösung z. B. argumentativ vertreten werden kann, wobei darauf zu achten ist, ob die Argumente formal-logisch stimmen und die Konklusion auch aus moralischen Prämissen folgt (Überprüfung der Gültigkeit und Güte der Argumente).
6. Sofern die Schritte bisher erfolgreich waren, erfolgt zum Schluss *eine (vorläufige) endgültige Entscheidung in Form eines moralischen Urteils.*

Ist Armut ein Teufelskreis?
Das Problemfeld von Armut und sozialer Gerechtigkeit beschreibt einerseits einen bzw. mehrere (Seins-)Zustände und wirft andererseits die Frage auf, was Gerechtigkeit, genauer soziale Gerechtigkeit, konkret bedeutet und wie diese angewandt werden kann. Den Armutsberichten der Bundesregierung und denen der Kirchen zufolge nimmt die Zahl derer, die in Armut leben zu. Gleicherweise nimmt die Zahl der Reichen und sehr Reichen ebenfalls zu.

Wie lässt sich das immer größer werdende Auseinandergehen dieser Personengruppen bzw. das Öffnen der Schere zwischen Arm und Reich erklären? Welche Rolle spielt die Globalisierung? Inwiefern ist Armut selbst verschuldet bzw. fremdverursacht? Mit welchem Verständnis von Gerechtigkeit lassen sich Lösungswege aufzeichnen?

Zunächst muss die Problemlage genau erörtert werden. Dabei kann die Problemanalyse sich nicht mit dem globalen Aspekt weltweiter Armut beschäftigen (dies wäre zu groß), sondern muss sich auf konkrete Teilbereiche der Armutsproblematik beziehen, z. B. zunehmende Kinderarmut in Deutschland, die Situation der Kleinbauern in Lateinamerika gegenüber Großgrundbesitzern etc.

Hinsichtlich des Gerechtigkeitsverständnisses könnte z. B. auf die *vorrangige Option für die Armen* im Alten und Neuen Testament verwiesen werden, um so Perspektiven für kirchliches und politisches Handeln abzuleiten. Beispiele könnten die sog. Oikos-Kredite, Prinzipien der EKD für ethisch nachhaltige und gerechte Geldwirtschaft und Bankwesen, diakonische Einrichtungen und Initiativen usw. sein.

Eine mögliche Argumentation des Präferenzutilitarismus (vgl. oben → S. 98), nach dem man für alle Konsequenzen seiner Handlungen verantwortlich ist und die Präferenzen aller am Prozess Beteiligter abzuwägen sind, könnte z. B. nach Peter Singer betonen, dass die Menschen in den Industrieländern viel Geld für unnötige Luxusartikel ausgeben, anstatt das Geld Hilfsbedürftigen zu spenden. Da es eine Verpflichtung gebe, zu helfen, sofern dabei nichts moralisch Vergleichbares geopfert werden müsse (vgl. Singer: Praktische Ethik, 1984, S. 229), seien sie für den Hunger in Entwicklungsländern mitverantwortlich.

Dürfen (menschliche) Embryonen für Forschungszwecke verbraucht werden?
Die Frage bezieht sich im Wesentlichen auf eine darin enthaltene Teilfrage: Welchen Status haben Embryonen? Sind Embryonen Menschen? Zu fragen ist: Welche Kriterien lassen sich heranziehen, um zu klären, welchen Status von Leben man (menschlichen) Embryonen zuschreibt.

Beantwortet man diese Frage dahingehend, dass Embryonen (noch) keine Menschen sind, könnte sich eine weitere Frage anschließen, was mit nicht-menschlichem Leben bzw. Lebewesen gemacht werden darf oder ob es Grenzen im Umgang damit gibt.

Gesteht man dagegen Embryonen zu, dass sie bereits Menschen sind oder menschliches Leben, bleibt die Frage noch offen, ab welchem Zeitpunkt man ihnen diesen Status zuschreibt. Folgefragen könnten z. B. sein, ob der Status des menschlichen Lebens dennoch (in bestimmten Fällen) eine verbrauchende Forschung zulässt, ob der mögliche Nutzen neuer medizinischer Erkenntnisse höher einzustufen ist als das Wohl einzelner Embryonen, welche Rolle der Begriff der Menschenwürde spielt u. a.

Ist eine christlich-alttestamentliche Argumentation, die nach der Schöpfungserzählung (1. Mose 1, 26f.) dem Menschen als *imago Dei* (Ebenbild Gottes → S. 25) einen besonderen Status zuweist, auch auf die Embryonenforschung anwendbar?

Zu beachten ist, dass aus Beschreibungen von (Seins-)Zuständen keine moralischen Urteile abgeleitet werden können. Eine biologische Klärung des Status von Embryonen z. B. enthält noch keine moralische Anweisung, wie mit diesen Lebewesen umzugehen ist. Daher gilt es besonders bei bioethischen Diskussionen den sogenannten naturalistischen Fehlschluss (→ S. 100) zu vermeiden oder ihn in vorgetragenen Argumenten aufzuzeigen. Zu dem Aspekt der Menschenwürde und ob diese auch Embryonen zugesprochen werden kann, siehe das Kapitel MENSCH (→ S. 29f.).

Sind soziale Netzwerke unsozial? Wie „böse" sind die User?
Auch bei dem Themenfeld der Internetbenutzung muss die ethische Urteilsfindung mit einer genauen Problembenennung und -analyse beginnen. Zu klären ist, was genau das (ethische) Problem ist. Im Fall von Cyber-Mobbing wird man sich vermutlich schnell darauf verständigen können, dass Mobbing jeglicher Art moralisch schlecht ist, weil Menschen dadurch (seelisch) verletzt werden. Die eigentliche Frage besteht darin, warum Cyber-Mobbing so verbreitet ist und im Internet noch häufiger gemobbt wird als im Klassenzimmer oder am Arbeitsplatz.

Eine Problemanalyse wird Täter und Opfer von Cyber-Mobbing genauer beschreiben müssen, sowie ihre Motive und Handlungsziele. Ferner wird das Medium, mit dem das Mobbing erfolgt, untersucht werden müssen. Worin liegt der Unterschied zwischen Mobbing im Klassenzimmer und Mobbing bei Facebook? Welche Faktoren begünstigen das Mobbing im Internet? Wie ergeht es Mobbing-Opfern im Klassenzimmer und im Internet? Wo liegen auf Seiten der Opfer wesentliche Unterschiede? Außerdem wird es darum gehen, zu untersuchen, wie Mobbing-Opfern geholfen werden kann bzw. wie die Hemmschwelle zum Cyber-Mobbing erhöht werden könnte. Kann z. B. die sog. Goldene Regel aus Mt 7,12 („Alles nun, was ihr wollt, dass euch die Leute tun sollen, das tut ihnen auch! Das ist das Gesetz und die Propheten.") im digitalen Zeitalter noch ein Maßstab sein?

Nach einer allgemeinen Problemanalyse folgt die Anwendung auf den konkreten Einzelfall. Warum wird dieser Klassenkamerad von diesen Mitschülern im Internet gemobbt? Wie können Handlungsoptionen aussehen und wie sieht moralisch richtiges Handeln der anderen Klassenkameraden aus (dem Opfer und den Tätern gegenüber)? Wie kann die Würde des Menschen trotz technischen Fortschritts geschützt werden?

Darf man für den Frieden Krieg führen?
Dass Frieden erstrebens- und erhaltenswert ist, dürfte unumstritten sein. Wie es jedoch gelingen kann, dass Frieden erreicht, bewahrt und gesichert wird, ist strittig. Heiligt der Zweck die Mittel? Ist Frieden schaffen ohne Waffen Utopie?

Eine ethische Urteilsfindung wird hier besonders die Prüfung des Problems hinsichtlich der Realisierungsmöglichkeiten und der Verantwortbarkeit zu untersuchen haben. Zum Beispiel gilt es zu erwägen, ob das zu erstrebende Ziel so hoch zu veranschlagen ist, dass auch „negative" Mittel erlaubt sind (vgl. oben Max Weber

→ S. 98f.). Oder ob es ethische Prinzipien gibt, die unabhängig jeglicher Einzelesituation (immer) zu gelten haben (vgl. oben Immanuel Kant → S. 98). Ferner ist die Rolle der Verantwortung zu überdenken, zum einen für gewaltsame Handlungen zum Wohl des Friedens (z. B. Krieg, der das Töten von Soldaten und Zivilisten aller Konfliktparteien einbezieht) bzw. zum anderen das Unterlassen von Handlungen mit entsprechenden Konsequenzen (z. B. die Vermehrung von Leid der Zivilbevölkerung durch einen Diktator). Hier können wiederum zwei Perspektiven einander gegenüberstehen: eine funktionale Perspektive (z. B. der Mensch in der Funktion des Soldaten hat die Pflicht zu schießen) und eine individuelle, private Perspektive (z. B. der Mensch als Privatperson und Christ möchte sich an das Gebot der Nächsten- und Feindesliebe halten). Wie lassen sich die Begriffe Verantwortung und christliche Gesinnung, Amtsperson und Privatperson (vgl. Martin Luther), Verhältnis von Zweck und Mitteln (vgl. M.L. King), grundsätzliche Pflicht, gut zu handeln, und mögliche Ausnahmen davon in Beziehung zueinander bringen? Welche ethischen Kriterien sind maßgeblich, wenn es darum geht, Frieden zu sichern?

Aus christlicher Perspektive wäre zudem zu fragen, wie z. B. Aussagen der Bergpredigt (Mt 5-7) in diesem Kontext zu verstehen und anzuwenden sind: „Selig sind die Friedfertigen (andere Übersetzung: die Frieden stiften), denn sie werden Gottes Kinder heißen" (Mt 5,9), oder „Liebt eure Feinde und bittet für die, die euch verfolgen, damit ihr Kinder seid eures Vaters im Himmel." (Mt 5,44f.)

Eine Reflexion ethischer Problemfelder aus christlicher Sicht setzt die Beschäftigung mit biblischen Texten voraus. Diese sind vor ihrer Anwendung auf das jeweils vorliegende ethische Problem inhaltlich zu erschließen und zu interpretieren. Ferner muss überprüft werden, in welcher Art und Weise sich die biblischen Texte auf die Situation beziehen lassen. Hierzu sind grundlegende Kenntnisse im hermeneutischen Umgang mit der Bibel notwendig. Siehe dazu das Kapitel BIBEL → S. 65ff.

RELIGIONEN

Abraham – Mose
Tora (Gesetz)
Nebiim (Prophetische Schriften)
Ketubim (Poetische Schriften)

Jahwe (hebr.)

Feste (Passahfest!)   Sabbat Speisegebote

„Höre Israel. Unser Gott ist einer."

Mohammed
Koran

Fünf Säulen   Allah (arab.)   Schiiten Sunniten (Aleviten)

„Es gibt keinen Gott außer Gott und Mohammed ist sein Prophet."
Ein Gott
Umma

Pluralität der Religionen
Nikolaus von Kues / Gotthold Ephraim Lessing
Exklusivistischer Ansatz
Inklusivistischer Ansatz
Pluralistischer Ansatz
Dialog und Begegnung, z.B. Projekt Weltethos, Scriptural reasoning

Was ist Religion?
„Religion is like a knife."
50 Definitionen
Substantieller Religionsbegriff
Funktionaler Religionsbegriff
Phänomenologischer Religionsbegriff

Buddha
Pali-Kanon (Lehrreden)

Die vier edlen Wahrheiten
Der achtfache Pfad

„Großes Fahrzeug"
„Kleines Fahrzeug"
Zen

„Ich nehme Zuflucht zu Buddha, zur Lehre und zur Gemeinschaft."
Durst
Karma
Nirwana

Veden
Upanishaden

Weg der Handlung
Weg der Erkenntnis
Weg der Gottesliebe

„3306 = 1"
Brahma Shiva Vishnu

„Hinduismus"?

„Das bist du."
Karma
Atman und Brahman

Warum soll man sich überhaupt mit dem Thema „Religionen" beschäftigen?
Wer in der Gegenwart sein Leben aufmerksam und verantwortlich führen will, kommt mit religiösen Lebensäußerungen und Haltungen immer wieder in Berührung. Drei Bereiche sind in dieser Hinsicht besonders bedeutsam:
1. Religionen zeigen im politischen Gefüge der Gegenwart eine oft irritierende Doppelgesichtigkeit. Der südafrikanische Bischof Desmond Tutu hat diesen Doppelaspekt mit der Wirkung eines Messers verglichen: „Religion is like a knife." Ein Messer kann zum Guten (z. B. als Brotmesser) und zum Bösen (z. B. als Mordwaffe) verwendet werden. Einerseits wirken religiöse Einstellungen bei Menschen oft wie Brandbeschleuniger in sozialen und politischen Konfliktlagen, z. B. beim Terroranschlag auf das World Trade Center am 11. September 2001. Auf der anderen Seite sind religiöse Haltungen für Menschen oft starke Antriebskräfte für die Gestaltung von friedlicheren und humaneren Lebensbedingungen. Der Hindu Mahatma Gandhi (1869–1948) und der Christ Nelson Mandela (1918–2013) sind dafür nur zwei prominente Beispiele, die durch viele oft kleine Initiativen und Aktionsbündnisse auf der ganzen Welt ergänzt werden könnten.
2. In einer globalisierten Lebens- und Arbeitswelt sind Begegnungen zwischen Menschen unterschiedlicher religiöser Überzeugungen immer mehr der Normalfall. In unterschiedlichen Situationen müssen Wege der Verständigung durch Einblicke in eine zunächst fremde Lebenswelt gesucht werden. Dies gilt, wenn in einer deutschen Stadt sinnvoll über den Bau einer Moschee diskutiert wird, aber auch, wenn Mitarbeiter einer weltweit agierenden Firma vor einem Auslandseinsatz ein interkulturelles und interreligiöses Training absolvieren müssen.
3. Künstlerische Zeugnisse aus der Malerei, der Literatur und der Musik sind oft nur dann angemessen zu verstehen, wenn man um religiöse Hintergründe und Gestaltungselemente weiß. Die farbenfrohen Bilder des Malers Marc Chagall (1887–1985) etwa sind voll von Bezügen zum Judentum. Dieser Hinweis auf Chagall führt zu jener Religion, die als älteste monotheistische Religion zugleich den Wurzelgrund des Christentums bildet.

Das Judentum

Woran zeigt sich, dass das Judentum eine monotheistische Religion ist?
Das Judentum gilt neben dem Islam als konsequent monotheistisch. Es ist ausgerichtet auf den einen und einzigen Gott. Der Gottesname (JHWH, ausgesprochen Jahwe), der gemäß der hebräischen Bibel zuerst Mose kundgetan wurde (vgl. 2. Mose 3,14), wird dabei mit anderen Begriffen umschrieben oder ergänzt. Dies zeigt sich beispielhaft im Morgengebet. Die Glaubenden danken dem einen lebendigen und treuen Gott und König für das Wiedererwachen am neuen Tag und für die Beständigkeit seiner Gnade. Noch deutlicher wird diese Orientierung im eigentlichen Zentrum des Morgengebets, dem sogenannten Schema Jisrael („Höre Israel"). Die Grundlage für dieses Gebet bildet ein Text aus der hebräischen Bibel (5. Mose 6,4-6):

„Höre, Israel, der HERR ist unser Gott, der HERR allein. Und du sollst den HERRN, deinen Gott, lieb haben von ganzem Herzen, von ganzer Seele und mit all deiner Kraft. Und diese Worte, die ich dir heute gebiete, sollst du zu Herzen nehmen."

Mit diesem Grundbekenntnis verbinden sich auch zwei wichtige rituelle Gegenstände des Judentums. In der Mesusa, einer kleinen Kapsel am Türpfosten der Eingangstür des jüdischen Hauses, befindet sich ein Pergamentstreifen mit dem oben genannten Text aus dem 5. Buch Mose. Gleiches gilt für die sogenannten Gebetsriemen an Hand und Stirn (*Tefillin*), die – ebenso wie ein schalartiger Mantel (*Tallit*) – von streng traditionsbewussten Juden beim Gebet angelegt werden. Sie werden so zu Merkzeichen des jüdischen Monotheismus. Dieser Monotheismus hat allerdings eine bestimmte Ausrichtung auf eine spezifische Geschichte. Vor allem zeigt sich das im Blick auf die jüdischen Feste.

Warum werden im Judentum so viele religiöse Feste gefeiert?

Das jüdische Leben ist durchzogen von einer ganzen Reihe religiös bedeutsamer Festzeiten. Feste im Wochenrhythmus, im Jahresrhythmus und im Lauf des Lebens verweben sich dabei zu einem Geflecht von bedeutsamen und reich ausgestalteten Feiern. Dieses Geflecht bringt die jüdische Gemeinschaft in besonderer Weise mit ihren religiösen Wurzeln und Grundüberzeugungen in Kontakt. Eine herausragende Rolle spielt im Wochenrhythmus der Ruhetag *Sabbat* (= Tag des Aufhörens). Die Feier des Sabbats, seine Heiligung (hebr. kiddush) geschieht auf doppelte Weise: Im Gottesdienst der Synagoge (hebr. bet ha knesset = Haus der Versammlung) vollzieht sich die Sabbatheiligung durch Gebet und Lesung aus den heiligen Schriften der hebräischen Bibel. Im Hause geschieht diese Heiligung durch ein genau geregeltes Abstandnehmen von der Arbeit. Der Ruhetag gründet gemäß der Tradition der hebräischen Bibel in den Zehn Geboten (2. Mose 20,8; 5. Mose 5,12-14) sowie in dem von Gott als Ruhezeit geschaffenen Abschluss der Schöpfungsarbeit (vgl. 1. Mose 2,3). Der eine Gott wird durch die Praxis des Sabbats als Schöpfer und als Geber der lebensbestimmenden Weisung der Gebote (hebr. Tora) geehrt.

Eine besondere Rolle im Laufe der Jahresfeste bildet das dreitägige *Passah*- oder *Pessachfest* im Frühjahr. Die jüdische Gemeinschaft gedenkt dabei der Befreiung des Volkes Israel aus der ägyptischen Sklaverei (vgl. die Erzählungen in 2. Mose 12ff.). Die häusliche *Sederfeier* (Seder = Ordnung) markiert den Beginn des Fests und erinnert durch symbolische Speisen z.B. an die Not der Fronarbeit bei der Ziegelherstellung oder die Eile des Auszuges aus Ägypten. Durch Lesungen, Gebete und Gesänge wird die feiernde Gemeinschaft in der Erinnerung eng mit den Geschehnissen um den Auszug aus Ägypten verbunden.

Diesem zentralen Fest ist das *Wochenfest* (hebr. Schawuot) nahe zugeordnet. Es feiert die göttliche Übermittlung der Tora (= Weisung) in den fünf Büchern Mose an Mose am Berg Sinai (vgl. 2. Mose 19+20). Das *Laubhüttenfest* (hebr. Sukkot) erinnert an die Zeit der Wüstenwanderung (vgl. 3. Mose 23,39-43). Damit wird der am Sinai zwischen Gott und Israel geschlossene *Bund* (hebr. berit) ins Zentrum der Aufmerksamkeit gerückt. Die Erfahrung der Befreiung durch Gott und das Wissen um die Verpflichtung durch Gottes Gebot gehören so unauflöslich zusammen.

Der Bund Gottes beginnt nach biblischer Überlieferung allerdings nicht erst am Sinai. Er führt zurück bis zum Bund des Stammvaters Abraham mit Gott (vgl. 1. Mose 17). Mit diesem abrahamitischen Bundesschluss ist auch die *Beschneidung* der neugeborenen jüdischen Jungen als Zeichen der Zugehörigkeit zum Judentum verbunden. Im Alter von zwölf Jahren findet die *Bar Mizwa* (dt.: „Sohn des Bundes") als zweites bedeutendes Festereignis statt; die Jungen lesen dann erstmals im Gottesdienst der Synagoge feierlich aus den Schriftrollen der Tora vor. In neuerer Zeit wurde die Bar Mizwa durch ein entsprechendes Fest für Mädchen (hebr. *Bat Mizwa*) ergänzt.

Das jüdische *Neujahrsfest* (im Herbst) und vor allem der zehn Tage danach stattfindende *Versöhnungstag Jom Kippur* sind Tage der Selbstbesinnung, der Umkehr vor Gott und der zwischenmenschlichen Versöhnung. Gerade die Feiern an Jom Kippur erinnern dabei in besonderer Weise an den Tempel in Jerusalem (70 n. Chr. durch die Römer zerstört). Die im biblischen Ritualgesetz festgelegte Sühnehandlung durch den Hohepriester sah vor, dass ein Bock, mit den Verfehlungen des Volkes symbolisch beladen („Sündenbock"), in die Wüste geschickt wird (vgl. 3. Mose 16,1-10). Gerade die zuletzt genannten Feste verweisen damit auf die starke ethische Orientierung des Judentums; diese Orientierung zeigt sich in einer Durchdringung des Alltagslebens durch die göttliche Weisung (hebr. Tora).

Worin zeigt sich die Bedeutung der Tora für das jüdische Leben?

Die Tora wird im Leben des Judentums vielfältig präsent gemacht. Der Standort der Tora-Schriftrollen markiert in einer Synagoge eine herausragende Stelle im Kultraum. Der jüdische Gottesdienst, der erst mit zehn erwachsenen Männern vollgültig gefeiert werden kann, hat sein Zentrum in der Lesung aus der Tora. 613 religiöse Bestimmungen werden nach traditioneller Zählung dem Toratext entnommen. Den in ihrer Bedeutung über das Judentum weit hinausreichenden Kern bilden dabei die *Zehn Gebote* (2. Mose 20,1-17 und 5. Mose 5,6-21). Sie formulieren Grundzüge einer Ethik des Zusammenlebens zugunsten eines gemeinschaftsfreundlichen Miteinanders (→ S. 102, 104). Neben der *Tora* umfasst die hebräische Bibel auch noch *prophetische Schriften* (hebr. nebiim = *Propheten*, z. B. das Buch Amos) und poetische Bücher (hebr. ketubim/chetubim = Schriften, z. B. die Psalmen). Aus den drei hebräischen Bezeichnungen ist das Kunstwort *Tenach* gebildet.

Die besondere religiöse Kontur jüdischen Lebens zeigen bis in die Gegenwart hinein das *Gebot der Sabbatruhe* (vgl. 2. Mose 20,10; 2. Mose 16,29; 2. Mose 23,12) und die *Speisegebote* (vgl. 5. Mose 14,1-21). Letztere verbieten beispielsweise den Genuss von Schweinefleisch und den gleichzeitigen Genuss von Fleisch- und Milchspeisen.

Generell wird der jüdische Umgang mit der Tora durch eine Fülle von Diskussionen und schriftlichen Kommentaren zum biblischen Text geprägt. Rabbiner (in liberaleren Gemeinden in jüngster Zeit auch Rabbinerinnen) interpretieren und debattieren die Tora angesichts der Lebensumstände ihrer jeweiligen Zeit. Umfangreiche Schriftwerke zur Tora wie der Talmud (dt.: „das zu Lernende"), dessen älteste Variante (sog. Babylonischer Talmud) bis ins 5. Jahrhundert n. Chr. reicht, zeugen von der Lebensbedeutsamkeit der „göttlichen Weisung" für die jüdische Religion.

Der Islam

Was sind die „fünf Säulen des Islam"?

In Schulbüchern und populären Darstellungen tauchen immer wieder die „fünf Säulen des Islam" oder genauer „fünf Säulen der Religion" (arab. arkan ad-din) auf, um „den Islam" kurz zu charakterisieren. Diese Zusammenstellung von religiösen Grundpflichten umfasst folgende Elemente.

1. Das *Glaubensbekenntnis* (arab. Schahada) lautet: „Ich bezeuge, es gibt keinen Gott außer Gott, und Muhammad ist der Gesandte Gottes." Durch ernsthaftes Aussprechen dieses Bekenntnisses wird man zum Muslim bzw. zur Muslima.
2. Das *Gebet* (arab. salat) begleitet als fünfmaliges Pflichtgebet in Richtung der heiligen Stadt Mekka den Tageslauf der muslimischen Gläubigen.
3. Beim *Fasten* (arab. saum) im Monat Ramadan soll vom Anbruch des Tages bis zur Abenddämmerung auf Essen, Trinken, Rauchen und Geschlechtsverkehr verzichtet werden. Die Fastenzeit gilt als Zeit der Selbstbesinnung und Umkehr, aber auch als Zeit der besonderen Dankbarkeit gegenüber Gott.
4. Die *Sozialabgabe* oder Armensteuer (arab. zakat) richtet sich nach Vermögen und Einkommen der jeweiligen Person (Richtwert: etwa 2,5 % des Jahreseinkommens).
5. Die *Wallfahrt zur heiligen Stadt Mekka* (arab. Hadsch) sollten alle Muslime einmal im Leben durchführen, sofern es finanzielle Verhältnisse und Gesundheit zulassen.

Die „fünf Säulen" existieren in der heute bekannten Form erst seit dem 7./8. Jahrhundert, und zwar in recht spät entstandenen Erzählungen (sogenannten Hadijten) über die zentrale Gründergestalt des Islam, Mohammed (um 570–632 n. Chr.). Im Koran, der heiligen Schrift des Islam, werden zwar alle fünf Pflichten genannt, niemals aber in einer einheitlichen Zusammenstellung.

Gibt es eigentlich „den Islam" als einheitliche Religion?

Der Islam selbst ist bis heute – wie die meisten der bekannten Religionen – keineswegs eine einheitliche Größe. Eine gravierende Differenz besteht beispielsweise zwischen Schiiten und Sunniten. Sie gründet in unterschiedlichen Auffassungen über die rechtmäßigen Nachfolger des Propheten. Die *Sunniten* sehen in den vier nach dem Tod des Propheten Mohammed aufgetretenen sogenannten „rechtgeleiteten Kalifen" (von arab. khalifatrasulallah = Vertreter des Gesandten Gottes) die legitimen Nachfolger Mohammeds. Die *Schiiten* (von arab. shia'at Ali = die Partei Alis) erkennen in dieser Hinsicht einzig den vierten dieser Kalifen an, den Vetter und Schwiegersohn des Propheten. Noch gravierender ist die Differenz der *Aleviten* (osman. alevi = Ali-

Verehrer) zu den übrigen Muslimen. Diese türkische Gruppierung lehnt die „fünf Säulen" als Glaubensgrundlage vollständig ab. Die Aleviten werden wegen einer generell sehr liberalen Glaubenslehre und Ethik von anderen Gruppierungen nicht mehr als Muslime anerkannt.

Kennt der Islam einen Heiligen Krieg?
Für die Gegenwart besonders bedeutsam ist die innerhalb des Islam zum Teil heftig debattierte Stellung und Bedeutung des Djihad (dt. auch: Dschihad). Die oft gebrauchte Übersetzung mit „Heiliger Krieg" ist dabei irreführend. Djihad ist das arabische Wort für „Anstrengung", ein bestimmtes Ziel oder einen Gegenstand zu erreichen. In spiritueller Hinsicht ist damit die alltägliche, entschiedene, aber friedliche Bemühung um den Glauben gemeint (sogenannter „großer Djihad"). Der „mittlere Djihad" meint die Ausbreitung des Islam in Wort und Schrift.

Demgegenüber wird die im Koran durchaus thematisierte bewaffnete Verteidigung gegen Feinde des Islam (vgl. etwa Sure 22,38-40) nur als „kleiner Djihad" bezeichnet. Dabei ist unter Muslimen die Frage, wann Waffengewalt eingesetzt werden kann, heiß umstritten.

Welche Rolle spielen Lebensstationen und Lebensentscheidungen Mohammeds für den Islam der Gegenwart?
Der um 570 n. Chr. in der Handels- und Kulturmetropole Mekka geborene Mohammed erlebte gemäß der Überlieferung im Alter von 40 Jahren eine Reihe von göttlichen Offenbarungen. Durch seine Ehefrau Hadija bestärkt geriet der gelernte Kaufmann zur Überzeugung, dass er zum Propheten auserwählt sei. Er begann in seiner Heimatstadt mit einer Predigttätigkeit. Die Predigten handelten von dem einen, allmächtigen Gott und Schöpfer, der die Menschen als seine wirkmächtige Dienerschaft und als Bevollmächtigte ins irdische Leben stellt; beim Jüngsten Gericht wird dieser Gott die Menschen machtvoll, barmherzig und gerecht nach ihren Taten richten (→ S. 135f.).

Diese Offenbarungen wurden nicht nur zur Grundlage der Predigten Mohammeds, sondern auch zur Basis für den Koran. Mit den theologischen Schwerpunkten wurden zugleich wesentliche Erkennungsmerkmale einer bis in die Gegenwart reichenden islamischen Theologie und Frömmigkeit formuliert. Diese Grundüberzeugungen verdichten sich im bindenden islamischen Glaubensbekenntnis: „Gott ist einer und Mohammed ist sein Prophet."

Mit seiner strikt monotheistischen Botschaft geriet Mohammed in Konflikt mit mächtigen Vertretern polytheistischer Stammesreligionen in seiner Heimatstadt. Die Auseinandersetzung führte schließlich im Jahr 622 zur Auswanderung (arab. *Hidschra*) Mohammeds und seiner Anhänger in die Stadt Medina. Das Ereignis markiert den *Beginn der islamischen Zeitrechnung*. In Medina lebte Mohammed nicht mehr als verfolgter Prophet, sondern als hoch geachteter Repräsentant eines neuen religiösen Gemeinwesens.

Diese spezifische islamische Gemeinschaftlichkeit, die sogenannte Umma, bildet bis heute ein entscheidendes Orientierungsmerkmal für Muslime. Von Medina aus kam es auch zu einigen militärischen Aktionen Mohammeds, aus denen die Umma letztlich gestärkt hervorging. Drei Jahre vor seinem Tod in Medina (632) wagte Mohammed im Jahr 629 eine Wallfahrt nach Mekka zur Kaaba, einem würfelförmigen Haus, das heute in der Mitte der sogenannten Großen Moschee steht. Mit dieser Reise Mohammeds nach Mekka wurde nicht nur das „Urbild" der islamischen Pilgerfahrt, der *Hadsch*, geschaffen. Es wurde auch die islamische Tradition befestigt, wonach die Kaaba als erstes Haus Gottes auf Erden gilt und laut Koran von Abraham und seinem Sohn Ismael erbaut wurde. Mohammed ließ alle polytheistischen Symbole aus der Kaaba entfernen. Entsprechend gehört die Ausrichtung nach Mekka mittels der sogenannten Gebetsnische noch heute zur architektonischen Grundausstattung aller Moscheen dieser Welt. Die *Moschee* (arab. Madjid = Ort, an dem man sich zum Gebet niederwirft) ist dabei nicht einfach nur ein gelegentlich (etwa beim wöchentlichen Freitagsgebet) genutzter spiritueller Raum. Sie ist stets auch sozialer Treffpunkt und ein Ort, an dem sich Muslime treffen, gegenseitig unterstützen und beraten. Der in arabischer Sprache verfasste Koran, die heilige Schrift des Islam, ist dabei als Richtschnur und Grundlage religiöser Überzeugung und Lebensgestaltung von zentraler Bedeutung.

Warum ist der Koran nach islamischer Überzeugung eine heilige Schrift?

Nach eigenem Anspruch und islamischer Überlieferung ist der Koran die schriftlich fixierte Fassung der Offenbarung Gottes an den Propheten. Dies macht auch deutlich, warum letztlich jede Übersetzung des arabisch geschriebenen Buches ebenso schwierig ist wie seine fortlaufende Kommentierung. Korantexte sind vor allem Texte, die rezitiert und gehört werden müssen, z. B. in einer Moschee, aber auch im häuslichen Umfeld. Die islamische Tradition sieht im Koran die göttlich bestätigte Aufzeichnung der Offenbarungen Gottes an Mohammed, die der Prophet zwischen 610 und 632 n. Chr. durch den Erzengel Gabriel zuerst in Mekka, dann in Medina erhalten hat. Die wörtliche Übersetzung von *Koran* ist „Vortrag" oder „Lesung". Nach islamischer Überzeugung beruht der Koran auf einem „Urbuch", der (im Himmel) „wohl verwahrten Tafel" (Sure 85,22). Da der Prophet selbst nicht schreiben konnte, beschäftigte er Sekretäre zur Niederschrift der Offenbarungen.

Die insgesamt 114 Abschnitte (Suren) sind im Koran der Länge nach angeordnet. Die kürzeste Sure steht am Ende, die längste am Anfang des Korans. Ihre Themen reichen von Fragen der alltäglichen Ethik bis hin zu Aufnahmen und Variationen biblischer Themen. Adam, Abraham und – was viele nicht wissen – auch Jesus gelten als Propheten und Vorläufer Mohammeds. Immer wieder wird die Größe, Barmherzigkeit und Schöpferkraft Gottes benannt, erläutert und gepriesen. Die Entscheidung für diesen Gott wird so zur lebensnotwendigen Grundhaltung. Die erste Koransure mit dem Namen „Die Eröffnende" gilt dabei als Schlüsselstelle, bei der die Gnade Gottes eine entscheidende Rolle spielt:

„Im Namen des barmherzigen und gnädigen Gottes. Lob sei Gott, dem Herrn der Menschen in aller Welt, dem Barmherzigen und Gnädigen, der am Tag des Gerichts regiert! Dir dienen wir, und dich bitten wir um Hilfe. Führe uns den geraden Weg, den Weg derer, denen du Gnade erwiesen hast, nicht (den Weg) derer, die d(ein)em Zorn verfallen sind und irregehen!" (Sure 1,1-7)

Zur Zukunftsvorstellung im Islam siehe auch das Kapitel ZUKUNFT → S. 135f.

Der Hinduismus

Gibt es „den" Hinduismus?

Das Wort „Hinduismus" ist eine Bezeichnung aus der englischen Kolonialzeit des 19. Jahrhunderts. Es ist ein Sammelbegriff für die Religionsgemeinschaften auf dem südasiatischen Kontinent bzw. dem indischen Subkontinent. Diese Religionsgemeinschaften sind zwar miteinander verwandt, aber keinesfalls identisch. Manche Unterschiede sind ähnlich groß wie die zwischen Juden, Muslimen und Christen. Bisweilen stehen sich Frömmigkeitsformen fast wie im Widerspruch gegenüber. Beispielsweise gibt es unter den Hindus strengste Vegetarier; andererseits findet im Süden Nepals alle zwei Jahre ein Opferfest statt, bei dem innerhalb weniger Tage bis zu 200.000 Tiere geschlachtet werden. Die unter dem Begriff „Hinduismus" zusammengefassten Religionen haben insgesamt eine Geschichte von rund 9500 Jahren.

Trotzdem gibt es auch einige mehr oder minder deutliche Gemeinsamkeiten: Den hinduistischen Religionen gehört man in der Regel mit der Geburt an. Mit dieser Orientierung an der Geburt hängt auch oftmals das Kastenwesen zusammen, mit dem soziale Stellung und gesellschaftliche Aufgaben geregelt werden.

Ferner ist das menschliche Schicksal für alle Hindus wesentlich bestimmt durch die Wiedergeburt, also die Wiederverkörperung einer Seele auf der Welt in einem anderen Lebewesen (Mensch oder Tier). Ob diese Wiedergeburt gut oder schlecht ausgeprägt ist, bestimmt das *Karma* (Sanskrit-Wort für Tat, Handlung), das sich ein Mensch im Laufe seines Lebens durch seine Handlungen ansammelt. Bei der Frage nach dem Tun oder Lassen kommen sowohl ethische Handlungen als auch rituell-religiöses Tun (z. B. Opfern für die Gottheiten) in den Blick.

Neben diesen thematischen Gemeinsamkeiten kann man auch Gemeinsames im Hinblick auf den Gebrauch heiliger Schriften ausmachen. Die älteste Schriftgruppe sind die *Veden*, in denen hauptsächlich Texte über die richtige Opferpraxis gesammelt sind. Die *Upanishaden* (von Sanskrit: upanishad = sich bei jemandem niedersetzen) sind Lehrtexte mit Interpretationen der vedischen Schriften sowie naturphilosophische Abhandlungen. Die *Purana-Schriften* (Sanskrit: purana = alte Geschichte) beinhalten Mythen, Heiligenlegenden sowie astrologische, medizinische und auch mathematische Texte. So verschieden diese Schriften in ihrem Inhalt auch sein mögen – in einer Hinsicht stimmen die vielen Strömungen der Hindutradition überein: Es ist selbstverständlich, von einer Vielzahl von Gottheiten auszugehen. Trotz dieser

Vielzahl zerfällt die Verehrung der Gottheiten aber nicht einfach in ein ungeordnetes Nebeneinander.

Wie viele Götter gibt es im Hinduismus?

In einem beliebten indischen Bildmotiv, der sogenannten „Wunschkuh" (Sanskrit: Kamadhenu), sieht man eine Anzahl von Gottheiten im Leib einer Kuh versammelt. Diese Darstellung lässt die oft klischeehaft belächelte Verehrung der Kuh im indischen Alltagsleben in neuem Licht erscheinen. Die Kuh repräsentiert die Fülle der göttlichen Kräfte, die durch den hinduistischen „Götterhimmel" dargestellt werden. Auch an manchen Tempeln, die nahezu flächendeckende Götterdarstellungen tragen, wird deutlich, dass in diesen Bauwerken die gesammelte Gegenwart der göttlichen Vielfalt erwartet wird.

Die verschiedenen Hindutraditionen stellen jedoch häufig *eine* Gottheit ins Zentrum der Verehrung und ordnen andere Gottheiten dem Hauptgott als dessen besondere Aspekte zu. Oft geschieht diese Auswahl nach lokalen Gesichtspunkten oder aufgrund einer besonderen Lebenssituation. Man schätzt die Zahl der Gottheiten auf über 3000. Für viele Hindus steht hinter den Gottheiten aber eine einzige göttliche Kraft. Diese Vorstellung hat der indische Psychologe Sudhir Kakar so ausgedrückt: „3306 Götter, die eine Gottheit sind." Die drei Götter Brahma, Shiva und Vishnu nehmen im schier unüberschaubaren Götterpantheon eine gewisse Sonderstellung ein. *Brahma* gilt dabei als Schöpfergott, *Shiva* als der Zerstörer und der Erneuerer, *Vishnu* nimmt die Rolle des Welterhalters ein. Alle drei Götter haben Gemahlinnen zur Seite, die wiederum besondere Aufgaben haben; beispielsweise ist Lakshmi, Vishnus Gemahlin, die Göttin der Schönheit und des Glücks. Weitere populäre Götter sind der elefantenköpfige *Ganesha* sowie *Krishna*. Letzterer wurde auch in Europa und Amerika in den siebziger und achtziger Jahren verehrt (Hare-Krishna-Bewegung). Die vielgestaltige Gemeinschaft der Gottheiten ist aber nicht der letzte Urgrund der Wirklichkeit, in der der Mensch sich bewegt und die auch für seine Erlösung die entscheidende Rolle spielt.

Wie können Menschen erlöst werden?

Brahman (ursprünglich Sanskritwort für „heiliger Spruch") gilt für Hindus als Weltseele oder höchstes Bewusstsein auf dem Grund der Welt. Brahman ist der letzte Urgrund allen Seins. *Atman* steht demgegenüber für die Einzelseele, den Kern des (menschlichen) Individuums. In den Upanishaden findet sich eine recht klare Konzeption für die Erlösung des Menschen. *Erlösung tritt dann ein, wenn Brahman sich mit Atman zu einer Einheit verbindet.* Die berühmte Formel zu dieser Einheit (Sanskrit: Tat tvam asi = Das bist du) weist deutlich auf einen entscheidenden Punkt im Verständnis von Erlösung (Sanskrit: moksha) hin: In der Erlösung sind der Mensch und der Urgrund der Welt nicht mehr voneinander geschieden.

Drei Erlösungswege werden genannt. Der erste ist der *Weg der Handlung oder der Tat* (Sanskrit: karma-marga). Mit „Tat" sind einerseits rituell korrekte Opferhandlungen

oder andere Handlungen zur Verehrung einer Gottheit gemeint, z. B. Dekoration einer Götterstatue. Auch Pilgerreisen wie etwa die Reise zum heiligen Fluss Ganges, verbunden mit rituellen Waschungen, gehören dazu. Ebenso zählen dazu aber auch alle Handlungen, die ein Mensch innerhalb des Kastensystems vollzieht, um seiner angestammten sozialen Stellung zu entsprechen. Das pyramidenförmig aufgebaute Kastenwesen hat in der traditionellen Benennung
1. die Kaste der Brahmanen (Priester und Gelehrte) an seiner Spitze,
2. stehen darunter Krieger, Fürsten und Adlige,
3. Bauern, Viehzüchter, Händler und Handwerker,
4. Hirten, Fischer und Gärtner.
Die Dalits (Unberührbare, wörtl.: die Zerbrochenen) fallen aus diesem viergliedrigen System heraus; sie sind sozial nahezu vollständig ausgegrenzte Menschen.

Der zweite Weg zur Erlösung ist der *Weg der Erkenntnis* (Sanskrit: jnana-marga). Genauer geht es um die Erkenntnis, dass Atman und Brahman eins sind. Meditative Übungen (Yoga), das Studium heiliger Texte oder der Kontakt mit einem weisen Guru sind Schritte auf diesem Weg.

Der dritte Weg zur Erlösung ist der *Weg der Gottesliebe* (Sanskrit: bhakti-marga). Vertrauensvoll kann sich der Mensch einer der vielen Gottheiten zuwenden und durch diese Haltung den Weg zur Erlösung beschreiten.

Zur Zukunftsvorstellung im Hinduismus siehe auch das Kapitel ZUKUNFT → S. 136f.

Der Buddhismus

Was hat der Buddhismus mit Befreiung zu tun?

Wer mit aufmerksamem Blick durch Kaufhäuser, Gartencenter oder Möbelgeschäfte geht, findet Buddhaskulpturen oder Buddhaköpfe in den unterschiedlichsten Formen und Materialien. Diesem Trend zum „dekorativen Gebrauch" entspricht häufig eine nur oberflächliche Kenntnis des Buddhismus; er gilt oft als eine auf spirituelle Achtsamkeit und Toleranz konzentrierte „Religion ohne Gott".

Diese Züge sind dem Buddhismus keineswegs fremd. Aber die einseitige Konzentration auf diese Aspekte verstellt den Blick auf die tieferen Wurzeln und religiösen Grundlinien des Buddhismus. Einer der ältesten buddhistischen Texte zeigt, dass es in dieser Religion keinesfalls nur um möglichst angenehme spirituelle Entspannung geht. Buddha schildert eine während der Meditation gewonnene Einsicht in das Wesen der Erlösung. Er sagt, sein Geist sei befreit worden von den Übeln des Daseins und der Unwissenheit. Damit sei ihm die Erkenntnis zuteil geworden, dass der Kreislauf der Wiedergeburt, von Werden und Vergehen, zerstört sei.

Ferner verkündigt Buddha (Sanskrit für: der Erwachte) im Zentrum seiner Lehre (Sanskrit: dharma) die „vier edlen Wahrheiten". Sie lauten:
1. *Menschliches Leben ist wesentlich Leiden*. Geburt, Alter, Krankheit und Tod sind dafür ebenso deutliche Beispiele wie die Erfahrung, dass z. B. Ziele nicht erreicht werden.

2. Der entscheidende *Ursprung des Leidens* ist letztlich *menschliche Gier*, der fehlgeleitete „*Durst*" (Sanskrit: dukkha) nach der Fülle des Daseins; diese Gier zwingt den Menschen in eine Abfolge von immer neuen Wiedergeburten.
3. Aus dem Kreislauf der Wiedergeburten kann nur heraustreten, wer sich von diesem *Durst lösen* kann.
4. Die Befreiung aus dem Leiden vollzieht sich durch den sogenannten *achtfachen Pfad*: rechtes (= richtiges) Verstehen, rechtes Denken, rechtes Reden, rechtes Handeln, rechtes Leben, rechtes Bemühen, rechtes Aufmerken (Achtsamkeit), rechte Konzentration (Meditation). Ein in diesem Sinne gutes Leben sammelt nach buddhistischem Verständnis gutes „Karma" (Sanskrit für: Tat) für einen möglichst positiv verlaufenden Weg im Kreislauf der Wiedergeburten. Höchstes Ziel ist aber, diesem Kreislauf zu entkommen und im *Nirwana* (Sanskrit für: „Verwehen") ganz und gar zu verlöschen. Der Meditation kommt auf dem Weg zur Erreichung dieses Zieles eine zentrale Bedeutung zu; sie bewirkt die Loslösung und Befreiung des Menschen von der oft sprunghaften und leidverursachenden Dauerbewegung von Gedanken und Emotionen.

Diese Überzeugungen und Praktiken spiegeln sich nicht zuletzt im überlieferten und oft auch legendenhaft ausgeschmückten Lebensweg Buddhas.

Wer war Buddha?

Buddha, dessen genaue Lebensdaten in der Forschung umstritten sind (ca. 560–480 v.Chr.), wird als Siddharta Gautama in einer wohlhabenden indischen Fürstenfamilie geboren. Er heiratet mit 16 Jahren eine Cousine und zeugt mit ihr einen Sohn. Dann aber vollzieht sich die entscheidende Lebenswende: In *vier Ausfahrten* aus dem wohl behüteten Palast begegnet Siddharta Menschen, die ihm exemplarisch das menschliche Leiden und den Weg zu seiner Überwindung vor Augen stellen. Er trifft auf einen alten Mann, einen Kranken und auf einen Trauerzug, der gerade einen Toten zur Bestattung bringt. Auf der letzten Ausfahrt begegnet Siddharta einem Bettelmönch; er sieht in dessen Gelassenheit das angesichts des brüchigen menschlichen Daseins einzig mögliche Lebensmodell. Siddharta bricht nun radikal mit seinem bisherigen Leben. Er unterzieht sich als Bettelmönch strengster Askese, verzichtet bis hin zur körperlichen Erschöpfung immer wieder auf Essen, Trinken und Schlaf. So will er die alles entscheidende spirituelle Erfahrung machen. Lebensgefährliche Atemübungen sollen ebenfalls den Weg zur Erleuchtung bahnen.

Nach sechs Jahren vergeblicher Bemühung bricht Siddharta das radikale Experiment ab. Fünf Schüler, die sich ihm inzwischen angeschlossen haben, verlassen enttäuscht ihren spirituellen Meister. Im nordindischen Bodh-Gaya erlangt Siddharta Gautama die vollkommene Erleuchtung. Er wird zum Buddha (Sanskrit für „Der Erwachte"). Die vier edlen Wahrheiten erschließen sich ihm auf dem „mittleren Weg" der religiösen Praxis, also abseits der strengen Askese. Im sogenannten Gazellenhain hält der Buddha seine erste Predigt über die *vier edlen Wahrheiten*; sie gilt als das „Andrehen des Lehrrades", der Beginn seiner öffentlichen Lehrtätigkeit. In den nächsten 45 Jahren zieht er predigend durch Nordindien. Die älteste Sammlung seiner Lehrreden ist der sogenannte *Pali-Kanon*. Die wachsende Anhängerschar und Buddhas Lehre werden auch durch Könige und Provinzfürsten geschützt und gefördert.

Mit 80 Jahren stirbt Buddha und geht nach buddhistischem Verständnis in das völlige Verlöschen (*Nirwana*) ein – so ist er dem Kreislauf der Wiedergeburten endgültig entgangen. Die Erlösung geschieht aber augenscheinlich ohne das spürbare und für andere Religionen so wichtige Eingreifen einer Gottheit. Der Weg zur Erkenntnis und zur Erlösung führt aber für den Buddhismus über die dreifache „Zuflucht" (trisarana): zu Buddha, zur Lehre (dhamma) und zur (Mönchs-)Gemeinschaft (sangha).

Ist der Buddhismus eine Religion ohne Gott?

Die Lehren des Buddha wurden in verschiedenen Schulrichtungen weitergegeben; alle Strömungen des Buddhismus beziehen sich gleichermaßen auf die Grundlehren des Buddha, wie sie in den „Vier edlen Wahrheiten" und im „Achtfachen Pfad" zusammengefasst sind. Diese Lehren kommen ohne entscheidenden Bezug auf eine Gottheit aus. Dennoch sprach Buddha von Göttern, sogenannten Devas; er bezeichnete damit Gestalten, die im Verlauf ihrer Wiedergeburten durch positives Karma eine gute Stellung im Gesamtgefüge der Welt einnehmen; auch sie verbleiben aber im Kreislauf des Werdens und Vergehens.

Eine der ältesten buddhistischen Strömungen, die sogenannte Theravada-Schule (Pali-Wort: Theravada = Lehre der Älteren [Mönche], „Kleines Fahrzeug"), die ihr Zentrum in Klöstern hat, nimmt diese Redeweise von den Göttern auf. Die etwas jüngere Mahayana-Tradition (Sanskrit: Mahayana = „Großes Fahrzeug") war mönchskritisch und eher eine buddhistische „Volksreligion"; diese religiöse Strömung nahm verstärkt wieder Göttervorstellungen aus dem Hinduismus auf. Auch wird Buddha selbst bisweilen wie ein Gott verehrt, obwohl er selbst zu seinen Lebzeiten solche Verehrungspraktiken stets abgewiesen hat.

Der Kern des Buddhismus liegt also nicht in der Frage nach Gott. Vielmehr muss die Flüchtigkeit und Vergänglichkeit des Menschen inmitten einer ebenfalls durch beständigen kreislaufartigen Wandel (Sanskrit: Samsara = Wanderung) geprägten Welt erkannt werden. Diese Perspektive führt sogar so weit, dass dem Menschen eine Identität als selbstständiges Ich abgesprochen wird. Letztlich ist der Mensch dann nur ein instabiles Gefüge aus ständig wechselnden Emotionen, Willensäußerungen und Handlungen. Vgl. zum Menschenbild des Buddhismus auch das Kapitel Mensch → S. 31 und zur Zukunftsvorstellung das Kapitel Zukunft → S. 136f.

Religionen und Religion

Wie können Menschen die Pluralität der Religionen verstehen und gestalten?

Bereits der mittelalterlicher Theologe und Philosoph Nikolaus von Kues (1401–1464) meinte, dass angesichts der Größe Gottes die verschiedenen Religionen im Grunde nur *eine* Religion in verschiedenen rituellen Ausprägungen seien. Zur Zeit der Aufklärung hat Gotthold Ephraim Lessing (1729–1781) ein ethisches Entscheidungskriterium für den Wahrheitsanspruch einer Religion entwickelt. Die berühmte *Ringparabel* im Drama „Nathan der Weise" stellt Judentum, Christentum und Islam vor eine anspruchsvolle Aufgabe. Da die Wahrheit von keiner der drei Religionen von vornherein feststehe, sollten die Gläubigen im friedlichen Wettstreit um wechselseitige Toleranz und Humanität den Wahrheitscharakter ihrer jeweiligen Religion erweisen.

In der Gegenwart fehlt es weder an Bemühungen, die Begegnung zwischen den Religionen theoretisch zu reflektieren, noch an Anstrengungen, diese Begegnungen praktisch zu organisieren. Bei den verschiedenen theologischen Ansätzen werden (hauptsächlich für den Bereich des Christentums) gewöhnlich drei Typen unterschieden:

1. Der *exklusivistische Ansatz* geht davon aus, dass bei einer Begegnung zwischen den Religionen nur die („exklusiv") eigene Religion als wahr gelten kann. So hat der christliche Theologe Karl Barth (1886–1968) formuliert, dass der Glaube an die Offenbarung Gottes in Jesus Christus allen Religionen strikt gegenüberstehe.
2. Der *inklusivistische Ansatz* betont demgegenüber, dass in den verschiedenen Religionen Wahrheitsmomente des Handelns Gottes enthalten sind. Die geschichtliche Entwicklung der Religionen wird dann als fortlaufender Prozess einer Erscheinung des einen Gottes betrachtet. Der evangelische Theologe Wolfhart Pannenberg (*1928) hat diesen Ansatz konsequent entwickelt.
3. Der *pluralistische Ansatz* geht von der Erfahrung einer radikalen und grundsätzlichen Pluralität aller Religionen aus. Man verabschiedet sich von einer grundsätzlichen Behandlung der Wahrheitsfrage („Welche Religion hat grundsätzlich recht?"). Die Bemühung um konkrete Begegnung mit anderen Religionen soll dagegen Schritte des weiteren theologischen Nachdenkens einleiten. Der pluralistische Ansatz wird z. B. durch den katholischen Theologen Paul F. Knitter (*1939) verfolgt.

Auf dem Feld der praktischen Begegnungen zwischen den Religionen gibt es vielfältige Initiativen. Zwei Beispiele mögen genügen:

Der katholische Theologe Hans Küng (*1928) geht bei seinem *Projekt Weltethos* von der Annahme aus, dass ein friedliches Miteinander der Religionen im Austausch über gemeinsame ethische Grundüberzeugungen möglich sei. Religionsfrieden aber ist für Küng eine Wurzel dauerhaften Friedens und gerechter gesellschaftlicher Verhältnisse. Die Aktivität der Stiftung bemüht sich dabei um möglichst konkrete Arbeit am interreligiösen Dialog, z. B. in den Bereichen Bildung, Wirtschaft und internationaler Politik.

Das in den USA entwickelte Konzept des *Scriptural Reasoning* führt Menschen unterschiedlicher Religionen zum gemeinsamen Studium der verschiedenen heiligen Schriften zusammen. Es geht nicht darum, die anderen zu missionieren, sondern um eine Vertiefung des wechselseitigen Verständnisses. Jedes Mitglied einer Lektüregruppe ist dabei Anwalt und Experte der je eigenen Religion.

Was ist das eigentlich: Religion?

Die Versuche, auf diese Frage eine Antwort zu finden, füllen ganze Bibliotheken; bereits 1921 wurden etwa 50 Definitionen gezählt. Angesichts der bis heute bestehenden Strittigkeit des Begriffs sollen hier zusammenfassend drei grundlegende theoretische *Sichtweisen* auf das komplexe Phänomen „Religion" skizziert werden. Man unterscheidet grob zwischen einem substantiellen, einem funktionalen und einem phänomenologischen Religionsbegriff.

1. Der *substantielle Religionsbegriff*: Religion gestaltet die Beziehung des Menschen zu einer Gottheit oder höheren („göttlichen") Mächten, von denen sich der Mensch abhängig fühlt. Die Gestaltung und Deutung dieser Beziehung in Anbetung, Kultus, heiligen Schriften, Dogmen, Riten und religiösen Vorschriften kann dabei ganz unterschiedlich ausfallen. Der substantielle Religionsbegriff hat eine recht lange Geschichte. Er konnte schon sehr früh mit Wertungen über wahre und falsche Religion(en) verbunden werden. Bereits der römische Philosoph Cicero (106–43 v. Chr.) unterschied zwischen einem bloß abergläubischen Verhältnis zu den Göttern (superstitio), das deren Verehrung lediglich aus vorteilssüchtiger Berechnung und kurzatmiger Lebensangst betreibt, und einer „religio", in der der Mensch gegenüber den Gottheiten innerlich tief überzeugt handelt.

2. Der *funktionale Religionsbegriff*: Religion erfüllt im Leben einzelner Menschen oder von Gesellschaften eine bestimmte Funktion; sie „leistet" also etwas. Insbesondere kann durch Religion die unausweichliche Kontingenz (hier im Sinne von Ungewissheit, Endlichkeit und Gefährdung) des Lebens besser verarbeitet werden. Man spricht hier von Religion als Kontingenzbewältigungspraxis. In diesem Sinne können für eine funktionale Religionstheorie nicht nur gottesdienstliche Riten oder Gebete religiöse Handlungen sein. Bereits ein Rockkonzert oder ein Fangesang bei einem Fußballspiel können religiösen Charakter tragen, wenn sie menschliche Gemeinschaft stabilisieren oder ein „großes Ganzes" inszenieren, in dem der Einzelne wenigstens zeitweise Geborgenheit und Sinn findet.

3. Der *phänomenologische Religionsbegriff:* Die konkrete Ausformung von Religion kann am besten durch detailgenaue Beobachtung und Beschreibung unterschiedlicher religiös bedeutsamer Phänomene (z. B. Riten, Symbole, heilige Texte, Gebete etc.) erfasst werden. Die sogenannte Religionsphänomenologie will dadurch Gemeinsamkeiten, aber vor allem auch Unterschiede zwischen Religionen möglichst präzise benennen. Ebenso sollen damit vorschnelle Festlegungen auf eine bestimmte Bedeutung von „Religion" vermieden werden. Ein zentraler Begriff für neuere phänomenologische Religionstheorien ist der Ausdruck „Transzendenzerfahrung": Religion ermöglicht demnach dem Menschen immer wieder eine tiefgreifende Erfahrung „des Heiligen". Das Heilige überschreitet (transzendiert) den Horizont der vordergründig („alltäglich") erfahrbaren Welt in *grundlegender* Weise. Diese Erfahrung kann durch Gefühle des außerordentlichen Erschreckens (z. B. vor der Größe und Allmacht Gottes), aber auch der Freude (z. B. an der Schönheit und Ordnung der Schöpfung) begleitet sein.

Zukunft

Zukunft in anderen Religionen
- Worauf hoffen Juden?
- Worauf hoffen Muslime?
- Worauf hoffen Hindus und Buddhisten?

Zukunft in Bibel und Christentum
- Worauf hoffen Menschen in Zeiten der Bibel?
- Geht die Welt unter?
- Gibt es ein Weiterleben nach dem Tod?
- Wie ist das Jüngste Gericht zu verstehen?
- Wer wird gerettet werden?
- Was kommt zuletzt?
- Wie sieht das ewige Leben aus?

Gesellschaftliche Zukunft
- Wie wird die Welt gerechter?
- Ist Frieden möglich?
- Was wird die Zukunft uns Menschen bringen?

Persönliche Zukunft
- Wie stelle ich mir meine Zukunft vor?
- Kann Gott uns Menschen begegnen?
- Wie werde ich glücklich?
- Ist mit dem Tod alles aus?

Warum soll man sich überhaupt mit dem Thema „Zukunft" beschäftigen?
Menschen leben im Hier und Jetzt. Menschen vergleichen neue Erfahrungen, die sie machen, mit bereits gemachten Erfahrungen aus der Vergangenheit. Daraus entwickeln sich Handlungsmöglichkeiten und Handlungsperspektiven für die Zukunft. Im Mittelpunkt stehen dabei Fragen wie: Wer will, soll, kann ich sein? Wie will, soll, kann ich leben? Mit wem will ich leben? Was will ich erreichen, sehen, erleben? Was macht mein Leben glücklich? All diese Fragen nehmen das eigene Leben hier auf der Erde in den Blick. Unser Leben aber ist eingebettet in gesellschaftliche Zusammenhänge. Für die Zukunft mit anderen bedeutet dies, dass Fragen hinzukommen wie: In welcher Gesellschaft, unter welcher Staatsform will ich / wollen wir leben? Bin ich nur für mich oder auch für andere verantwortlich? Trage ich zu einer gemeinsamen besseren Zukunft für alle bei? Wie sollen die weltweit knapper werdenden Ressourcen verteilt werden?

Sowohl die Einschätzung der persönlichen als auch der gesellschaftlichen Zukunft ist von hintergründigen Geschichtskonzepten bestimmt, die wiederum von Zukunftsvorstellungen (aber auch anthropologischen Annahmen) geprägt sind. Solche Geschichtskonzepte zeigen sich z. B. in der Vorstellung, die westliche Welt befinde sich in einem Kampf mit einer „Achse des Bösen", und man müsse deshalb mit bedrohlichen Auseinandersetzungen rechnen und sich frühzeitig dagegen wehren. Sie zeigen sich aber auch in einer Überzeugung, dass der wissenschaftlich-technische Fortschritt das Leben in der Zukunft erleichtere und viele Krankheiten überwinde. Ein anderes Konzept rechnet damit, dass es immer wieder neue Chancen gibt, die jedoch entschlossen genutzt werden müssen. Jedes Mal ändert sich damit zugleich die Wahrnehmung der Gegenwart.

Darüber hinaus stellen sich Menschen aber auch Fragen, die über sie hinausweisen, die die immanente Welt übersteigen und in den transzendenten Bereich hineinragen. Ist mit dem Tod alles aus? Gibt es ein Leben nach dem Tod? Wie könnte dieses Leben aussehen? Was kann ich dafür tun (was z. B. den Ägyptern wichtig war)? Wenn ich falsch gehandelt habe oder Menschen Unrecht getan habe, werde ich dafür büßen müssen? Und anders gefragt: Erfahren Menschen, denen man ihre Lebensmöglichkeiten genommen hat, Gerechtigkeit? Werde ich die Toten wiedersehen? Diesen Bogen schlagen die Religionen, sie verbinden das irdische Leben mit einem jenseitigen und betten den Menschen ein in ein großes Ganzes, das sowohl Vorstellungen von der Zukunft als auch Vorstellungen von Geschichte enthält.

Offenkundig kommt die Gestaltung sowohl des persönlichen als auch des gesellschaftlichen Lebens ohne solche zukunftsweisenden Fragen nicht aus. Von den Antworten auf diese Fragen hängt ab, wie Menschen das Leben und die Welt erleben, Ereignisse beurteilen und handeln.

Persönliche Zukunft

Wie stelle ich mir meine Zukunft vor?

Diese Frage stellt sich immer dann, wenn Entscheidungen fürs Leben getroffen werden oder wenn Lebensentwürfe auf dem Prüfstand stehen. Hier zeigt sich, was das Leben eines Menschen trägt, es auszeichnet und woran die jeweilige Person ihr Herz hängt. Bewusste Schwerpunktsetzungen für das eigene Leben können Familie, Freundschaften, Beruf, Karriere, gesicherte Existenz, Selbstverwirklichung, Mobilität oder Sinnfindung (auch im Glauben) sein. Daran wird sich dann auch die Lebensführung jedes Einzelnen orientieren. Die Sinus-Jugendstudie 2012 geht der Frage nach, welche jugendlichen Lebenswelten es gibt und wie Jugendliche in diesen verschiedenen Welten ihren Alltag (er)leben. Die Studie filtert sieben unterschiedliche Milieus heraus, orientiert nach Bildungsgrad und normativer Grundorientierung. Innerhalb ihrer Zukunftsvorstellungen gibt es eine große Bandbreite: Die sog. Konservativ-Bürgerlichen blicken skeptisch in die Zukunft. Sie suchen Beständigkeit und ein Leben ohne Not in harmonisch familiären Verhältnissen. Die Sozialökologischen suchen nach einem sinnstiftenden Beruf und wünschen sich Gesundheit und die Möglichkeit, fremde Länder zu bereisen. Die Expeditiven sehnen sich danach, möglichst früh auf eigenen Beinen zu stehen, sie treibt der Wunsch nach kreativer Selbstverwirklichung an. Prekäre (lat. precarius = unsicher) Jugendliche blicken pessimistisch in die Zukunft, ihre Ausbildungschancen schätzen sie negativ ein. Experimentalistische Hedonisten streben nach Freiheit, materialistische Hedonisten folgen dem bürgerlichen Lebenstraum von Beruf, Ehe, Kindern, Zuhause.

Ein anderes Zukunftsbild zeichnet Janne Teller in ihrem Jugendroman „Nichts. Was im Leben wichtig ist." Hier verweigert sich der Protagonist Pierre Anthon dem Alltag, steigt auf einen Baum und verkündet, er würde ab heute nichts mehr tun, da nichts im Leben von Bedeutung sei. Dieser radikal-nihilistischen Sicht folgen seine Mitschüler nicht und wollen ihn vom Gegenteil überzeugen. Was als harmloses Spiel beginnt, eskaliert am Ende und rüttelt an den Normen eines friedlichen und zivilen Zusammenlebens. Hier zeigt sich einmal mehr, wie persönliche und gesellschaftliche Zukunft miteinander verknüpft sind.

Kann Gott uns Menschen begegnen?

Menschen berichten von vielfältigen und unterschiedlichen Gotteserfahrungen. Viele Menschen erkennen Gott in der Natur und in der Naturbetrachtung (im Einswerden mit Naturerfahrungen oder im Staunen angesichts der Natur). Andere erfahren Gott in der Einsamkeit, im Gebet, im Lesen in der Bibel, indem sie sich ganz auf sein Wort einlassen und ihren eigenen Willen hinten anstellen. Wieder andere entdecken Gott im menschlichen Gegenüber, indem sie ihr Leben, ihre Fähigkeiten, ihre Zeit und ihre Tatkraft in den Dienst des Nächsten stellen und so dem Leben Jesu folgen. Manche begegnen Gott in (lebens-)bedrohlichen Situationen, in denen existenzielle Fragen aufbrechen und sie die stützende Nähe Gottes spüren dürfen, oder auch in zeitenthobenen Glücksmomenten, in denen sie ein Stück Ewigkeit schmecken dürfen. Möglicherweise sind all dies Momente des absoluten Angenommenseins, in dem Menschen Ewigkeit erahnen können, lebens- und vielleicht auch sterbensbereit sind.

Wie werde ich glücklich?
Im Königreich Bhutan steht das Recht auf Glück in der Verfassung; seit 2008 ist das Bruttonationalglück als Ziel dort verankert. Schon die US-Unabhängigkeitserklärung 1776 erklärte das Streben nach Glück zu einem unveräußerlichen Recht. Im Wellington-College, England, gibt es das Fach „Well-being" und in einer Schule in Heidelberg das Wahlfach Glück.

Jedes Mal bedarf es der Klärung, was man unter Glück verstehen kann. Ziele des Schulfaches Glück sind nach seinem „Erfinder", dem Pädagogen und Schulleiter Ernst Fritz-Schubert, Schülerinnen und Schülern zu mehr Lebenszuversicht, Selbstsicherheit, Selbstverantwortung und sozialer Verantwortung zu verhelfen. Aufgabe des Faches ist es, Lernerfahrungen zu ermöglichen, die für eine kleine Weile glücklich machen und so dazu beitragen, Gründe zum Glücklichsein zu finden. Glück wird hier als „dauerhaftes Gefühl des Wohlbefindens", als „Lebensglück" bzw. „Lebenszufriedenheit" verstanden. Das entspricht der Ansicht des Aristoteles (384–322 v.Chr.): Für ihn macht das Führen eines reflektierten und tugendhaften Lebens in Gemeinschaft glücklich. Auch der Philosoph Wilhelm Schmid (*1953) beschreibt Glück als Folge sinnvollen Lebens: Dort, wo Lebenszusammenhänge erkennbar werden, d.h. Menschen, Erfahrungen, Begebenheiten nicht isoliert sind, sondern sich sinnvoll aufeinander beziehen, stellt sich Glück ein.

Auch im *Christentum* wird Glück beschrieben. Man findet Glück verstanden z.B. als das Zur-Ruhe-Kommen des tiefsten menschlichen Begehrens, Glück als letztes Ziel menschlichen Sehnens und Glück als letztes Ziel aller Heilserwartungen; damit kommt der Begriff „Glück" dem Begriff „Heil" nahe. Insgesamt zeigt sich im christlichen Glauben eher, dass unter Glück nicht primär individuelle Glücksmomente verstanden werden, die durch Zufall, Schicksal oder eigene Anstrengungen erklärbar sind, sondern *dass die Erfahrung von Glück an Gott gebunden wird*; somit wird Glück für den Menschen unverfügbar. Wer das eigene Leben an Gott orientiert, macht die Erfahrung glücklichen Lebens! Man denke an Josef in Ägypten, dessen Geschicke Gott lenkt, an die Arme des barmherzigen Vaters (Lk 15,11-32), der seinen zurückkehrenden jüngeren Sohn festlich empfängt, an die Heilung des blinden Bartimäus (Mk 10,46-52), der sein Augenlicht und neue Lebensperspektiven erhält, oder an das abendliche Essen von Jesus mit seinen Jüngern. Glück zeigt sich hier als erfüllter Moment, in dem ein anderer, die eigene Wirklichkeit überbietender Horizont aufleuchtet. Mit der Reich-Gottes-Botschaft Jesu werden die Menschen, die Jesus sehen und hören, mit einer Welt konfrontiert, in der Gottes Nähe, Solidarität und Gerechtigkeit schon jetzt erfahrbar wird (→ S. 54). Gottes Reich *ist schon da*, verkündet Jesus, und bringt Menschen dazu, gerecht zu handeln, einander zu vergeben und sich selbst zurückzunehmen, und *es bleibt aber auch im Kommen* (präsentische und futurische Eschatologie). Jesu verkündigte Gottesherrschaft bedeutet Heil und Rettung gerade für die Verlorenen (Mt 5,3-12). Glücklichsein beinhaltet demnach auch das Glücklichmachen anderer, verbunden mit Demut. So spricht der evangelische Theologe Michael Welker (*1947) von der „freien, schöpferischen Selbstzurücknahme" zugunsten der Mitgeschöpfe.

Ist mit dem Tod alles aus?
Es gibt verschiedene Einstellungen zum Tod. Für den Philosophen Ludwig Feuerbach (1804–1872) ist mit dem Tod alles aus. Der christliche Glaube hingegen hofft auf eine große Verwandlung. Viele rechnen mit einer Trennung von Leib und Seele. Während der Leib vergeht, gelangt die Seele zu Gott, um sich am Ende der Zeiten wieder mit dem verwandelten Leib zu vereinen. Vor allem in der römisch-katholischen Theologie wird diese Position vertreten. Hier wirkt die Auffassung von Plato (428/427–348/347 v. Chr.) nach, wonach der Mensch aus einem vergänglichen Leib und einer unsterblichen Seele besteht. Viele evangelische Theologen vertreten dagegen die These vom „Ganztod", wonach der Leib und die Seele sterben und nach der Auferstehung auf die Gnade Gottes im Gericht angewiesen sind.

Viel Zustimmung findet heutzutage auch die aus dem Hinduismus und Buddhismus stammende Vorstellung (s.u. → S. 136ff.), dass der Mensch nach seinem Tod in einem anderen Wesen wiedergeboren werde. Sie entspricht jedoch nicht den Aussagen der Bibel.

Klar dürfte sein, dass unsere Einstellung zum Tod sich auf unser Leben auswirkt. Der Glaube an eine Auferstehung kann etwa die Bereitschaft wecken, Ungerechtigkeit hinzunehmen. Doch das ist nicht zwingend. Der Glaube an die Auferstehung kann die Angst vor dem Tod nehmen und gleichzeitig zu mutigem Auftreten motivieren.

Die gegenteilige Position ist der Glaube, mit dem Tod sei alles aus. Dieser Glaube kann im Extremfall dazu führen, nur noch an sich und sein eigenes Glück zu denken. Er kann aber auch wie bei Feuerbach dazu führen, dass das Leben, das man lebt, für alle besser wird. Denn Gott ist nach Feuerbach nur das an den Himmel projizierte, vergöttlichte Spiegelbild des eigentlichen Wesens des Menschen, hinter dem in Wirklichkeit nichts steht. Weil der Mensch sein vollkommenes Wesen nicht recht zu Gesicht bekommt, entwirft er ein von ihm getrenntes vollkommenes und allmächtiges Wesen und bezeichnet es als Gott. Weil er sein unsterbliches Wesen nicht erkennt, nicht selbst sterben will, projiziert er die Vorstellung von der Unsterblichkeit in ein Jenseits. Feuerbach fordert, dass der Mensch in Gott sein eigenes Wesen erkennt und ein wahrhaft menschliches Leben in Angriff nimmt, in dem Menschen einander zum Heiligsten werden, das es gibt. So entsteht in seinen Augen ein menschlicheres, gerechteres Miteinander (→ S. 45f.).

Gegen diese Sicht ist darauf hinzuweisen, dass die biblische Tradition z.B. von Befreiung und Exodus spricht, von dem Drängen der Propheten auf Gerechtigkeit, von Gottes Reich, das Hoffnung den Hoffnungslosen bringt, von Ermutigung der Armen, Hungernden und Trauernden in den Seligpreisungen. Ebenso kann man darauf hinweisen, dass unzählige Christen frei und selbstbewusst sind, gerade weil sie an Gott glauben: als den Grund und Garanten ihrer Freiheit und Mündigkeit. Christen wissen sich hineingenommen in Gottes Schalom, den umfassenden Zustand von Wohlergehen und Heil: Der Tod wird überwunden und das Leben bei Gott zur Vollendung geführt.

Gesellschaftliche Zukunft

Wie wird die Welt besser?

Die Verbesserung gesellschaftlicher Lebensverhältnisse vereint Menschen. Die Frage ist, was eine bessere Welt kennzeichnet und wie es dazu kommen kann. Die einen sprechen von einem Naturgesetz, andere setzen auf Naturwissenschaft und Technik, wieder andere auf die Vernunft des Menschen. Christen setzen auf die Erkenntnis und Verehrung Gottes und seine Führung. Wer hat recht?

In den letzten 200 Jahren hat sich das Wissen der Menschheit vor allem im naturwissenschaftlichen und technischen Sektor immens erweitert. Die Lebenseinstellung vieler ist naturwissenschaftlich geprägt, Naturgesetze schließen Gottes Eingreifen in die Welt aus. Der Physiker Michio Kaku (*1947) glaubt an eine vollkommen computergestützte Zukunft. Seiner Meinung nach wird es irgendwann einmal möglich sein, das Leben zu perfektionieren: Die Menschen werden alle dem Planeten zur Verfügung stehende Energie optimal nutzen.

Nach dem Biologen und Philosophen Julian Huxley (1887–1975), einem Vertreter des Evolutionären Humanismus, erzeugt gesteigertes Wissen noch keinen humanen Fortschritt, denn Menschen sind eigennützig. Huxley setzt aber auf die Vernunft und das Gewissen des Menschen: Mithilfe dieser Kräfte sei der Mensch in der Lage, die Zukunft zum Besseren zu bringen.

Ein Philosoph wie Walter Benjamin (1892–1940, ein deutscher Jude, der den Antisemitismus in Deutschland mit erlitt) kann diesen Fortschrittsoptimismus nicht teilen. Das, was man Fortschritt nennt, sei in Wahrheit wie ein Sturm, der alles mit sich reißt. Benjamin fordert zum Umdenken, zur Rettung des Vergangenen auf und lenkt damit auch den Blick auf das Leidvolle, Verfehlte.

Der aus Mähren stammende Pädagoge und Theologe Johann Amos Comenius (1592–1670) denkt erstmalig Pädagogik vom Kind her und setzt sich in der Neuzeit für eine umfassende Allgemeinbildung und eine Erziehung ein, die den Gebrauch des eigenen Verstandes einfordert. Er erwartet das „Glück des Menschengeschlechts" durch das Auffinden der wahren Philosophie, der wahren Religion und der wahren Politik, die den Zustand aller verbessern würden. Durch die wahre Philosophie würden die Menschen als vernunftbegabte Wesen die gegenseitigen Verflechtungen im Leben erkennen; durch die wahre Religion würde der menschliche Geist sich Gottes Willen unterordnen, um so zu erkennen, dass es eine wahre Staatskunst gibt, in der irriges Handeln vermieden wird und sich das Leben aller verbessert.

Wie wird die Welt friedlicher und gerechter?
Comenius' Anliegen wurde in den Vereinten Nationen aufgegriffen. In einem Gebet von 1942 bekennen sie, dass es am Menschen liegt, verantwortungsbewusst mit dem Planeten und miteinander umzugehen. Dazu gehört der Verzicht, Krieg zu führen, und das Bemühen, Trennendes und Zerstörendes zu unterlassen. Der Pädagoge und Theologe Karl Ernst Nipkow (1928–2014) fordert zum Gewaltverzicht im Kleinen (gewalttätiger Streit) wie auch im Großen (weltweite Kriegsschauplätze) auf. Nur die Abkehr von Gewalt und Vergeltung, die wieder Gewalt nach sich zieht, führt zu einem mitmenschlichen Umgang, der geprägt ist von Vernunft und Liebe. Eine friedliche Welt braucht sozusagen eine gerechte Welt.

Auch Götz Werner, der Gründer der Unternehmenskette *dm*, strebt eine gerechtere Welt an, indem er die Einführung einer materiellen Grundversorgung in Deutschland fordert. Nur so könne die Würde des Menschen gesichert werden, indem dieser frei von materiellen Nöten (also auf Augenhöhe mit allen) sich und seine Fähigkeiten ausprobieren und zum Wohl der Gesellschaft einsetzen kann.

Frieden und Gerechtigkeit sind bereits ein Thema in alttestamentlicher Zeit. Der Prophet Micha (Mi 4,1-4) rechnet mit einer Zukunft in Frieden. Dieser Frieden beinhaltet das Ende von Krieg, die Umwandlung der Waffen in friedliche Geräte (Pflugscharen aus Schwertern schmieden, Mi 4,3) und die Abschaffung von Armeen. Jeder Einzelne lebt in Frieden. Alle Völker behalten ihren Glauben; sie respektieren den Gott Israels und bedenken seine Gebote.

Die Evangelien des Neuen Testaments sprechen vor allem vom Reich Gottes. Die Gottesherrschaft, die Jesus verheißt, bringt Heil und Rettung, gerade auch für die Verlorenen, Ausgegrenzten. Im Gleichnis von den Arbeitern im Weinberg (Mt 20,1-16) zeigt sich eine Zukunftsoption, die nicht nach dem Leistungsgedanken die Güter zuteilt, sondern den ganzen Menschen mit seinen Bedürfnissen in den Blick nimmt und ihm gibt, was er zum Leben nötig hat; dies ist ein biblischer Beitrag zur gerechteren Welt.

Zukunft in Bibel und Christentum

Worauf hofften die Menschen in den Zeiten der Bibel?
In der Bibel ist eine Entwicklung der Hoffnungsvorstellungen festzustellen. Abraham hoffte auf Land und viele Nachkommen (1. Mose 15, 5.7), Mose hoffte auf ein Land, in dem Milch und Honig fließen (2. Mose 3,17) und in dem das Volk in Freiheit, fern der ägyptischen Sklaverei, leben kann (2. Mose 6,7). David und den anderen Königen ging es um die politische Selbständigkeit und die wirtschaftliche Unabhängigkeit des Volkes Israel. Unter dem Eindruck der militärischen Übermacht der Ägypter, Assyrer, Babylonier, Mazedonier und Römer gewann die Hoffnung eschatologische Züge (Eschatologie = die Lehre von der Endzeit, von den letzten Dingen): Man erwartete eine Heilszeit, die Himmel und Erde verwandeln würde (Jes 65), einen Messias, der

das Volk Israel aus der Unterdrückung herausführen würde. Daneben findet sich aber auch eine weisheitliche Sicht der Zeit, des Lebens und der Welt (Pred 3: „Alles hat seine Zeit"). Gott ist der alleinige Herr der Zeit, der Mensch kann – ausgespannt zwischen Geburt und Tod, zwischen Freud und Leid – dem Leben keine Elle hinzufügen (Mt 6,27), wohl aber im Glauben an Gott wachsen.

Diese eschatologische Hoffnung bestimmt auch das Neue Testament. Viele jüdische Gruppierungen versuchten auf unterschiedliche Weisen den Willen Gottes zu erfüllen und so Gottes Reich auf Erden den Weg zu bereiten. Die begüterte Schicht der Saddzuäer z.B., jene Gruppe, die zur Zeit Jesu die Hohenpriester stellte, glaubte, dass das Heil sich innergeschichtlich verwirklichen würde, sie leugneten z.B. die leibliche Auferstehung. Die Pharisäer sahen den Weg zum Heil in der Einhaltung der Gesetze des Mose. Die Essener wiederum hofften, dass durch ihren rigoristischen Lebensstil und ihre strenge Einhaltung der Reinigungsrituale der Messias schneller kommen und eingreifen würde. In diese Zeit erging Jesu Botschaft; sie war bestimmt von der Aussicht, dass das „Reich Gottes nahe herbei gekommen ist" (Mk 1,15). Es ist zwar noch ausstehend, aber in Ansätzen schon da, wie das Gleichnis vom Senfkorn erzählt (Mk 4,30-32). Das Reich Gottes fängt ganz klein an, wächst noch im Verborgenen, wird dann aber alles bestimmen. Wie solche Ansätze aussehen, zeigen die Wundergeschichten, erzählen die Gleichnisse und lassen die Zuwendungen Jesu zu Menschen in verstrickten Lebenslagen erleben. Anders als bei Johannes dem Täufer ist es nicht 5 vor 12, sondern 5 nach 12 (→ S. 54). Die Zukunft ist unterwegs und verändert die Menschen, die diese „frohe Botschaft" wahrnehmen und sich auf sie einlassen. Die kleinen Anfänge machen Mut und liefern Modelle für das Handeln.

Geht die Welt unter?
Menschen scheinen seit jeher fasziniert zu sein von Szenarien des drohenden Weltunterganges, verbunden mit dem Kommen einer neuen, besseren Welt. Für das Jahr 2012 sagten geheimnisvolle Hieroglyphen auf alten Steintafeln angeblich den nahen Weltuntergang voraus. Im 20. Jahrhundert zeigen sich in der Friedensbewegung apokalyptische Anklänge: Die Welt ist scheinbar bedroht durch einen möglichen Atomkrieg und die weltweite Umweltzerstörung. Auch die Menschen in biblischer Zeit kennen Krisenphänomene, auf die die bisherigen Denkweisen und Erfahrungen, nämlich Jahwe, der seinem Volk die Treue hält und sich seiner Welt liebend zuwendet, scheinbar nicht mehr passen. Die Verheißungsperspektive droht verloren zu gehen. Die Welt wird nun eher negativ erlebt, eine veränderte Sicht auf die Zukunft setzt sich durch: Gott lässt die Welt in den Untergang treiben, um dann die neue, bessere Weltzeit heraufzuführen. Die Theologin Johanna Rahner (*1962) nennt diese biblischen Bücher „Krisenbewältigungs-Literatur". Ein Beispiel aus dem Neuen Testament ist die Offenbarung des Johannes, die ebenfalls mit einem neuen Himmel und einer neuen Erde rechnet (Offb 21: das Bild vom himmlischen Jerusalem). Die Gegenwart ist geprägt von dem Toben böser Mächte, die es gerade auf die Glauben-

den abgesehen haben. Zwar behalten Gott und der auferstandene Jesus letztlich alles in der Hand, doch die Geschichte läuft auf einen Endkampf zu. Da dieser Kampf im Himmel schon stattgefunden hat (vgl. Offb 12) und Gott siegreich geblieben ist, ist für die Hoffenden gewiss, dass Gott überall siegen wird. Die Auferstehung Jesu verbürgt den Sieg Gottes und das Heil der Welt. Nach der endzeitlichen Katastrophe beginnt eine vollkommen neue Welt.

Gibt es ein Weiterleben nach dem Tod?
In weiten Teilen des Alten Testaments wird das Leben nach dem Tod als Gottesferne verstanden, als eine schattenhafte Existenz in der finsteren Unterwelt (Scheol), dem Land ohne Wiederkehr und ohne Verbindung zu Jahwe (Ps 88), dem Gott des Lebens. In den Klage- und Dankpsalmen reicht der Tod mitten ins Leben hinein und zeigt sich in Krankheit, Gottverlassenheit oder feindlichen Angriffen. Deshalb bedeutet Heraufführen aus der Unterwelt auch nicht Auferweckung eines Verstorbenen, sondern Errettung aus dem Tod mitten im Leben (Ps 30,4). Der Auferstehungsgedanke, wie er heute im Christentum vorherrscht, gewinnt erst in der Spätzeit des Alten Testaments an Bedeutung. Angesichts eigener Leiderfahrungen und des Lebensglücks der Gottlosen hofft der Beter auf postmortale Gerechtigkeit und ein Leben bei Gott (Ps 73; Dan 12,2f.; Jes 26,19).

Auch im Neuen Testament begegnet der Glaube, dass Gott den Tod überwinden und alles neu machen wird (Offb 21,1-8). Die Auferweckung Christi von den Toten wird zum Prüfstein des Glaubens (1. Kor 15,14). Seine Auferweckung bedeutet nicht einfach das Weiterleben eines Menschen, sondern die Verwandlung in eine neue Existenz (Mk 16,12; 1. Kor 15,42-44). Der Auferstandene wird zum neuen Menschen, den die Jünger nicht so ohne weiteres erkennen. Doch er gibt sich ihnen zu erkennen und zeigt ihnen die Wundmale (Lk 24,25-31.36-45). Oftmals wird die Verwandlung der Raupe in einen Schmetterling als Sinnbild der Auferstehung gebraucht: Auferstehung als Verwandlung, die Altes nicht auslöscht, aber Neues schafft.

Für den christlichen Glauben bedeutet dies: Alles Geschaffene ist endlich (Offb 21,1; 1. Kor 7,31; Röm 8,20). Der Tod ist das Ende aller aktiven Möglichkeiten, er versetzt den Menschen in einen Zustand reiner Passivität. Der Tod stellt somit die Herausforderung dar, alles loszulassen, was der Mensch liebt. Doch Jesus ist als Erster von den Toten auferweckt worden (1. Kor 15,20). Für Paulus ergibt sich daraus die Gewissheit, dass er selber und alle Menschen auferstehen werden. Den Zugang zur „Annahme" des Todes eröffnet also Jesus Christus. Jesus Christus ist dem Menschen vorausgegangen, auch als Auferstandener bleibt er, der Gekreuzigte, dem Menschen nahe. Dies gibt Hoffnung und Mut für die Gegenwart, die man so im Sinne Jesu verändern kann: Gesellschaftliche Vorgaben müssen nicht hingenommen werden, sondern lassen sich im Licht des Evangeliums bewerten und verändern.

Christen hoffen auf ein Wiederkommen Christi in der Zukunft. Im Glaubensbekenntnis heißt es: „Er wird kommen zu richten die Lebenden und die Toten." Sein Wiederkommen wird ein Kommen zum Gericht sein. Doch nicht nur die Verfehlungen des menschlichen Lebens und das verlorene Leben werden dann aufgedeckt, sondern auch das erfüllte Leben (1. Kor 4,1-5). Die Aufdeckungen lassen sich verstehen als Akt der Befreiung: Die Macht der Sünde ist durchbrochen, die Wahrheit wird erkannt und somit kann ein verfehltes Leben als solches gesehen und in seiner bleibenden Gebrochenheit angenommen werden. Paulus schreibt, dass alle Menschen gesündigt haben, aber durch Gottes Gnade gerecht werden (Röm 3,23f.). An anderer Stelle im Römerbrief sind die Maßstäbe für das Gericht die eigenen Taten (Röm 2,6f.). Ewiges Leben ist erfülltes Leben, dieses ist schon unter irdisch-geschichtlichen Bedingungen fragmentarisch möglich (Joh 3,15f.; Röm 6,10f.). Die christliche Hoffnung auf ewiges Leben richtet sich darauf, dass das Leben durch nichts mehr bedroht und infrage gestellt werden kann und insofern vollendet wird. Der menschliche Leib wird im Tod und durch den Tod gewandelt (1. Kor 15,35-54), damit er Anteil am ewigen Leben erlangt. Auch die übrigen Geschöpfe leiden unter der Vergänglichkeit der Welt (Röm 8,18-25). Alle Geschöpfe sind Teil von Gottes Schöpfungswerk und somit nicht ausgeschlossen von der Vollendung, wenn Gott sein wird „alles in allem" (1. Kor 15,28).

Wie ist das Jüngste Gericht zu verstehen?
In der Offenbarung des Johannes begegnet die Vorstellung vom Jüngsten Gericht (Offb 20) als dem letzten Gericht. Es hat einen doppelten Gerichtsausgang. Diejenigen, die zu Jesus gehalten haben, erfahren ewiges Heil, diejenigen die sich gegen ihn gewendet haben, kommen in die ewige Verdammnis. Ein ähnlicher Ausgang begegnet im Gleichnis vom Weltgericht (Mt 25,31-46). Die Treue zu Jesus zeigt sich hier in der Hilfe für Schwache und Arme. Das Matthäusevangelium kennt keine Heilsgewissheit, viele sind berufen, aber nur wenige sind auserwählt (Mt 7,13.14.21; 22,14). Die Rede vom doppelten Gerichtsausgang nimmt den Glauben und Unglauben wie auch die Werke der Menschen in den Blick (Mt 25,31-46; Offb 20,11-15).

Daneben gibt es jedoch auch Bibelstellen, die auf eine Allversöhnung und damit die Errettung aller durch die Gnade Gottes weisen könnten (1. Kor 15,25-28; Kol 1,19f.; Röm 11,32). Paulus geht von einem Heilsuniversalismus aus, das einzige Kriterium ist der Glaube an Jesus Christus (Phil 2,10; Röm 5,19; 11,32).

Der Gedanke des Gerichts ist verbunden mit der Auffassung, dass alles Leben verantwortliches Leben ist und sich jeder Mensch einmal für sein Leben und Handeln verantworten muss, dass er Antwort zu leisten hat. Er nimmt den Menschen in seinem Handeln ernst. Nach dem Philosophen Immanuel Kant (1724–1804) ist moralisches Handeln auf eine solche Vorstellung angewiesen. Für ihn ist die Annahme eines letzten Gerichtes notwendig, damit Menschen überhaupt moralisch handeln. Das konkrete Leben im Hier und Jetzt lässt oft genug den Eindruck aufkommen, moralisches Handeln lohne sich nicht.

Der Gedanke des Gerichts ist aber auch mit der Auffassung verbunden, dass Täter nicht ungeschoren davonkommen und Opfer nicht für alle Zeiten vergessen werden dürfen.

Wer wird gerettet werden?

Menschen, mit Vernunft und Freiheit ausgestattet, tragen Verantwortung für ihr Handeln. Doch wie sollen sie handeln, damit sie im Gericht bestehen? Eine Orientierung bietet hier das Gleichnis vom Weltgericht (Mt 25,31-46), das oft in mittelalterlichen Kirchenportalen dargestellt wird. In Mt 25,31-46 wird der kommende Menschensohn als Richter mit Christus identifiziert und der Glaube an die Person Christi als Kriterium des Gerichts mit der Bewertung der ethischen Werke des Menschen verbunden. Der Ausgang des Gerichts ist dabei dann ein doppelter: ewiges Leben oder ewige Pein. Dazu schreibt der Theologe Hans-Martin Barth (* 1939): Am Maßstab des wahrhaft Menschlichen wird der Mensch gemessen.

Eine andere Vorstellung begegnet in der johanneischen Literatur: Derjenige, der im Hier und Jetzt bereits an Jesus als den ewigen Logos und Sohn glaubt, besitzt das ewige Leben, während der Nichtglaubende bereits gerichtet ist (Joh 3,18-20). Und in Kol 1,20 lesen wir, dass Christi Tod alle Geschöpfe versöhnt hat. Die Ausgangsfrage lässt sich demnach nicht einheitlich beantworten.

Was kommt zuletzt?

Der christliche Glaube setzt auf das Kommen Gottes am Ende der Zeiten. Über die Zeit soll nicht spekuliert werden (Mk 13,33: „denn ihr wisst nicht, wann die Zeit da ist"). Aber wann wird dieses Ende nach unserem Zeitverständnis sein? Kommt Gott am zeitlichen Ende nach unserem linearen Zeitverständnis? Lassen sich dann Zeit und Raum noch denken? Nach dem Theologen Jürgen Moltmann (* 1926) wird der lineare Zeitbegriff durchbrochen und ewige Zeit beginnt. Bereits Augustinus (354–430 n. Chr.) denkt sich die Ewigkeit zeitlos: Zeit besteht nur in der Gegenwart, denn auch Vergangenheit und Zukunft gibt es nicht, nur die Gegenwart von Vergangenem als Erinnertes, die Gegenwart von Gegenwärtigem als Anschauen und die Gegenwart von Zukünftigem als Erwartung. Ist in diesem Denkmodell noch ein Handeln Gottes in der Ewigkeit möglich? Vergangenheit, Gegenwart und Zukunft fallen ineinander – vielleicht vergleichbar mit der Versunkenheit in eine Tätigkeit.

Wie sieht das ewige Leben aus?

In vielerlei Bildern beschreiben die Bücher des Alten und Neuen Testaments das kommende Leben bei Gott. Sie entwerfen damit „Utopien", die menschliches Handeln orientieren und vor allem motivieren können. Gemeinsam ist ihnen, dass sie die bedrängten Gläubigen ermutigen wollen, zu einer Lebensveränderung (Umkehr) aufrufen oder die Wiederkunft Christi am Jüngsten Tag beschreiben. Deutlich wird in diesen Bildern, dass das Leben bei Gott nicht identisch ist mit den irdischen Formen und Regeln des Zusammenlebens, wohl aber die irdische Realität vollendet und nicht abbrechen bzw. beenden lässt.

So beschreibt Offb 21,10-22,5 das ewige Leben als himmlisches Jerusalem und im Anschluss an Jes 65,17 als einen neuen Himmel und eine neue Erde. Hier herrscht Harmonie unter Völkern und Nationen. Gott selbst ist Mittelpunkt und ersetzt mit seiner Gegenwart alle Tempel. Die Zukunft der Welt wird als *Vollendung* derselben und nicht als deren Ende beschrieben.

Jes 11,6-9 beschreibt die Zukunft im Bild des Tierfriedens. Regellosigkeit und chaotisches Leiden sind zu Ende, alle Tiere liegen friedlich beisammen. Menschen leben ohne Angst inmitten dieser Welt. Alle Gewalt hat ein Ende.

Mi 4,4 und Sach 3,10 entwerfen die erhoffte Zukunft im Bild einer Weinlaube, ein im Alten Testament gängiges Bild. Das Heil, das erwartet wird, ausgedrückt im Wein, ist umfassend. Die Sozialordnung wird sich verändern: Gerechtigkeit wird herrschen und jeglicher Krieg beendet sein. Frieden wird sein, dargestellt im Bild, dass jeder den anderen unter seinen Weinstock einlädt. Die Weinlaube erscheint als Ort der Sozialität und Kommunikation, möglicherweise ein Hinweis auf die orientalische Vorstellung, in der der Besitz des Weinberges Fülle und Reichtum verhieß.

Joh 15,1-11 beschreibt das ewige Leben nicht mehr bloß im kommunikativen Zusammensein in einer Weinlaube, sondern im Zusammensein mit Christus als dem wahren Weinstock, der die Welt versöhnt und vollendet.

Zukunft in anderen Religionen

Gibt es die Hoffnung über den Tod hinaus auch in den anderen Weltreligionen? Wie steht es da um das rettende Eingreifen Gottes? Gibt es überhaupt Gott als Gegenüber, als Person so wie im Christentum? Gibt es Gemeinsamkeiten und Ergänzungen in den Weltreligionen innerhalb der Eschatologie oder schließen sich die jeweiligen Glaubensvorstellungen gegenseitig aus? Und welche Auswirkungen haben Vorstellungen von einem Leben nach dem Tod auf die aktuelle Lebenssituation und Lebensführung?

Worauf hoffen Juden?

Die das Judentum beherrschende Thematik ist die Theodizee (→ S. 41) und die Verantwortung für das Leben, die jeder Einzelne im Diesseits zu tragen hat. Dahinein eingebettet ist die Frage nach dem ewigen Leben, über das unterschiedliche Vorstellungen existieren.

Die Vorstellung vom *Kommen des Messias* ist im Glaubensbekenntnis der frommen Juden verankert. Das Judentum erwartet einen Messias, eine Erlöserfigur, aber es bleibt ungeklärt, ob er die diesseitige Welt oder die kommende verändern wird. Besonders in Leidenssituationen hofften Juden auf sein Kommen (Kreuzzugszeit ab 1096, Vertreibung der Juden aus Spanien 1492, Schoah 1933–1945). Auch wird darauf geachtet, dass die Hoffnung auf den Messias keine Konkurrenz zum strengen Monothcismus nach sich zieht. Aus diesem Grund verzichtet das Reformjudentum auf die personale Vorstellung eines Messias. Auf keinen Fall ist mit Jesus der Messias schon gekommen, wie Christen glauben.

Der Mensch besteht aus einer untrennbaren Einheit von Leib und Seele und als solche stirbt er auch. Der Tod wird vom gläubigen Juden angenommen, bedeutet er doch die Rückkehr zu Gott und dass neues Leben entstehen kann. Im frühen Israel hatte der Tod kaum eine eigene religiöse Bedeutung, der fromme Israelit starb „alt und lebenssatt" (1. Mose 25,8). Auferstehung kann das Weiterleben in der jüdischen Gemeinschaft, das Weiterleben in den eigenen Kindern oder das Weiterleben bei Gott meinen.

Die Gerichtsvorstellung ist abhängig von der jeweiligen Erwartung im Blick auf Tod und Auferstehung. Vorstellungen von Paradies und Hölle existieren, jenseitige Strafen sind oft zeitlich begrenzt gedacht oder es droht das Getrenntsein vom Leben, die Nichtexistenz. Das Bilderverbot wird auf die jenseitige Welt ausgedehnt, sodass nur wenige bzw. keine Vorstellungen über diese existieren. Ewiges Leben meint stetige Gottverbundenheit.

Worauf hoffen Muslime?

Der gläubige Muslim unterwirft sich ganz Gott, seinen Geboten und Gesetzen. Zu jeder Zeit weiß er sich von Gott geprüft. Im Islam nimmt der Glaube an Gottes Gericht und die Auferstehung großen Raum ein. In anschaulichen Bildern wird darüber im Koran erzählt. Diese starken Bilder werden von vielen Gläubigen (abhängig von Tradition, Land, religiöser Ausrichtung) wörtlich verstanden, von anderen nur im übertragenen Sinn (z. B. bei dem islamischen Religionspädagogen Mouhanad Khorchide, *1971). Paradies- und Höllenvorstellungen sind weniger Ausgangspunkt für theologische Spekulationen, sondern geben vielmehr Handlungsanweisungen für das Leben im Hier und Jetzt. Gottes Wort ist im Koran geoffenbart, dies ist die Richtschnur für das richtige Handeln (→ S. 115). Vor allem schiitische Muslime erwarten in der Endzeit den von Gott gesandten Mahdi (Nachfahre des Propheten Mohammed), der die Gerechtigkeit auf Erden herstellen wird.

Der Tod gehört unauflösbar zum Leben dazu. Beim Pflichtgebet fünfmal am Tag wird der Vergänglichkeit gedacht. Was der Tod mit sich bringt, ist für den Muslim klar: Seine Seele wird durch den Todesengel von seinem Körper abgetrennt. Er führt die Seele zu einem Zwischengericht im Himmel. Hat der Mensch ein Gott wohlgefälliges Leben geführt, wird ihm mitgeteilt, dass ihm alle seine Sünden vergeben sind. Haben der Glaube und die Taten des Menschen vor Gott keinen Bestand, wird die Seele beim Eintritt in den Himmel zurückgewiesen und zum Versammlungsort der Verdammten gebracht. Nach diesem Zwischengericht wird die Seele in den Körper des Verstorbenen zurückgebracht. Sodann folgt eine Befragung im Grab: Wer ist dein Gott? Wer ist dein Prophet? Was ist deine Religion? Wohin zeigt deine Gebetsrichtung? Wenn der Verstorbene korrekt antwortet, so erfährt er, wiederum mitgeteilt durch zwei Engel, Trost und Verheißung. Kann er nicht richtig antworten, so wird er von zwei anderen Engeln gepeinigt. Bis zur Auferstehung am Jüngsten Tag gibt es nun eine Wartezeit; erst dann erfolgt das endgültige Urteil. Am Tag der Abrechnung (Sure 38,53) kommt es zur allgemeinen Totenauferstehung.

Im Gericht gibt es einen doppelten Ausgang. Die Ungläubigen kommen in das Höllenfeuer (Sure 38,27-29), die Gottesfürchtigen in das Paradies (Sure 38,49f. 54). Im Gericht steht jeder für sich selbst ein und muss sich und seine Taten verantworten. Auch Völker müssen sich verantworten; als Zeuge steht Jesus für Christen und Juden ein (Sure 4,159). Halten sich gute und böse Taten die Waage, muss der Mensch für eine gewisse Zeit ins Purgatorium (Reinigungsort); überwiegen die bösen Taten, kommt er in die Hölle. Die Ungläubigen sind auf ewig in der Hölle, Muslime (Gläubige) dürfen diese nach Verbüßung ihrer Strafe wieder verlassen. Im Paradies gibt es alles, was das Herz begehrt.

Paradies und Hölle sind die letzten Aufenthaltsorte, sie bestehen ewig.

Worauf hoffen Hindus und Buddhisten?
Theologische Themen der monotheistischen Religionen wie Messias, personaler Gott oder Auferstehung sind im Hinduismus und Buddhismus nicht bekannt. Ideen von einem Leben oder Weiterleben nach dem Tod müssen über andere Begrifflichkeiten erschlossen werden. Da die Einmaligkeit des menschlichen Lebens im Hinduismus/Buddhismus nicht von Belang ist, ist die Hoffnung auf ein Weiterleben bei Gott, das auch persönliche Erfahrungen, Wesenseigenschaften, sein Selbst enthält, nicht von Bedeutung. Im Gegenteil: Es geht um das Aufgehen des Einzelnen im Ganzen.

Der Tod und idealerweise auch die Todesangst spielen im Hinduismus keine entscheidende Rolle; vielmehr geht es um den Gegensatz Wiedergeboren-Werden und Nicht-mehr-Wiedergeboren-Werden. Der Tod beendet faktisch das Leben, aber auch jenseits der Todesgrenze wirkt das Karma (Auswirkungen des eigenen Handelns) fort. Eine Art Erlösergestalt findet sich auch im Buddhismus in Gestalt des Buddha Amida, dessen Namensanrufung den Bittenden in das Zwischenparadies Sukhavati führen kann – allerdings nicht zu vergleichen mit der Bedeutung Jesu Christi im Christentum.

Auch den Gedanken, dass das Individuum vor einen Schöpfergott steht und nach seinem Glauben und Handeln befragt wird, gibt es in diesen beiden Religionen nicht. Die Hoffnung auf das Fortbestehen einer individuellen Seele ist hier fremd, vielmehr geht es darum, kein Karma mehr anzusammeln, um ins Nirwana zu gelangen (Buddhismus) – bzw. damit das Atman (Lebensprinzip des Einzelnen/Einzelseele) mit dem Brahman (Lebensprinzip des Kosmos/Weltenseele) eins wird (Hinduismus). Die Aussicht auf eine Wiedergeburt (zurück ins Leben) ist negativ konnotiert. Ziel ist es, diesen Kreislauf zu durchbrechen und endgültig aus dem Samsara, dem Rad der Wiedergeburt auszusteigen.

Es gibt keine richtende Instanz, keinen Gott, dem der Mensch im Gericht gegenübertritt. Der Prozess der Wiedergeburt endet, wenn das Karma aufgebraucht und kein neues angesammelt wurde. Allerdings gibt es Wege, die dazu helfen, das Rad der Wiedergeburt zu verlassen (→ S. 117f.).

Ein ewiges Leben im christlichen Verständnis gibt es nicht. Das Nirwana oder das Einswerden von Atman und Brahman können immer nur über sprachliche Annäherungsversuche erklärt werden. Hilfsformulierungen sind z. B. Eins werden, leer werden, Aufhebung und Verschwinden allen Leidens.

Worin liegen die Gemeinsamkeiten und Unterschiede der Zukunftsvorstellungen in den Weltreligionen?

Insgesamt kennen alle Weltreligionen den Zusammenhang zwischen Lebensführung und künftiger Erfüllung. Das Christentum betont den Glauben und das Handeln in der Nachfolge Christi, das dereinst im Gericht Wirkung zeigt. Doch das künftige Geschick ist nicht einfach von dem eigenen Handeln abhängig. Es gibt die unverdiente Gnade Gottes. Im Judentum ist das künftige Gericht nach den Werken der Menschen ein späterer Gedanke. Die Betonung liegt hier ganz auf dem Leben im Diesseits. Hier gilt es, sich an die Gesetze zu halten – einfach deswegen, weil sie Gebote Jahwes sind, aber auch, weil sie ein gutes und gerechtes Zusammenleben in der Gemeinschaft ermöglichen. Im Islam ist das bevorstehende Gericht ein zentraler Gedanke. Eine Lebensführung nach Allahs Geboten ist unabdingbare Voraussetzung für das Erreichen des Paradieses. Im Hinduismus / Buddhismus bestimmt das erworbene gute bzw. schlechte Karma den weiteren Verlauf nach dem Tod: Wiedergeburt oder Ausstieg aus dem Leid.

Textquellen

Alle Bibelzitate stammen, sofern nicht anders angegeben, aus der Übersetzung Martin Luthers, Deutsche Bibelgesellschaft, Stuttgart 1999.

S. 36

Nur der leidende Gott kann helfen: Bonhoeffer, Dietrich: Widerstand und Ergebung. Briefe und Aufzeichnungen aus der Haft. In: Ders: Werke, Bd. 8. Hg. von Ch. Gremmels u. a. Chr. Kaiser Verlag/Gütersloher Verlagshaus, Gütersloh 1998, S. 535.

Religion ist Unglaube: Barth, Karl: Kirchliche Dogmatik I/2, Ev. Verlag, Zollikon-Zürich, 1948, § 17, S. 327.

Gott ist, was euch unbedingt angeht: paraphrasiert nach Tillich, Paul: In der Tiefe ist Wahrheit. Religiöse Reden, 1. Folge. Evangelisches Verlagswerk Stuttgart, 7. Aufl. 1978, S. 54f.

Ich weigere mich zu beweisen, dass ich existiere: Adams, Douglas: Per Anhalter durch die Galaxis. Heyne Verlag, München 1998, S. 63.

Im Namen des barmherzigen und gnädigen Gottes: Koran, Sure 1: Der Koran, übersetzt und kommentiert von Rudi Paret. Kohlhammer, Stuttgart 11. Aufl. 2010.

S. 49

Koran, Sure 112: Der Koran, übersetzt und kommentiert von Rudi Paret, Kohlhammer, Stuttgart 11. Aufl. 2010.

Bildquellen

S. 6 l.: fotolia.com, New York (© Gina Sanders); S. 6 o. r.: akg-images GmbH, Berlin; S. 6 u. r.: Picture-Alliance GmbH, Frankfurt/M. (Godong); S. 16 l.: iStockphoto.com, Calgary (© vadimmmus); S. 16 r.: fotolia.com, New York (© Wieselpixx); S. 21 m.: plainpicture, Hamburg (B. Allig); S. 21 o. l.: ullstein bild, Berlin (Granger Collection); S. 21 o. r.: akg-images GmbH, Berlin (Science Photo Library); S. 21 u. l.: vario images, Bonn; S. 21 u. r.: dreamstime.com, Brentwood (© Melissad10); S. 36: Picture-Alliance GmbH, Frankfurt/M. (Godong); S. 50: Stiftung Hans Arp und Sophie Taeuber-Arp e.V., Remagen-Rolandswerth (© VG Bild-Kunst, Bonn 2014); S. 65: iStockphoto.com, Calgary (© maximmmmum); S. 80: fotolia.com, New York (© euaggelia); S. 109: Shutterstock.com, New York (Kostsov); S. 123: fotolia.com, New York (© Michael Brown).

Wir arbeiten sehr sorgfältig daran, für alle verwendeten Abbildungen die Rechteinhaberinnen und Rechteinhaber zu ermitteln. Sollte uns dies im Einzelfall nicht vollständig gelungen sein, werden berechtigte Ansprüche selbstverständlich im Rahmen der üblichen Vereinbarungen abgegolten.

Register

A
Abduktion 100
Abendmahl 57, 85
Abraham 9, 15, 48, 112, 129
Agnostizismus 46
Allah 48
Allegorie 71
Alltag 22
Altes Testament 48, 131
Amida-Buddhismus 136
Amos 47, 103
Anselm von Canterbury 19, 39, 45, 57
Anthropologie 22, 31f.
Antithesen 58
Apokalypse, Apokalyptik 53f., 74, 130f.
Apostel 82, 84
Arbeit 103
Argument, argumentieren 100
Aristarch von Samos 11
Aristoteles 10, 45, 98, 103, 126
Armut 86, 92, 103f., 105f.
Atheismus 44ff.
Atman 117, 136
Auferstehung 17, 26, 62f., 127, 131f.
Aufklärung 11f.
Augustinus 19, 133
Autonomie 24, 35

B
Babylonier 9
Barmer Theologische Erklärung 40, 93
Barth, Karl 39f., 47, 93, 121
Befreiungstheologie 47, 76
Behinderung 25
Bekennende Kirche 93
Benjamin, Walter 128
Bergpredigt 58ff., 101, 108
Beschneidung 112
Beten 40
Bibel 7ff., 16f., 18, 24, 65ff., 129ff.
Bilderverbot 43f.
Bonhoeffer, Dietrich 17, 40, 42
Böses 28
Brahma(n) 117, 136
Buddha 118ff., 136
Buddhismus 118ff., 136f.
Bultmann, Rudolf 39
Bund, alter und neuer 67, 112

C
Calvin, Jean 41
Christologie 61
Comenius, Johann Amos 128f.
Confessio Augustana 86
Cyber-Mobbing 107

D
Dalits 118
Damaskus-Erlebnis 62
Darwin, Charles 31f.
Dawkins, Richard 8, 14, 19, 44, 46
DDR 93
Deduktion 12, 99f.
Deismus 38
Dekalog 43, 59, 102, 104, 111f.
Dekonstruktive Exegese 76
Deontologische Ethik 97f.
Descartes, René 12
Deutsche Christen 40, 93
Devas 120
Diakonie 81, 92
Djihad (Dschihad) 114
Doppelgebot (Dreifachgebot) der Liebe 100f., 102
Dostojewski, Fjodor 96
Dreieinigkeit, Dreifaltigkeit 49
Dürr, Hans-Peter 19

E
Ebenbild Gottes 25, 35
Ehe 26
Einstein, Albert 7
EKD 106
Embryonenforschung 106f.
Endzeit 129ff.
Erbsünde 28
Erlösung 88, 117
Eschatologie 54, 126f., 129ff.
Ethik 58, 95ff.
Ethische Urteilsbildung 20, 105
Evangelische Kirche in Deutschland → EKD
Evangelium 27, 51ff., 61, 73f., 90

Evolution 17, 31f.
Exegese 74ff.
Existenz, Existenzialismus 24
Exklusivismus 89, 121
Exodus 111, 127

F

Facebook 107
Feindesliebe 101, 108
Feministische Exegese 76
Feuerbach, Ludwig 8, 45, 127
Formkritik 75
Franz von Assisi 86
Freiheit 23f., 28f., 33f., 99
Freud, Sigmund 46
Frieden 90, 107f., 129
Fundamentalismus 87, 89

G

Galilei, Galileo 11
Gandhi, Mahatma 60, 110
Ganesha 117
Gebet 40
Geist Gottes 49, 64, 84
Geozentrisches Weltbild 7, 10
Gerechtigkeit 20, 26, 59, 99, 103f., 105f., 129
Gericht → Jüngstes Gericht
Gesinnungsethik 97f.
Gewalt, Gewaltlosigkeit 59, 89
Gewissen 30
Glaube 15, 19, 37ff., 64 , 82, 86
Glaubensbekenntnis 36f., 37, 49, 87, 113
Gleichnisse 27, 43, 55f., 69f., 102, 104, 130
Glück 126ff.
Gnade 27f., 41, 58, 132
Goldene Regel 59, 107
Gott 36ff., 125f.
Gottesbeweise 45
Gottesbilder 44
Gottesdienst 37, 49, 62, 83
Gotteserfahrung 39
Gottessohn (Sohn Gottes) 60
Gottesvorstellungen 38
Güterethik 97f.

H

Hadsch (Wallfahrt) 113, 115
Haeckel, Ernst 46
Handlungsfreiheit 28, 34
Hawking, Stephen 14, 19
Hebräische Bibel 66f., 86
Heiliges 67, 85, 122
Heilige Schriften 66, 87
Heiliger Geist → Geist Gottes
Heiliger Krieg 114
Heliozentrisches Weltbild 10f.
Hermeneutik 16
Hidschra 114
Hinduismus 116ff., 136f.
Hiob 41f.
Hirnforschung 32ff., 45
Historischer Jesus 52ff.
Historisch-kritische Methode 15, 75f.
Hobbes, Thomas 23
Hölle 135f.
Holocaust 88
Honneth, Axel 23f.
Hus, Jan 86

I

Identität 120
Ikonen 87
Imaginäre Räume 68
Indifferentismus 46
Induktion 12, 99
Inklusivismus 89, 121
Institution 82, 91
Internet 11, 83, 107
Interreligiöser Dialog 49, 88
Islam 48f., 87, 88f., 113ff., 135f.
Israel 9, 88, 103f., 129f.

J

Jahwe 43, 60, 110, 131
Jerusalem 133
Jesaja 57, 134
Jesus Christus 17, 25, 41, 48f. , 50ff., 77, 84, 89, 93, 102, 126f., 130ff.
Johannesevangelium 52, 74
Johannesoffenbarung → Offenbarung des Johannes

Judentum 48f., 88f., 110ff., 134f.
Jüngstes Gericht 114, 132

K

Kanon 66f., 86
Kant, Immanuel 11, 29, 45, 98, 99, 132
Karma(n) 31, 116, 119, 136
Kastenwesen 118
Kategorischer Imperativ 98
Katholische Kirche 87
King, Martin Luther 60, 101
Kirche 80ff.
Kirchenasyl 94
Kirchenraum 43f., 86
Kirchensteuer 81
Klimawandel 20
Konfessionen 82, 86ff.
Konsequentialistische Ethik 97f.
Konstantin, Konstantinische Wende 61, 90
Konstruktivismus 77
Kopernikus, Nikolaus 10
Koran 48, 114f., 135
Körperschaft des öffentlichen Rechts 91
Kreationismus 18
Kreuz, Kreuzigung 42, 56ff.
Krishna 117
Küng, Hans 121
Kyrios 60

L

Landesherrliches Kirchenregiment 90f.
Leibniz, Gottfried Wilhelm 41f.
Lessing, Gotthold Ephraim 49, 121
Liberalismus, egalitärer 99
Libet, Benjamin 34
Liebe 28, 40, 56
Logienquelle Q 73
Logos 60
Luther, Martin 28f., 40, 41, 42, 47, 54, 59, 82, 85, 90

M

Mahayana-Buddhismus 120
Mandela, Nelson 110
Marx, Karl 45f.
Medien 68

Meditation 86, 118f.
Medizinethik 20, 106f.
Mekka 113, 115
Melanchthon, Philipp 29, 86
Mensch, Menschenbild 21ff., 46
Menschenrechte 29
Menschensohn 57, 60
Menschenwürde 29f., 85, 107
Messias 52, 56, 60, 129f., 134
Mesusa 111
Metapher 71f.
Micha 104, 129
Mill, John Stuart 98
Mission 84, 87, 92
Mohammed (Muhammad), 87, 113, 114
Moltmann, Jürgen 25, 133
Monarchianismus 61
Monotheismus 43, 47, 89, 110f., 134
Moral 96
Moralisches Argument 100
Moschee 89, 115
Mose 43, 129
Muslim, Muslima 88, 135f.
Mystik 38, 40
Mythos 18, 72

N

Nachfolge 79, 82, 84, 137
Nächstenliebe 28, 92, 100f.
Nationalsozialismus 40, 93
Natürliche Theologie 40, 45
Naturwissenschaften 7ff., 11ff., 17f, 19f., 46, 128
Negative Theologie 39
Neues Testament 48, 62, 131f.
Newton, Isaac 11
Nietzsche, Friedrich 13, 45
Nikolaus von Kues 120
Nirwana 119f., 136
Norm 100

O

Offenbarung des Johannes 74, 130f., 132f.
Offene Exegese 78
Ökumene 88
Ökumenischer Rat der Kirchen → ÖRK

Opfer 57f., 76
Option für die Armen 76, 92, 104, 106
Optische Täuschung 7
Organspende 20
ÖRK 88
Orthodoxe Kirchen 87
Ostern → Auferstehung

P
Pali-Kanon 120
Panentheismus 38
Pantheismus 38
Papst 86, 87
Paradies 135f.
Pascal, Blaise 21
Passah → Pessach
Paulus 14, 19, 27, 48, 57, 61ff., 84, 88, 90, 131f.
Peirce, Charles Sanders 99f.
Pentateuch 68
Person, Personalität 30, 35, 101
Pessach (Passah) 111
Petrus 84
Pfingsten 82
Pflichtenethik 97f.
Pharisäer 130
Philosophie 10ff., 23ff., 128
Philosophische Ethik 97ff.
Pico della Mirandola, Giovanni 23
Plato 23, 127
Plessner, Helmuth 23
Pluralismus 89, 121
Politik 92f., 102, 121, 128
Polytheismus 47, 117
Popper, Karl 13
Prädestination 41
Prophetie 47, 53, 72f., 103f., 112, 115, 129, 133f.
Protestantismus 87, 90
Ptolemäus 10

Q
Q (Logienquelle) 73
Qur'an → Koran

R
Rahner, Karl 39
Ramadan 113
Rawls, John 99, 103
Rechtfertigung 59
Redaktionskritik 75
Reformation 41, 86
Reich Gottes 48, 52f., 55, 83f., 85, 126, 129f.
Reinkarnation 22, 136
Relativitätstheorie 7
Religion, Religionen 96, 109ff., 122
Religionsbegriff, Religionsdefinitionen 122
Religionsfreiheit 96
Religionskritik 47, 64
Religionsunterricht 96
Ringparabel 49, 121
Rituale 86
Rousseau, Jean Jacques 21, 23

S
Sabbat 111
Sadduzäer 130
Sakrament 85
Säkularisierung 83
Samsara 136
Sartre, Jean-Paul 23f.
Schahada 113
Schema Jisrael 43, 110
Schiiten 113, 135
Schoah 88, 134
Schöpfung 9ff., 17, 25f., 85, 132
Schuld 28
Schweitzer, Albert 97
Scriptural Reasoning 89, 121
Sederabend, Sederfeier 111
Seele 23, 127
Selbstmord 35
Shiva 117
Singer, Peter 98, 106
Sinn(frage), Sinnlosigkeit 33, 40, 125
Sokrates 7
Solidarität 94, 101
Sölle, Dorothee 102
Sozialethik (evangelische) 100

Soziallehre (katholische) 91, 100
Sprachformen der Bibel 69ff.
Staat und Kirche 90ff.
Sterbehilfe 35
Subordinatianismus 61
Subsidiaritätsprinzip 91, 101
Suizid 35
Sünde 26ff., 56f.
Sündenfall 26ff.
Sunniten 113
Symbole 70f.
Synagoge 89, 112
Synoptischer Vergleich 75

T
Talmud 113
Taufe 54, 85
Teleologische Ethik 97f.
Tenach 66, 112
Tertullian 19
Textkritik 75
Theismus 38
Theodizee 41
Theodosius 90
Theologie 14ff., 19f., 24, 33ff., 38
Theravada-Buddhismus 120
Thomas von Aquin 45
Thora → Tora
Tillich, Paul 39, 47
Tod 127, 131f.
Toleranz 89
Tora (Thora) 111f.
Transzendenz 39, 122
Trinität 49
Tugend 97f.
Tugendethik 97f.
Tun-Ergehen-Zusammenhang 42, 53
Tutu, Desmond 110

U
Übersetzung 69, 75
Umma 115
UNO 129
Upanishaden 116
Urgeschichte 25f.
Urknall 17

Urteilen 105
Utilitarismus 98
Utopie 133

V
Vaterunser 44, 59
Veden 116
Verantwortungsethik 97f.
Vergebung 28
Vernunft, Verstand 23
Vishnu 117
Vorsehung 40

W
Wahlfreiheit 28
Wahrheit 77, 99
Wallfahrt 113
Weber, Max 98f.
Weisheit 53f., 130
Weltbild 6ff., 99f.
Werte 66, 98
Wichern, Johann Hinrich 92
Willensfreiheit 29, 33ff.
Wirklichkeit 6ff., 99ff.
Wirtschaftsethik 104
Wissenschaft 10ff.
Wort Gottes 40, 61, 85
Wunder 55, 130

Z
zedakah 104
Zehn Gebote → Dekalog
Zeit 130ff., 133
Zukunft 123ff.
Zweiquellentheorie 73
Zwei-Reiche-Lehre (Zwei-Regimenten-Lehre) 90f.
Zwingli, Huldrych 41

Abkürzungen der biblischen Bücher

Am	Amos	Mal	Maleachi
Apg	Apostelgeschichte	Mi	Micha
1. Chr	1. Chronik	Mk	Markus
2. Chr	2. Chronik	Mt	Matthäus
Dan	Daniel	1. Mose	1. Mose (Genesis)
Eph	Epheser	2. Mose	2. Mose (Exodus)
Esra	Esra	3. Mose	3. Mose (Levitikus)
Est	Ester	4. Mose	4. Mose (Numeri)
Gal	Galater	5. Mose	5. Mose (Deuteronomium)
Hab	Habakuk	Nah	Nahum
Hag	Haggai	Neh	Nehemia
Hebr	Hebräer	Obd	Obadja
Hes	Hesekiel (Ezechiel)	Offb	Offenbarung
Hiob	Hiob	1. Petr	1. Petrus
Hld	Hoheslied	2. Petr	2. Petrus
Hos	Hosea	3. Petr	3. Petrus
Jak	Jakobus	Phil	Philipper
Jer	Jeremia	Phlm	Philemon
Jes	Jesaja	Pred	Prediger (Kohelet)
Joel	Joel	Ps	Psalm
Joh	Johannes	Ri	Richter
1. Joh	1. Johannes	Röm	Römer
2. Joh	2. Johannes	Rut	Rut
3. Joh	3. Johannes	Sach	Sacharja
Jona	Jona	1. Sam	1. Samuel
Jos	Josua	2. Sam	2. Samuel
Jud	Judas	Spr	Sprüche (Sprichwörter)
Klgl	Klagelieder	1. Thess	1. Thessalonicher
1. Kön	1. Könige	2. Thess	2. Thessalonicher
2. Kön	2. Könige	1. Tim	1. Timotheus
Kol	Kolosser	2. Tim	2. Timotheus
1. Kor	1. Korinther	Tit	Titus
2. Kor	2. Korinther	Zef	Zefanja
Lk	Lukas		